1,50

DIE SALZKARAWANE

Werner Gartung

DIE SALZKARAWANE

MIT DEN TUAREG DURCH DIE TÉNÉRÉ

von Werner Gartung

Impressum

Werner Gartung

DIE SALZKARAWANE

erschienen im
Reise Know-How Verlag, Bielefeld

ISBN 3-89662-380-X

2. Auflage **2003**

© Helmut Hermann
Untere Mühle, 71706 Markgröningen
rkhHermann@aol.com
Websites von REISE KNOW-HOW:
www.reisebuch.de · www.reise-know-how.de

Umschlagkonzept: Carsten C. Blind, Asperg
Fotos: Werner Gartung
Illustrationen: Wolf-Winhart Krug, Waltraud Dörr
(außer S. 19, 29, 45, 53, 267)
Lektorat: Helmut Hermann
Buchgestaltung: Carsten C. Blind, Asperg
Druck u. Bindung: Pustet, Regensburg

Dieses Buch ist erhältlich in jeder Buchhandlung in Deutschland,
Österreich, Schweiz, Niederlande und Belgien
Bitte informieren Sie Ihren Buchhändler über folgende Bezugsadressen:
D: PROLIT GmbH, Postfach 9, 35461 Fernwald (sowie alle Barsortimente)
CH: AVA-buch 2000, Postfach 27, 8910 Affoltern
A: Mohr Morawa Buchvertrieb GmbH, Postfach 260, 1011 Wien
Niederlande, Belgien: Willems Adventure, Postbus 403, NL-3140 AK Maassluis
Wer im Buchhandel trotzdem kein Glück hat, bekommt
unsere Bücher auch über unsere Büchershops im Internet (s.o.)

VORWORT

VON EINEM HORIZONT ZUM ANDEREN

In der Ténéré, der unbarmherzigsten Wüste der Welt, Dezember 1985: unser winziges Feuer strahlt wie ein Stern der Hoffnung in der kalten Nacht. Der Lichtschein beleuchtet einige Sandrippen, in denen winzige Kristalle leuchten wie Schnee. Der leere Horizont ist von der Nacht verschluckt. Wir genießen die einzige Ruhestunde des Tages und die Illusion, in einem sicheren, begrenzten Raum zu sein.

Gerade fünf Jetstunden südlich von Paris ziehen auch heute Tuareg durch die Ténéré, um in den weltfernen Oasen am östlichen Ufer des Sand-Ozeans Salz und Datteln zu holen. Die Salzkarawane ist ein jahrhundertealtes, erprobtes Transportsystem, das alle Neuerungen, Entwicklungs-»Hilfe« und zuletzt die Tuareg-Rebellion überdauert hat. Niemand dort würde auch heute nur eine der technischen Krücken brauchen, die wir als Steigerung der Lebensqualität kritiklos verinnerlicht haben – auch kein Satelliten-Navigationsgerät.

Das ist eine Haltung, von der wir nur lernen können, denn wir machen uns selbst zu Sklaven eines fragwürdigen Fortschritts: Immer schneller, immer weiter, immer erreichbar – aber oft krank an der Seele und arm im Herzen.

Vor 15 Jahren: Durchgekommen. So hieß etwas reißerisch, aber durchaus doppelsinnig die erste Ausgabe dieses Buches. Der ursprüngliche Text wurde nur in Nuancen verändert und der Anfang etwas gestrafft. Der zweite Teil soll als sachlich-aktuelles Gegenstück den Erlebnisbericht unterstützen. Ich beschreibe dort auch mein Wiedersehen mit dem Karawanenführer Khada und meinem Übersetzer Arali im Januar 2000, nach 15 Jahren.

Somit schließt sich hier ein Kreis. Und mit dem Erscheinen dieses Buches gleich ein zweiter: er begann als neuer Lebensentwurf schon im April 1973. Mit schwer bepackten Fahrrädern fuhren Helmut Hermann und ich über die Europabrücke von Kehl nach Straßburg. Unser Ziel war Kapstadt. Helmut kam bis nach Kapstadt, ich bis zum Kongo. Unsere Wege trennten sich schon in Afrika, aber für jeden von uns war es der Beginn eines neuen, recht unbürgerlichen Lebens. Nach langer Zeit haben wir uns wieder getroffen, und so erscheint dieses Buch im Reise Know-How Verlag Helmut Hermann in der zweiten Auflage.

Danke und Ihnen neue Ein- und Aussichten bei der Lektüre.

Werner Gartung

Bremen, im August 2003

Inhalt

AUFGEGEBEN

AUFGEGEBEN

SCHEITERN DER ERSTEN KARAWANE

Sandsturm. Vorgestern letzte, steinharte Brotreste hinunterge-würgt. Die Augen entzündet, Hals und Gaumen wie ein Reib-eisen, der Magen ein großes Loch. Leer auch der Kopf, aufgege-ben die Hoffnung. Nur noch stummes Erleiden.

Das Wasser geht zur Neige. Jetzt am vierten Tag wird unsere Situation bedrohlich, aber wir merken es nicht – und dadurch steigt die Gefahr noch mehr. »A lorry is coming«, krächzt mir Julian ins Ohr. Seinen trockenen britischen Humor hat er heute im Morgengrauen wieder mit der höflichen Frage bewiesen, ob ich die Frühstückseier lieber gekocht oder gebraten hätte; dazu tea or coffee? Wir sind über den Hunger hinaus und schütteln uns vor Lachen: staubverkrustet, tiefe Falten in ledriger Haut. Zwei Verrückte im Sand, ungefähr 120 Kilometer östlich von Agadez.

Ein Lastwagen … wir hören deutlich das Motorengeräusch. Julian wirft sich mit seinem roten Schlafsack als Signal gegen den böigen Sturm, der uns aus Nordosten mit Sand überschüttet. Er rudert mit den Armen wie ein Ertrinkender, wird vom Staub ver-schluckt. Ich kauere mich hinter den Windschutz aus grob zu-rechtgeschlagenem Feuerholz. Daneben liegen Reisigbündel, Säcke mit Holzkohle. Irgendwo in der Nähe müssen Menschen sein, gibt es vielleicht ein Dorf. Armselige Hütten, die wir nicht fin-den können bei zehn Metern Sicht. Wieder nur das böse Fauchen des Sturms. Der Sand greift jetzt fast waagerecht unser Lager an. Ich male mir aus, gleich frisches Wasser zu trinken. Dann etwas zu essen – Lkw-Fahrer sind immer gut ausgerüstet. In der Kabine zu warten, bis der Sturm vorbei ist. Ausruhen. Nur Ausruhen.

Julian wird wie ein welkes Blatt herangeweht, den Schlafsack flatternd hinter sich. Es war kein Lastwagen. Nur unsere überreiz-ten Nerven. Es konnte gar kein Wagen sein. Der Sturm tobt jetzt in der ganzen Ténéré, wahrscheinlich 600 Kilometer weit bis Bilma. Kein Fahrer ist jetzt unterwegs. Auch nach dem Unwetter, können noch Tage vergehen, bis hier ein Auto erscheint.

Meine Zahnschmerzen werden unerträglich. Nach Problemen mit Behörden und einem Jahr Vorbereitung hatten wir endlich eine Karawane gefunden. Schon wenige Tage später begann es: erst unangenehmes Ziehen, dann stechender Schmerz im Backenzahn. Ohne Tabletten konnte ich bald nicht mehr einschlafen und wachte jedes mal auf, wenn die Wirkung nachließ. Seit vier Tagen ernährte ich mich von diesen weißen, bitteren Pillen.

»Ich muß aufgeben«, sagte ich zu Julian, »es hat keinen Sinn. Die Vorbereitungen für nichts, unser Plan ... Aus. Alles zum Teufel.«

Julian war optimistisch wie immer: »Wir bitten Achmed, uns mit dem wichtigsten Gepäck und einem Kamel zur Autopiste zu bringen. Dann läßt du dich in Agadez behandeln, und wir fahren wieder zurück. Die Karawane hält sich hier noch zwei Wochen auf, um Futtergras zu schneiden. Bis dahin könntest du sogar noch tausend Kilometer weiter nach Niamey fahren, wenn's nötig sein sollte.«

Ich schöpfte wieder Hoffnung. Aber die Rechnung ging nicht auf. Unsere wenigen Vorräte waren bald aufgegessen. Es kam kein Fahrzeug. Der Sandsturm begann.

Am nächsten Morgen ist es ungewohnt ruhig. Unser verengter Gesichtskreis erweitert sich. Krüpplige, lichte Akazien schälen sich aus dem Staub. Später steht eine blasse Sonne über dem verwitterten Felsband im Süden.

Und plötzlich kommt ein Mann. Er geht im flatternden weißen langen Gewand gelassen auf uns zu. Als sei es normal, daß zwei Europäer in seinem Holzlager sitzen. Ein Mann unbestimmten Alters, noch Sand im Gesicht. Eine harte, feste Hand wie das Akazienholz, das er hackt. Es verschlägt uns vor Schreck und Freude fast die Sprache – das sind ohnehin nur ein paar Dutzend Wörter Hausa.

»*Salumu alaikum* – Friede sei mit euch«

»*Alaikum salaam* – und mit euch Friede!«

»*Ina gajiya* – wie geht es, was macht die Müdigkeit?«

»*Babu gajiya* – keine Müdigkeit« (das stimmt zwar nicht, aber die Wahrheit würde das höfliche Ritual nur stören).

»*Ina labari* – was gibt es Neues?«
»*Sai alheri* – nur Gutes« (meine größte Lüge, doch »nur Schlechtes« fällt mir nicht ein)
»Ina dari – was macht die Kälte?«
»*Dari kadankadan* – es gibt etwas Kälte«
»*Ina gida* – und das Haus?«
»*Gida* … *gida* …« Ich habe nicht mehr die Kraft, meine mühsam einstudierte Begrüßungslitanei herunterzuleiern. Mir knurrt der Magen, und ich gestikuliere auf deutsch: »Wir haben Hunger. Wir möchten etwas zu essen haben. Essen. Hunger. Essen.«

Der Holzhändler kommt bald zurück. Er wickelt bedächtig, fast feierlich zwei tennisballgroße Kugeln aus seinem Gewand, zieht eine Kanne mit Wasser hervor. Löst die Kugeln mit einem Holzlöffel auf: *eralé*, aus Hirse mit gestampftem Ziegenkäse und Datteln; auch Dauernahrung für Karawanenleute. Dieses *eralé* hier ist noch mit Zucker gesüßt – eine Götterspeise. Wir löffeln sie andächtig. Wieder überzieht ein feines Lächeln das staubige Gesicht des Mannes. Dann deutet er auf die Felswand in der Ferne: »*Zamu gida* …«

Wir gehen zum Dorf, nur eine Viertelstunde entfernt. Es besteht aus ungefähr zwei Dutzend Lehmhäusern und Basthütten, die vom Sand fast begraben sind. Zusammengedrängte Ziegen, vor Kälte zitternde Lämmer, wiederkäuende, arrogante Kamele. Eine Frau verschwindet schnell in ihrer Hütte. Wir fühlen uns von hundert verborgenen Augenpaaren beobachtet.

Es ist klar: wir können nicht weiter auf einen Lkw warten. Wir benötigen ein Kamel und müssen zu Fuß nach Agadez, sofort. Und wir brauchen mehr zu essen, Fleisch. »*Akwiya*« – sagt Julian: »Ziege – essen – Geld: *Kudi*« Der Mann zeigt uns zwei junge Tiere, weiß und jung; Osterlämmer. Wir nehmen das größere. Momente später ein langgezogener, gurgelnder Schrei. Ich erschrecke, dabei nichts zu empfinden. Wer sich durch die Wildnis schlägt, verliert als erstes Sentimentalitäten.

Aber beim Anblick des Jungen gehen die Gefühle mit mir durch. Während ein Mann sein Kamel für unseren Marsch nach Agadez einfängt, winkt mich jemand in seine Basthütte: »*Doc-*

teur …« Alle Weißen hier sind in ihren Augen Ärzte, sind reich, allmächtig, allwissend. In der Hütte liegt wimmernd ein vielleicht zehnjähriger Junge. Ein Dorn ist ihm durch die Hand gefahren, sein Arm unförmig geschwollen: Blutvergiftung. Einer im Dorf spricht gebrochen französisch und spielt den Übersetzer.»Der Junge muß sofort ins Krankenhaus. Wir können ihn aufs Kamel binden und nach Agadez mitnehmen,« sage ich.

»Der Junge bleibt hier«, entscheidet der Vater.

»Er wird spätestens übermorgen sterben, wenn er hier bleibt.«

»Wenn Allah will, lebt er. Wenn Allah will, stirbt er.«

Also wird er sterben.

Ich ziehe den Kopf ein, um durch den niedrigen Eingang ins Freie zu kommen. Mir ist plötzlich hundeelend, und ich könnte heulen. Inzwischen haben sie das Lamm gebraten, ins Feuer geworfen – außen verkohlt, innen roh. Julian reißt blutige Fetzen von der Keule. Ich probiere auch. Dann muß ich kotzen.

Bald trotten wir hinter dem schwankenden Kamel und seinem Besitzer nach Agadez: 120 Kilometer, irgendwo hinter dem Horizont.»Drei Tage brauchen wir«, sagt der Kameltreiber.

Ich nehme meine letzte Schmerztablette.

∧:☉

Dabei hatte alles so gut angefangen. Am Nachmittag des 15. Dezember 1983 überflogen wir in fünfeinhalb Stunden den Westteil Afrikas von Zürich nach Lomé, Togo. Unsere Unternehmung mußte sich irgendwie herumgesprochen haben. Eine blonde und eine schwarzhaarige Stewardeß wetteiferten darum, uns zu verwöhnen. Als über der Sahara die Sonne unterging, war Julian eingeschlafen.

Ich starrte hinaus in die Finsternis. Von tief unten, wie aus der Leere des Alls, leuchteten rote Augen brennender Gasfackeln aus der algerischen Wüste. Unsere Reise war gründlich vorbereitet. Es gab keinen Grund zur Besorgnis. Mit Julian hätte ich mir keinen besseren Partner wünschen können. Vor vier Jahren traf ich den schmalen Engländer dort unten, wo jetzt die Gasfackeln brannten. Ich war mit einem Auto auf der »Sahara-Runway« unterwegs. Irgendwo zwischen In Salah und Tamanrasset: weit vor mir auf dem löchrigen Asphalt ein Punkt. Ein strampelnder Punkt. Ein Radfahrer – Julian. Hinter dem Rad einen Alu-Karren, Eigenkonstruktion. Erinnerungen wurden wach an meine Fahrradtour im Jahre 1973 durch Afrika. *»Have a good day«*, rief er mir fröhlich beim Weiterfahren nach.

Wir waren seitdem in Verbindung geblieben, und ich erfuhr mehr über die Reisen des unternehmungslustigen Journalisten aus London. Zuvor hatte er schon das Himalaya-Gebirge von West nach Ost abgelaufen: Quer durch Pakistan, Indien, Nepal, Bhutan, ein Jahr lang. Vor vier Wochen kam er gerade aus China zurück – noch dünner, aber wie immer sprudelnd vor Unternehmungsgeist. Er war bei aller Härte gegen sich selbst immer voller Witz und Humor. In haarigen Situationen würde Julian gewiß nie mit Muffelei oder gar Aggressionen reagieren. Und er hatte Wüstenerfahrungen.

Aber würden wir die geplante Extremtour schaffen? Was passierte, wenn uns die Behörden in letzter Minute einen Strich durch die Rechnung machen? Ich beschloß, »würde« und »wenn« aus meinem Wortschatz zu streichen. Alles wird klappen, *Inschallah* – so Allah will.

$$\wedge : \odot$$

Vor einem Jahr fuhr ich zum dritten Mal quer durch die Sahara bis an die Kokospalmenstrände und ließ meinen Peugeot 504 bei Alice. Die Schweizerin betreibt bei Lomé in Togo eine Kneipe und »Robinson-Bungalows«. Natürlich war die Batterie leer. Doch es ist schon eine Blamage, sich hier am Atlantik von einem Sahara-Fahrer Sandbleche borgen zu müssen, um rauszukommen. »Das passierte hier sogar Landrover-Fahrern«, tröstete mich Alice.

Fahrt nach Norden. Vor Bohicon im Nachbarland Benin deckten wir uns noch mit einem Dutzend großer Ananas ein, 60 Pfennig das Stück. Wogendes, frischgrünes Gras auf beiden Seiten der Straße, heruntergekommene Palmölplantagen aus der Kolonialzeit. Die Vegetation wurde spärlicher. Entlang der roten Piste nördlich von Parakou, nur noch umgeben von Braun und Ocker. Dunkle Wolken hingen tief über dem Land, doch seit einem Monat hatte es hier oben keinen Regen mehr gegeben. Rotbraun die Lehmhütten am Straßenrand, rotbraun auch die mageren Köter, spitze Knochen unter räudigem Fell.

Im Hafen von Lomé

Die Savanne wird zum Sahel, der Sahel weiter im Norden zur Wüste. Das ökologische Desaster ist auch hier schon durch wachsenden Bevölkerungsdruck vorprogrammiert. Nach der Vernichtung des Wildbestands wurde der Boden von einseitigem Anbau der Exportkulturen wie Baumwolle und Erdnüsse ausgelaugt. Durch mangelnde Düngung und verheerende Buschfeuer zusätzlich geschwächt, kann das Land seine Bewohner nicht mehr ernähren. Wo einst Lebensmittel exportiert wurden, müssen sie nun eingeführt werden.

Im Norden von Benin hatten Frauen und Kinder Berge von Baumwolle entlang der Straße aufgebaut. In einer landeseigenen Textilfabrik wird entkernt und gesponnen: die letzte noch funktionierende Industrie des Landes. Selbst die Bierfabrik ist pleite.

Im Norden loderten Buschfeuer. Fahrt durch ein Flammenmeer. Zwischen schwarzen Baumskeletten noch weiße Tupfer von Baumwolle, ehe auch sie verbrannten. Noch lange hinterher trug der Wind Asche und den Geruch versengten Fleisches heran. Weil irgendwo ein Bauer »düngen« und roden wollte, hatte Afrika wieder für Jahre ein Stück guten Bodens verloren.

Als wir bei Sonnenuntergang den Niger-Fluß bei Malanville erreichten, brannte der Himmel.

∧:☺

Kontraste in Niamey

Im Sahel, kurz vor Niamey. Der Busch monochrom, beige. Stroh-trockenes Gras zwischen verdorrten Baumleichen, das Tageslicht grell und schlierig von der Straße zurückgeworfen.

Die absurde Kulisse von Niamey tauchte wieder hinter der Brücke auf; eine Skyline genährt aus Prestige und Komplexen des in Wirklichkeit armen Sahel-Landes: Kongreßgebäude, das meist leerstehende Luxushotel Gaweye am Flußufer; der amphitheatri-sche Prachtbau vom »*Ministère des Mines*«, eher Symbol für enttäuschte Hoffnungen als für realen Aufschwung. Niger wurde bis Ende der 70er Jahre zum viertgrößten Uranproduzenten der Welt. Danach konnten durch den Preisverfall kaum mehr die lau-fenden Ausgaben des Landes gedeckt werden.

Neben den Autos dominieren in Niamey Kamele. In langen Kolonnen staken sie wiegend über die Kennedy-Brücke, biegen ein auf eine staubige Avenue, die den Namen des früheren sauer-ländischen Bundespräsidenten Heinrich Lübke trägt. Aus der Ferne bieten die Höckertiere am funkelnden Fluß ein schönes

Bild. Doch hinter dem romantisch wirkenden Anblick verbergen sich die Probleme von Abholzung und Verwüstung. Die Kamele transportieren unablässig Holz. Schon heute ist Feuerholz teurer als das Essen im Topf.

Heiligabend: über dem Niger lastete eine Staubwalze. Der zitronengelbe Sonnenball wurde plötzlich vom Dunst verschluckt. Eben noch leuchtete der Fluß wie glänzendes Opalglas. Dann war er stumpf, bleiern und grau. Eine Gruppe von Seeadlern flog tief über das ruhige Wasser; die Stille rauschte im Kopf.

Auf der Terrasse des Hotels »Le Sahel« am Niger standen französische Bogenlampen und Pariser Caféstühle einsam im Dämmerlicht. An der Rezeption flackerte ein kitschig-bunter Tannenbaum aus Plastik auf. Fette französische Frauen, gestelzte, gelangweilte Ehepaare schlenderten zum Weihnachts-Diner ins Restaurant. Irgendwo ploppte lustlos ein Champagnerkorken. Es war nicht viel los an diesem Abend. »Es gibt kaum noch Gäste«, klagten die Ober draußen auf der Treppe. »Vor 5 Jahren war das Restaurant an Festtagen gefüllt. Jetzt feiern die meisten zu Hause, alle wollen sparen.« Wir bestellten Bier. Das gab es nur noch in kleinen Flaschen, und es heißt »Conjuncture«.

Weihnachten und Rezession in Niamey.

$$\Lambda : \odot$$

Rund tausend Kilometer sind es von Niamey nach Agadez. Die gute Asphaltstraße führt von dort noch 245 Kilometer nach Arlit, der künstlichen Uran-Minenstadt in lebensfeindlicher Wüste. Wir hielten am ersten Abend irgendwo an, bogen rechtwinklig in den Busch, um einen Schlafplatz zu suchen. Es gab keinen Mond. Das gelbe Gras stand nun stumpf und grau beiderseits der Piste zwischen schwarzen Silhouetten der Dornbüsche.

Wir rollten unsere Isoliermatten aus, kämpften mit lästigem *Cram-Cram*. Die harten Samenkapseln mit ihren stachligen Widerhaken hefteten sich an Schlafsack, Socken und Hose. Die letzte Wärme war mit der Sonne verschwunden. Ich fühlte mich unbehaglich, aus der Geborgenheit des Hotels hinausgeworfen in das kalte Licht der Sterne. Irgendwo knackte, raschelte, schabte es. Ich mußte mich erst wieder an den Busch gewöhnen, seine Geräusche verstehen lernen.

1. Januar 1984. Wir trinken warmen Ingwer-Milchkaffee an einem der Holztische in Birni, direkt neben Nigeria. Überall kleine Stände neben parkenden Lastwagen, frierende Kinder mit Beinen wie Holzstecken, leere Blechschüsseln in den Händen, wartend auf Essensreste.

Vor Tahoua passierten wir Dörfer mit bauchigen Lehmspeichern. Nordost-Wind aus der Sahara trieb Sand und Staub auf Äcker im Sahel, verwehte fruchtbare Erde. Wir fuhren durch eine abgeholzte, degradierte Landschaft. Sie wirkte, als habe hier vor kurzem ein Flächenbombardement stattgefunden. Auf nacktem, hart gebackenem Boden standen ganze Gruppen von Speichern. Ich fragte mich, ob sie noch mit Hirse gefüllt waren.

Zwischen Tahoua und Abalak wirkte die Gegend wie ein uralter Gobelin, in Jahrhunderten von der Sonne ausgeblichen, reduziert auf blasse Gelb- und Ockertöne. Während der letzten

hundert Kilometer nach Agadez waren dann selbst diese Farben verschwunden. Letzte kümmerliche Dornbüsche trotzten der Wüste, wo vor zehn Jahren typische Sahel-Vegetation mit lichten Galeriewäldern und Sommerweiden für Rinder und Kamele existierte. Nun gab es nur noch ein paar trockene Grasinseln in leerer Landschaft. Weiß geblichene Baumskelette reckten sich in den bleiernen Himmel.

Dürre und Armut im Sahel (1985)

Das erste, was Reisende seit dem Mittelalter von der Karawanenstadt Agadez sahen, war das 32 Meter hohe Lehmminarett der Moschee. Seit einigen Jahren grüßen auf der Westseite zunächst drei glänzende Kraftstofftanks aus Aluminium vor einer Art Triumphbogen mit stilisierten Agadez-Kreuzen, errichtet zum Jugend-Festival 1982.

Erst dann erscheint wie ein magerer Finger in der Ferne hinter hell leuchtenden Lehmhäusern das Minarett, Symbol vergangener Größe dieser Stadt.

Heinrich Barth

»Was kann wohl anziehender sein als eine bedeutende Stadt, die einst an Größe Tunis gleichgestanden haben soll, mitten unter gesetzlosen, barbarischen Horden gelegen, an der Grenze der Wüste und der fruchtbaren Distrikte des fast unbekannten Inneren eines großen Kontinents, gegründet an einem solchen Platze von alters her …? In der That ist es nur ein Zufall, daß diese Stadt bei den Europäern nicht so lebhaftes und romantisches Interesse erregt hat, als ihre Schwesterstadt Timbuctu, obgleich die letztere natürlich den Vorteil der Nachbarschaft eines Flusses hat. Timbuctu ward berühmt durch die Menge Goldes, das einst auf diesem Weg nach Marokko floß, während der Handel von Agades, ja selbst der Name der Stadt während der Dauer ihrer Blüthe in Europa unbekannt blieb«.

Heinrich Barth war der erfolgreichste deutsche Afrikaforscher des 19. Jahrhunderts. Er sprach neben Englisch und Französisch zehn afrikanische Sprachen, eine »wandelnde Ein-Mann-Universität«, ein Besessener, der von 1849 an fünfeinhalb Jahre lang durch die weiten, unbekannten Räume von heute 11 Staaten wanderte und ritt. Oft war er von Fieber und Durst geschwächt – aber versäumte nie, in millimeterkleiner Schrift akribisch Beobachtungen und Erkenntnisse festzuhalten. Auch später in Bilma stieß ich wieder auf die Spuren Heinrich Barths und anderer Forscher – vieles, was vor über 150 Jahren geschrieben wurde, stimmt heute noch.

Blick auf einen Teil der Altstadt von Agadez

Diese wagemutigen Männer reisten zum größten Teil mit Handels-, manchmal sogar mit Sklavenkarawanen. Daß Barth im Herbst 1850 als erster Europäer nach Agadez kam, verdankte er einem scheinbaren Nachteil: Die nächste Karawane nach Nigeria sollte erst vier Monate später aufbrechen. So nutzte er die Wartezeit zur Erkundung der Stadt – und lieferte uns auch die früheste Beschreibung der *Kel Ewey-Tuareg* aus dem Bergland des Aïr.

Seit 1430 war Agadez Sultanssitz und politisches Zentrum der Tuareg aus dem Aïr. Bis zum Ende des 16. Jahrhunderts nordöstlicher Pfeiler des mächtigen Songhay-Reiches, wurde Agadez dann wieder von Tuareg kontrolliert – ab dem 18. Jahrhundert vor allem von den Kel Ewey, die ihre Gegner – *Kel Gress* und *Itesen* – aus dem Aïr nach Süden abdrängten. Die Stadt lag am Schnittpunkt wichtiger Karawanenrouten zwischen Mittelmeer, Tschadsee und dem sahelischen Sudan. Als Barth im Oktober 1850 als erster Europäer dort ankam, war es mit der Blütezeit jedoch schon längst vorbei.

Der Forscher schätzte die Einwohnerzahl auf 7000 – so viel wie heute auch – während es früher bis zu 50.000 waren. *»Die Stadt ist nur noch ein Gerippe dessen, was sie früher darstellte ... selbst im Mittelpunkt liegen die meisten Wohnhäuser in Ruinen; auf den Zinnen der verfallenen Mauern rings um die Marktplätze sitzen hungrige Geier«.*

Eine der wenigen Konstanten und Höhepunkte waren damals noch die Bilma-Karawanen, wie Barth notierte: *»Eine eigenthümliche Bedeutung haben die jährlich wiederkehrenden großen Karawanen der Itisan und Kelgeres (Kel Gress) nach den Salzminen von Bilma. In diesen Gegenden, wo der einzelne nichts vermag, sondern alle gemeinschaftlich handeln müssen, ist der Abgang der Salzkarawane eine jener charakteristischen Begebenheiten, welche das Jahr in bestimmte Abschnitte teilen«.*

Die alte Sultansstadt aus Lehm (gar nicht mehr so verfallen, wie Barth sie beschrieb, doch in den alten Vierteln sehr heruntergekommen) ist heute auch das Einfallstor für Touristen. Nach zweieinhalbtausend Sahara-Kilometern erreichen sie mit Agadez zugleich Schwarzafrika. Auf dem Campingplatz oder im Hotel »Sahara« kann man die Neuen an ihren staubverfilzten Haaren und den dreckigen Jeans erkennen. Nach der Uran-Asphaltstraße folgte die Invasion von Touristen und Händlern. Sie brachten Uhren, Radios und Bier. Der Marktplatz vor der alten Lehmmoschee, bis 1978 mit seinen Bastmatten einer der schönsten im Sahel, wurde mit ebenso heißen wie unschönen Wellblechbuden verschandelt.

Tagsüber fragt dich jedes Kind nach einem *cadeau* und nennt oft gleich den Tarif: *»Donnez cent francs.«* Das sind sechzig Pfennig, und dir geht der fordernde Ton bald auf die Nerven. Jeder dritte, »malerisch« verschleierte Tuareg will dir sein Messer oder Silberkreuz verkaufen.

An unserem ersten Abend trank ein verschleierter Tuareg in einem Zug sein erstes Bier. Dann torkelte er aus der Bar des »Sahara« und fiel die Steinstufen hinunter. Wieherndes Lachen der Gäste – meist Hausa aus dem Süden. Wir

Negroider Peulh, Tahoua

fanden das gar nicht komisch und gingen ziemlich deprimiert um die Ecke zu unserem kleinen Zimmer im Hotel »Telwa«. Auf dem Boden ein Chaos aus Pack-, See- und Rucksäcken, Lebensmitteln und Filmen. Die Stimmung war auf dem Nullpunkt. »Alles kaputt hier«, murmelte Julian. »Was wohl Barth dazu sagen würde … er könnte Agadez nicht wiedererkennen.«

Aber eines stimmte mich milde. Die Vögel, jene kleinen Finken mit der roten Brust – sie waren noch da. Durch ein Loch in der Wand flogen sie ins Zimmer und bauten ein Nest an der Decke. »… *mich erfreute die Gesellschaft einer kleinen, niedlichen Art von Finken, welche in großer Anzahl alle Zimmer in Agadez heimsuchen und dort ihre Nester bauen*«, schrieb Barth.

Es hatte sich also doch nicht alles verändert.

Der Mann wühlte im Papierstapel und fand wunderbarerweise gleich unsere Namen. Er zog das Formular heraus, verschwand damit im Nebenraum. Nach bangen Minuten kam der Sekretär wieder zurück, gab mir seine Hand: »Wir werden die Meldung nach Bilma durchgeben. Sie können mit der Karawane losziehen. Viel Glück.« Für den Beamten war Bilma nur ein stecknadelgroßer Punkt auf der Karte hinter dem Schreibtisch, wo er nie gewesen war, wohl auch nie hinkommen würde; eine kleine Insel inmitten der Ténéré, Sitz einer Unterpräfektur, zuständig für ein Gebiet so groß wie Frankreich, aber mit weniger als 5000 Menschen.

Wir bahnten uns durch die Wartenden einen Weg nach draußen: Vor allem Tuareg saßen in der Eingangshalle. Titelbildschönheiten waren unter den Frauen – in weißen, rotbestickten Sonntagsblusen, mit Pfirsichhaut, glänzenden schwarzen Zöpfen und neugierigem, doch schüchternem Blick. Der erste Weltreisende, Ibn Batuta, geboren 1304 in Tanger, kam auch nach Agadez. Den Moslem verzückten schon damals die Agadezer Frauen:»*Das Vollendetste an Schönheit, die bestgestalteten Figuren, eine rein weiße Haut und sehr rundlich*«.

Auch der vorsichtige, kühle Hanseat Heinrich Barth war von ihnen angetan, doch über die Freiheiten schockiert: »*Fünf oder sechs Mädchen kamen in unser Haus, um mir einen Besuch abzustatten, und luden mich mit großer Einfachheit ein, mit ihnen lustig zu sein. Diese Fräulein oder Frauen gingen in ihrem Ubermuthe jedenfalls etwas zu weit, und ich war zu sehr überzeugt von der Nothwendigkeit, in der ein Europäer sich befindet, der unangetastet und angesehen diese Länder durchwandern will, sich mit äußerster Vorsicht und Zurückhaltung in bezug auf das weibliche Geschlecht zu benehmen, so daß diese ausgelassenen, keineswegs abstoßenden Personen mich hätten wankend machen können*«.

Die eigentlichen Schwierigkeiten begannen erst. Wir wußten, daß Karawanen der Kel Gress draußen im Busch zusammengestellt wurden, in einem Gebiet von 500 Kilometern im Quadrat. Selbst, wenn einige von ihnen auf dem Weg in die Wüste vor Agadez lagerten, schickten sie bestenfalls Sendboten in die Stadt, um sich mit dem zu versorgen, was noch für die lange Reise gebraucht wurde – vor allem Tee und Zucker. Alles andere hatten die Karawaniers als »autarker Betrieb« dabei oder produzierten es selbst: Hirse zum Tauschen gegen Salz, Ziegenlederhäute für das Wasser, geflochtene Bastmatten und Stricke.

Im kleinen Postamt war meine bestellte Sendung von Filmen schon angekommen. Gegenüber prangte das Schild *Office du Tourisme*. Auf einer Steinmauer saßen Tuareg-Touristenführer im Schatten, unterhielten sich leise und lachend. Alles strahlte heitere Ruhe aus. Vielleicht würde man uns hier mit Informationen helfen können.

Wir handelten uns nur neue Probleme ein. In einem halbdunklen Raum saß der Direktor an seinem Schreibtisch und öffnete Briefe, ohne uns anzusehen. Über seinem bodenlangen *boubou*, dem nigrischen Nationalgewand, trug er eine rot-weiß gestreifte Plastikjacke einer bekannten Zigarettenmarke: Geschenk der letzten Rallye Paris-Dakar. Auf dem kleinen Kopf klebte schief eine buntbestickte Hausa-Kappe in allen Farben des Regenbogens. Er musterte uns kurz mit funkelnden Augen und widmete sich weiter seiner Post. Nach seiner Unhöflichkeit zu urteilen waren wir hier im Ministerium für Innere Sicherheit, aber nicht Kunden des Touristenbüros.

»Wir benötigen für einige Tage einen Übersetzer, um Agadez besser kennenzulernen«, begann ich. Eine lange Pause. Der Mann öffnete weiter seine Briefe. »Ich höre«, sagte er endlich. Ich beherrschte mich und wiederholte ruhig meine Frage.

»Dann wollen Sie mit der Karawane weiter nach Bilma, oder?«

Nur Allah mochte wissen, woher der Direktor bereits jene Information hatte, die wir ihm vorenthalten wollten. Aber wir besaßen ja die Erlaubnis von Innenministerium und Präfektur.

Er studierte die Papiere sorgfältig. »Ausgeschlossen, kommt nicht in Frage. Wenn Sie nicht hier ein Auto mieten und die Karawane mit dem Geländefahrzeug bis Bilma begleiten, können Sie gleich wieder nach Niamey fahren. Dann werde ich Ihre Reise zu verhindern wissen.«

Er starrte mich boshaft an. Seine Lippen verzogen sich. Was wohl ein Lächeln sein sollte, war nur tückisches Grinsen. Das Raubtier musterte seine Opfer. In seinem farbigen Gewand saß er vor mir wie ein böser bunter Vogel. Er hat Verbindungen und Einfluß beim Präfekten, ging es mir durch den Kopf. Und er wollte uns ein Auto vermieten, an dem sicherlich vor allem er verdiente. Weil das im letzten Jahr ein japanisches Kamera-Team gemacht hatte, glaubte er, wieder absahnen zu können. Aber allein der Gedanke einer Autobegleitung der Karawane schien absurd. Das beste war, scheinbar auf diesen Unsinn einzugehen.

»Was kosten denn die Toyotas?«, fragte ich mit gespieltem Interesse und rang mir ein dünnes Lächeln ab.

Sein Gesicht hellte sich auf: »Das sind zunächst einmal 40.000 CFA am Tag, Fahrer inbegriffen. 120 CFA pro Kilometer, 7000 für den Führer, und 225 CFA pro Liter Sprit. Nehmen sie ruhig zwei Autos«, riet er eifrig, »für Ihre Sicherheit ...«

So wie die Japaner – das wären rund 1000 Mark pro Tag gewesen – mal dreißig, mindestens. Ich setzte die Miene angestrengten Nachdenkens auf. »Zwei Autos, eine gute Idee. Verstehen Sie, wir müssen uns nur noch ein wenig Geld überweisen lassen, dann kommen wir wieder.« Das schmale Gesicht des Geiers entgleiste zum ersten Mal in ein Lachen. Draußen lachten wir. Doch wir waren keinen Schritt weitergekommen. Und wir mußten uns vor dem bösen Vogel in acht nehmen.

In den nächsten Tagen versuchten wir überall Informationen über Karawanen zu erhalten. Draußen auf dem Markt, wo die Tuareg waren, in Händlerbuden und Wellblech-Teestuben: Irgendwo ein getuscheltes Wort, eine hingeworfene Bemerkung, verschlüsselte Informationen, aber wir erfuhren nichts. Stattdessen immer wieder der ernstgemeinte Tip, ein Auto zu mieten: »Ihr Weißen habt doch Geld. Kamele sind etwas für arme Leute, und es ist anstrengend. Warum fahrt ihr nicht mit dem Auto?«

Könnte nicht Seydi etwas wissen? Viele Tuareg gingen bei ihm ein und aus, oft stand ein Reitkamel vor der rissigen Wand seines Lehmhauses. Seydi, der Silberschmied. Er hockte vor dem kleinen Amboß auf dem Sandboden und bearbeitete ein Agadez-Kreuz mit der Schleifmaschine, die aus einem japanischen Ventilator gebastelt war. »Pas de problème«. Nichts auf der Welt war für Seydi ein Problem. Viele Karawanenleute würden bei ihm übernachten, er kenne sie alle. Schon morgen fände er eine Karawane im Dorf Azel.

Diese Siedlung, kaum 15 Kilometer nördlich von Agadez, besteht aus gelben, bienenkorbähnlichen Basthütten am grünen Ufer eines weiten *koris* – jener sandigen Täler im Aïr, die sich im Sommer zur Regenzeit minutenschnell in reißende Flüsse verwandeln können. Die seßhaften Tuareg von Azel betreiben Gartenbau. Lange Reihen von Eseln kamen uns entgegen, um Tomaten, Zwiebeln, Karotten und Salat auf den Markt von Agadez zu bringen.

Azel ist für seine Kamelsättel berühmt. Bis nach Timbuktu und dem Hoggar in Algerien rühmen die Tuareg das teure rote Leder, den verzierten, kreuzförmigen Sattelknauf, die fein zieselierten Silberbeschläge der Sättel aus Azel. Wir saßen fasziniert bei den Schmieden, die mit verschränkten Beinen, gelassen und ohne Hast mit einfachen Werkzeugen Meisterwerke schufen. Seydi wuchtete einen großen Sack Zwiebeln für sich in den Kofferraum meines Peugeots. Es war ein schöner Tag. Wir hatten viel erlebt.

Aber von einer Karawane keine Spur.

»Terhazel. Dort kenne ich alle. Die Karawanen kommen dort vorbei. *Pas de problème.*« Also fuhren wir nach Terhazel, am Kori des Ti-n-Taborak, 40 Kilometer östlich von Agadez, schlingernd durch tiefen Sand. Seydi verkaufte dort einen Teil der Zwiebeln aus Azel und tauschte zwei Silberkreuze gegen eine junge Ziege, die als lebendes Paket im Kofferraum verschwand. Mit wehendem *boubou* stolzierte er durch das Dorf. Seydi machte Geschäfte, lud uns fünf Fahrgäste ins Auto und fragte nebenbei nach einer Karawane.

Es gab natürlich keine. Und niemand wußte etwas. Oder doch?

»Vor einer Woche – oder waren es zwei? – zog eine Karawane hier weg, über die Oase Fachi, nach Bilma«, erinnerte sich ein weißbärtiger Alter.

Nun waren wir schon eine Woche in Agadez. Und ebenso unerbittlich, wie die Zeit zerrann, sanken mit jedem weiteren Tag unsere Chancen. Wir hatten in Niamey Zeit verloren und hier bislang nichts erreicht. Die Karawanen-Saison ging zu Ende.

»Morgen fahren wir nach Aouderas«, schlug Seydi vor, wohl in Vorfreude auf neue Geschäfte. »*Pas de …*«

»Fahr mit dem Taxi«, schnitt ihm Julian verärgert das Wort ab. Wir tranken im Hotel »Aïr« ein Bier gegen den Frust, belagert von Tagedieben, Souvenirhändlern und einem Alten, der mir jedes Mal ein verrostetes Tuareg-Schwert anbot – wahrscheinlich war es noch das gleiche wie vor zehn Jahren. Gegenüber sahen wir einen Europäer in Arbeitskluft. Vittorio!

Er ließ vor Überraschung einen Vorschlaghammer fallen, nur Millimeter an meinem Fuß vorbei.

Vittorio aus Rom und verliebt in die Wüste, mit einer Tuareg-Frau verheiratet. Vittorio, grau geworden, aber mit leuchtenden Augen. »Was macht dein Reiseunternehmen?«

Er nahm langsam den Hammer wieder auf, zeigte etwas müde auf das Haus hinter sich: »Aus, Schluß. Eine Intrige, muß ich dir später erzählen. Der Mann vom Touristen-Office ... jetzt baue ich seit drei Jahren an dem Haus hier. Sollen Appartements für durchreisende Entwicklungshelfer und Besucher werden. Innen modern, außen im Stil von Agadez.« Arbeiter brachten gerade kleine Fensterrahmen aus Aluminium in der Lehmmauer an, einzige sichtbare Konzession an die Neuzeit. Ansonsten stand ein imposantes zweistöckiges Agadezer Bürgerhaus vor uns. Barth hätte sich gefreut.

Schon am nächsten Tag waren wir wieder auf der Spur des Forschers. Vittorio organisierte uns eine Audienz beim Sultan: »Wenn einer euch helfen kann, dann er.«

Um Streit und Mißgunst unter den verschiedenen Tuareg-Fraktionen durch ein neutrales Oberhaupt zu beenden, wählten die Aïr-Tuareg seit dem Mittelalter immer einen Schwarzen zum Sultan. Als Barth 1850 zur Audienz durch die niedrige, grobe Tür aus Palmenstämmen in den abweisenden, zweistöckigen Lehmpalast ging, war die Macht des Sultans schon geschwächt; nach der französischen Kolonisation Anfang des 20. Jahrhunderts hatten die Sultane von Agadez und Zinder ebenso wie alle hohen Notabeln noch mehr an Macht eingebüßt. Seit 1960 liegt sie in den Händen der schwarzen Administration. Doch für die Tuareg in Niger ist noch immer der Sultan maßgeblich – nicht die Regierung in Niamey.

Einer der Wächter in grellrotem Turban winkte uns heran. Im Eingang warteten verschleierte Männer. Wir streiften die Sandalen ab. Sahen erst einmal nichts im Innern, wo ein Feuer flackerte. Gingen schon halb an einer sitzenden Gestalt vorbei. Es war der Sultan, sich am Feuer wärmend. Der Sultan erwartete uns in halb liegender, halb sitzender Haltung auf einer Lederhaut. Er trug einen himmelblauen *boubou*, Gesicht und Mund von schwarzem *tagelmust* verschleiert. Lange, feingliedrige Hände lagen ruhig auf dem Schoß. Aber beherrschend waren die Augen. Sie glühten uns aus dem Halbdunkel an wie glimmende Holzkohlen.

Diener rückten zwei Sessel heran, die mit bunten Plastikschnüren bespannt waren. Wir erzählten von unserem Problem. Der Sultan wirkte geistesabwesend. Er schaute mich wieder an mit diesem brennenden, fast fiebrigen Blick. »Ich werde jemanden aussenden«, sagte er in makellosem Französisch. Ja, er würde etwas tun. Wir sollten wiederkommen, schon morgen.

Am nächsten Morgen um neun war das Feuer fast heruntergebrannt. Die zarten Hände des Sultans spielten mit einer Holzperlenkette, ähnlich dem katholischen Rosenkranz. Er blickte starr in die rote Glut: »Die Boten sind zuversichtlich. Morgen … oder übermorgen spätestens … werden wir eine Karawane für euch haben. Das soweit … für heute.« Starren auf die Kette, Stille. Knistern und Knacken der letzten Flammen, Glühen an der Lehmwand. Die zweite Audienz war beendet.

»Der Sultan wirkt so, als ob er nicht zuhört und nichts macht, aber er wird sofort reagieren«, erklärte uns Vittorio. Mir kamen trotzdem große Zweifel.

Im Hotel lag eine Nachricht von Vittorio: »Sofort zum Sultan. Hat Karawane.« Dort streiften wir schon routiniert die Schuhe ab. Vor dem Sultan saßen zwei Tuareg; tief schwarz der eine, hellhäutig und mit einem alten, früher weißen Gewand der zweite. Dazu ein »Stadt-Tuareg« mit Rallye-Hemd und Jeans: Mousa, Übersetzer. »Alles ist bereit«, sagte der Sultan feierlich, »die Karawane wartet auf euch.« Er wies mit knapper Geste auf die drei Tuareg vor sich im Sand: »Sie sagen, sie nehmen euch mit nach Bilma. Der *madugu* sagt« – er wies auf den Schwarzen – »jeder von euch zahle 60.000 CFA für sein Kamel. Er sagt, wenn der Mond wieder voll geworden ist und etwas abgenommen hat, seid ihr zurück in Agadez. Allah sei mit euch.«

Die Reise dürfte also etwa fünf Wochen dauern; das übliche Maß. Auch die Bedingungen waren fair: Julian und ich würden je ungefähr 400 DM zahlen, als Ausgleich für den Verdienstausfall: Die beiden Tiere müßten unser Gepäck und unser Wasser schleppen, brächten den Karawanenleuten also keinen Salzgewinn. Außerdem sollten wir dafür noch die ganze Zeit verpflegt werden: 5 Wochen Hirsebrei bildeten die fade Basis unserer Vollpension.

Die letzten 14 Tage in Agadez waren in quälender Ungewißheit und Langeweile vergangen. Jetzt blieb plötzlich keine Zeit mehr. Wir hasteten zur Bank. Kauften noch ein paar zusätzliche Lebensmittel: italienische Makkaroni, japanische Makrelen in Tomatensauce, chinesischen grünen Tee, Zucker und beim alten Mauretanier um die Ecke noch für jeden fünf Meter sandfarbenen Baumwollstoff: kunstvoll um den Kopf geschlungen, gibt das den *tagelmust* – nur Zierde in Städten, aber praktischer Schutz gegen Staub, Sturm, Hitze und Kälte draußen in der Ténéré.

Hirsestaude

Treff am Hotel mit den beiden Tuareg der Kel Gress und Mousa, dem ungebetenen Übersetzer, der schon beim Sultan saß. »Ich bin reisefertig«, erklärte der junge Mann wichtig.

Ich schaute ihn mir näher an. Zu seinem T-Shirt Marke »Suzuki« gesellten sich nun spitze, sorgfältig polierte Schuhe, die gut auf den Wiener Opernball gepaßt hätten. Nadelstreifenhose und ein etwas ramponierter Aktenkoffer komplettierten den Aufzug.

»Wohin soll die Reise gehen?«, fragte ich verblüfft.

»Mit euch nach Bilma natürlich. Es ist preiswert: ich verlange nur 10.000 CFA am Tag.« Das waren fast 70 Mark – eine unverschämte Forderung, die dem Tarif des staatlichen Touristenbüros entsprach. Vielleicht steckte er mit dem bösen Vogel unter einer Decke? Nein, dazu war er zu freundlich, etwas zu naiv. Selbst ohne Honorar wäre dieser Hagestolz nur eine Belastung gewesen. Vielleicht würde er sich in der Ténéré von den Karawanenleuten seine Schuhe putzen lassen.

»Spricht jemand von der Karawane ein wenig Französisch?«, wollte ich von ihm wissen. Er unterhielt sich in der Tuareg-

Sprache *tamaschek* mit den beiden Kel Gress. »Achmed, der spricht sehr gut Englisch«, sagte Mousa.

»Sehr gut ... Englisch?« Dieser Mousa hatte die Fähigkeit, einen immer wieder zu verblüffen.

»Ja, Englisch. Er war Nachtwächter in Nigeria.«

So unwahrscheinlich war das allerdings nicht. Manche Tuareg, die Vieh und Besitz durch die Dürre verloren haben, ziehen bis ans Meer. Ich habe in der nigerianischen Vier-Millionen-Hauptstadt Lagos Tuareg mit ihren Schwertern als Nachtwächter vor den abgeschirmten Villen im Stadtteil Ikoyi gesehen: ein trauriges Bild.

»Wenn dies so ist, können wir mit Achmed reden. Außerdem sprechen wir etwas Hausa, was auch jeder Karawanier beherrscht, vor allem die Kel Gress. Es wäre schön, wenn Du uns heute hilfst, Mousa, bis wir alles vorbereitet und die Karawane erreicht haben. Dafür geben wir dir 10.000 CFA.« Das war zu viel. Doch ich mußte vorsichtig sein und wollte Mousa keinesfalls gegen uns aufbringen, weil ich seine Verbindungen nicht kannte. Der Geier vom Tourist-Office schwebte noch über uns und würde sofort zustoßen, wenn er uns ohne Auto sichtete.

»Du kannst uns nach Süden ins Land der Hausa begleiten, wenn wir wieder zurück sind«, schlug ich noch zur Absicherung vor und fragte so ruhig wie möglich: »Kennst Du eigentlich den Leiter des Touristen-Büros?«

Es war, als hätte ich Feuer an eine Lunte gelegt. »Dieser Hund«, zischte Mousa. »Er betrügt alle, und die angestellten Führer beutet er auch aus. Als ich ihn kritisierte, warf er mich hinaus. Und mehr noch: er hat mich beleidigt, verleumdet. Ich werde es ihm heimzahlen.«

Ich sagte nichts darauf, aber dachte: Mousa könnte noch unser Freund werden. Er kannte die Gegend und wirkte aufrichtig. Wir müßten ihn nur davon überzeugen, daß in Bilma kein Grand Hotel auf ihn wartete. Wir wuchteten unser Gepäck aus dem Hotel »Telwa«: zwei See- und zwei Rucksäcke, Kirataschen. Zu viel. »Warum kommt ihr nicht mit den beiden Kamelen?«, wollten wir wissen. Die beiden Kel Gress standen dort abseits und rührten sich ebenso wenig wie die Tiere.

»Die Kamele müssen noch Lasten von Agadez zur Karawane bringen. Der *madugu* sagt, ihr sollt euer Gepäck mit dem Auto zur Karawane schaffen und dann wiederkommen. Die Kamele weiden vor der Stadt.«

Also stieg Aghali in meinen zitronengelben Peugeot. Trotz der dunklen Verschleierung sah ich sternförmige Lachfalten um seine wachen, leicht schräggestellten Augen.

Wir folgten der Piste nach Osten, Richtung Bilma. Dann wies Aghali die Richtung nach links, quer durch den Busch. Es ging über harte Grasbüschel und faustgroße Felsbrocken hinweg, durch Dornengestrüpp und Sandfelder. Ihm war der Gedanke fremd, daß man ein Auto nicht wie das Kamel in die gewünschte Richtung reiten kann. Plötzlich entdeckte er seine Tiere, zeigte aufgeregt nach vorn. Und ich fuhr auch hin, aber wir hatten keinen Geländewagen und auch kein Kamel, sondern einen Peugeot. Wir blieben natürlich im Sand stecken, gingen den Rest zu Fuß. Holten von der Herde zwei brüllende, gurgelnde Kamele, luden das Gepäck auf und wanderten zum Auto. Ein Junge mit halbem Haarschopf kehrte mit den beiden Tieren zur Herde zurück. »Achina, mein Sohn«, sagte Aghali.

Die Sonne stand schon tief, als wir wieder in Agadez ankamen. Wir ließen das Auto bei Vittorio und gingen aus der Stadt: der *madugu* mit dem hellhäutigen Tuareg voran, ihre beiden restlichen Tiere hinter sich. Sie waren schwer mit Bastmatten beladen, die man in Bilma verkaufen wollte.

Die letzten flachen Lehmhäuser leuchteten noch einmal braunrot auf. Wir gingen vorbei an alten, würdevollen Männern, die auf ihren Türschwellen saßen und freundlich unseren Gruß erwiderten. Andere spielten das *dara*-Spiel mit Kürbiskernen und Mulden im Sand. Rotznäsige Kinder liefen eine Zeitlang hinter uns her und bettelten um ein Geschenk.

Das hörten wir kaum noch. Die Häuser waren plötzlich weg, vor uns standen nur noch diese knochentrockenen Dornbüsche im gelben Gras. Ganz weit hinten leuchtete die blaue Kette der Aïr-Berge. Dieser 15. Januar war unser Aufbruchstag. Wir konnten es nur noch nicht fassen.

Hinter uns zitterten, schon fern, noch ein paar Neonlichter von Agadez. Dornbüsche zeichneten sich noch gegen den Himmel ab, der jetzt schwarz geworden war, übersät mit funkelnden Sternen. Vor uns saßen Achmed und der Junge am Feuer.

»*Innaquanna*«, begrüßte uns Achmed. Über seinem Gewand trug er einen löchrigen Stoffmantel, wahrscheinlich Überbleibsel seiner Arbeit in Nigeria. Achmed war im Norden, in Kano, wohin auch die Tuareg ziehen, um ihr Salz zu verkaufen. Viel schien ihm außer dem Mantel nicht geblieben zu sein. Sein Englisch war schlecht und von wunderlicher Aussprache, aber noch immer besser als unser Hausa. »*No wuk, no muney*«, sagte er lachend.

Bald brannte ein zweites Feuer. Unsere Makkaroni waren noch nicht fertig, da rief uns Aghali herüber: der Junge hatte gekocht. Er stellte eine dampfende Schüssel *eshink* in die Mitte: Hirsebrei mit klebriger, Fäden ziehender Gemüsesauce. Jeder grub mit seinem Holzlöffel ein Loch hinein. Es schmeckte gut. Der Sand knirschte zwischen den Zähnen. Dann gab es unsere Makkaroni mit Makrelen. Wieder griff jeder zum Löffel. Schließlich mußte dieser Tag doch gebührend gefeiert werden.

Nach dem Festessen folgte der obligate Tee aus einer kleinen, roten Kanne. Aghali bereitete ihn selbst. Ein Ritual mit bedächtigem Umschenken von der Kanne in ein kleines Glas und wieder in die Kanne, mit Abschmecken, Nachschütten, Verfeinern mit frischer Minze, bis die ersten Gläser gereicht wurden – stark und fast bitter; mild und aromatisch dann das zweite Glas, nur noch zuckrig schließlich der dritte Aufguß.

Wir legten uns zufrieden auf die kühle Erde. Für die Männer und den Jungen ging der Arbeitstag weiter. Jeder nahm sich ein Büschel hartes, in Wasser aufgeweichtes Gras, klemmte es zwischen die Zehen und flocht daraus Seile. Nach einer Stunde hatten die vier schon ein Seil von zehn Metern Länge zusammengespleißt. »Das brauchst Du immer«, erklärte Achmed. »Wir müssen noch viele Seile machen, um das Salz zu transportieren.«

Sie arbeiteten ruhig, aber flink: Aghali, der sich Kautabak in den Mund geschoben hatte und den Priem zur Seite ausspuckte. Der ruhige, hellhäutige Mohamed mit einem groben, aber ausdrucksvollen und sensiblen Gesicht, in dem alle siebenjährigen Dürren und einsame Kamelritte, Freundschaften und der Glaube an Allah eingemeißelt waren; ein Gesicht, wie man es bei uns gelegentlich noch bei Fischern oder Bergbauern sehen kann. Und der Junge mit seiner Punker-Frisur, einem Kindergesicht trotz seiner zwölf Jahre, mit weichem Mund und alten rissigen Händen und Füßen.

Ich stand auf und ging um das Lager. Ein weißer, halber Mond war aufgegangen. Der Sand leuchtete hell wie Schnee. Friedlich wiederkäuend lagen die Kamele im Halbkreis vor dem lodernden Feuer, ungefähr 60 Tiere mochten es sein.

Sie drehten ihre langen Hälse, als ich an ihnen vorbeilief, glotzten mir nach durch die Dunkelheit. Der *madugu* flocht mit seinem Sohn noch immer Seile, die anderen hatten sich in ihre geflickten, dünnen Decken gehüllt. *Dari*, die Kälte, ist ein Hauptproblem für die Karawanenleute, wenn im Winter die Temperatur in der Wüste oft unter null Grad absackt.

Wir legten uns in den Windschatten: hinter die Mauer der aufgetürmten Matten, Felle und Ziegenledersäcke voller Hirse. Darauf lagen noch einige Lastsättel aus Holz und Kalebassen. Umgestürzt davor der Holzmörser, in dem der Junge die Hirse stampfte. Es ging auf Mitternacht zu. Aghali und der Junge arbeiteten noch immer. Das rhythmische Festklopfen der Stricke half mir in den Schlaf.

Das gleiche Geräusch weckte mich. Es war heller Morgen, nur Minuten schienen vergangen zu sein. Der Junge stampfte Hirse für das Frühstück. Die anderen saßen frierend an der Glut, auf der schon die Teekanne stand. Es dauerte eine Weile, bis die Männer die Kamele gefunden hatten. Obwohl ihre Vorderläufe kurz zusammengebunden waren, hatten sie sich außer Sichtweite des Lagers entfernt.

Es war nur ein kurzer Tag mit wenigen Marschstunden. Wir liefen erst in den kühlen und farbigen Morgen hinein, bis die Sonne alle Konturen herausfraß und die sandige Sahel-Landschaft einem überbelichteten Farbfilm glich. Dann ritt ich auf dem schwankenden Kamel, meinen Blick auf den geraden Horizont geheftet. Gedanken kamen und gingen. Die Gelassenheit blieb.

Der Abend verlief wie der erste, und so würden auch die nächsten zehn oder dreißig Abende vergehen: mit dem Flechten von Seilen, mit Gesprächen der Männer, sandigem Hirsebrei, mit rauhem Lachen und Schlürfen des süßen Tees, den Rücken an Hirsesäcke gelehnt.

Wir marschierten und ritten die nächsten Tage auf der Suche nach *alemos*. Wir fanden das harte, hohe Gras am vierten, fünften oder sechsten Tag. Die Tage hatten kaum mehr Bedeutung als Stunden, und wir orientierten uns am Stand der Sonne und des Mondes. Wir spürten und lebten allmählich Zeitlosigkeit. Das Gras mußte geschnitten und gebündelt werden – für die Kamele Wegzehrung in der Wüste.

Während die Männer mit ihren Sicheln frühmorgens auszogen, um das stachelige harte Gras zu schneiden, blieben wir mit dem Jungen im Lager. Wir paßten auf die großen schwarzen Raben auf, träge Vögel mit weißen Streifen auf der Brust und messerscharfem Schnabel, die mit einem Hieb Löcher in Vorratssäcke schlagen können. In der Ferne zogen Schafe und Ziegen mit einer jungen Hirtin vorbei. Unsere kleine gefleckte Ziege hatte sich in den Schatten eines Dornbusches verkrochen. Sie folgte dem Jungen wie ein Hund. Sobald er sich entfernte, um Holz zu holen, lief sie aufgeregt meckernd hinterher. Festgeschnürt auf einem Kamel sollte sie mit nach Bilma kommen, ihrem Ende entgegen.

Achina ging zum ersten Mal als Karawanenlehrling nach Bilma. Er mußte sich bewähren. Er war der letzte, der sich zur Ruhe legen konnte, der erste beim Aufstehen. Wenn die anderen ritten, mußte er abspringen, um Kamellasten zurechtzurücken oder am Nachmittag totes Holz für das Feuer zu sammeln. Er sprang dann leicht wie eine Feder in seinen viel zu großen, durchlöcherten schwarzen Plastikschuhen vom Kamel, immer mit einem Lachen, immer bereit, irgendeine Verrichtung zu machen.

Nur selten hatte ich einen Jungen gesehen, der so sehr Kind ist und doch schon Erwachsener. Die Männer behandelten ihn fair. Er wurde in die Gespräche einbezogen. Sie waren nicht freundlich herablassend zu ihm, wie man bei uns oft zu Kindern ist. Seine Aufgaben waren klar: Er hatte hier zu lernen. Mir schien es anfänglich ungerecht und hart. Aber vielleicht ist es unfairer, Kinder immer nur als Kinder zu behandeln, ihnen Dinge vorzuenthalten, die sie für das Leben brauchen, Liebe und Ehrlichkeit durch materielle Geschenke zu ersetzen.

Ich setzte mich in der Mittagszeit zur Ziege in den winzig gewordenen Schatten der Akazie und las weiter in Stefan Zweigs Erzählungen, war fasziniert von den Schicksalen seiner Personen und Helden, die scheinbar scheitern, aber letztlich bei der Verwirklichung ihrer Ziele und Kräfte siegen, sich selbst treu geblieben sind. Der letzte Satz seiner Erzählung »Phantastische Nacht«:

»Wer einmal sich selbstgefunden, kann nichts auf dieser Welt mehr verlieren. Und wer einmal den Menschen in sich begriffen, der begreift alle Menschen«.

Während ich über die Sätze nachdachte, begann ein schmerzhaftes Ziehen im Backenzahn. Drei Tage später brachte uns Mohamed mit einem Kamel zur Autopiste, auf der kein Auto kam. Die Karawane war unterbrochen, glaubte ich.

Aber für mich war sie beendet.

Und die Karawane zieht weiter – aber nicht für alle …

ABGEWARTET

ABGEWARTET

ZWEI JAHRE ZWISCHEN DÜRRE UND REGEN

Die Zahnprobleme wollte ich in Agadez behandeln lassen. Dort arbeitete ein Dentist aus Haiti. Nur Allah mochte wissen, wie er dort hinkam.

Wände und Spülbecken waren mit Blut bekleckert. Er wollte gleich ziehen, unbesehen. Ich flüchtete. Mein Auto stand noch in Agadez. Ich fuhr die tausend Kilometer nach Niamey in einem Tag, halb wahnsinnig vor Schmerzen.

Am nächsten Morgen ging eine Maschine der Air Algérie über Algier nach Frankfurt. Ich buchte und rief die Zahnklinik in Freiburg an. Februar. Eisblumen an den Fenstern. Eine Stimme wie durch Watte: Links oben sieben: Nervenentzündung …

Eine knappe Woche später war ich wieder in Niamey, am Tag darauf in Agadez – aus Zeitgründen mit dem alten Propellerflugzeug der Air Niger, das zufällig gerade flog. Den Hinweg zusammen mit der Karawane konnte ich nun getrost vergessen. Ich mußte so schnell wie möglich nach Bilma kommen, um Julian und die Kel Gress dort zu treffen.

Mein alter Bekannter Mano Dayak würde mir da sicherlich weiterhelfen können, Unternehmer der Sahara-Reiseagentur »Temet Voyages«, Besitzer von einem Dutzend Rangerover. Der Tuareg Mano studierte in Paris und New York, sein Vater lebte noch in Nomadenzelten. Mano, lachend: »Ich bin ein moderner Nomade.« Ich könne mich zu Touristen in den Rangerover setzen, der morgen nach Bilma fährt.

Zu früh gefreut: Der »Geier« tauchte unerwartet auf, stand plötzlich in Manos Büro. Auf keinen Fall dürfte ich ohne Autobegleitung mit der Karawane ziehen. Und, höhnisch grinsend: »Mein Angebot gilt noch. Entweder mieten Sie die zwei Wagen, oder … es wird unangenehme Folgen für Sie haben.« Mano mußte mühsam seine Wut unterdrücken und konnte nichts tun als zustimmen, wenn er nicht Schwierigkeiten für sein Unternehmen riskieren wollte.

Es blieb dabei: keine Karawane. Und auch keine Erlaubnis, mit Mano Dayak persönlich zu reisen.

Es dauerte einige Tage, bis ich die Enttäuschung verdaut hatte. Dann entschloß ich mich zu einer Reise mit Touristen, um wenigstens Bilma und die kaum bekannte Ruinenstadt von Djado kennenzulernen. Auf dem Campingplatz traf ich zwei Paare aus Hanau, die sich neben ihrem Landrover sitzend auf den Heimweg vorbereiteten. Meine Begeisterung für die Ténéré, Bilma und Djado übertrug sich auf die vier. Drei Tage später waren wir in der Ténéré. Abwechselnd saß ich im Landrover zwischen Peter und Meli, oder Helmut und Ingrid. Auch der Tuareg-Führer Mohamed tauschte gelegentlich das Fahrzeug. Mit knappen Gesten wies er uns im gelben Einerlei der Wüste den richtigen Kurs.

Burgruinen von Djaba vor den Orida-Bergen, Djado-Massiv

Bilma, Ende Februar 1984. Ich sah die Karawane in die Ténéré hinausziehen. Julian winkte mir noch einmal nach. Seine Nase war rot, er hatte abgenommen und eine Zahnfleischentzündung.

Er ging mit den Kel Gress wieder zurück nach Agadez. Ohne mich. Weil sie über Fachi gingen, wäre mir schon in der Oase eine Verhaftung durch Gendarmen sicher gewesen. Es blieb dabei: ich konnte nicht mitziehen.

So fuhren wir weiter entlang der alten Bornu-Straße nordwärts, dem zerklüfteten Massiv von Djado entgegen. Auf dem verwitterten Sandsteinrücken entlang der Piste klebten noch die Reste ehemaliger Fliehburgen, wie in Aney. Krönung aber war die geheimnisvolle, verwinkelte Ruinenstadt Djado – vermutlich schon im 12. Jahrhundert von Berbern aus dem Norden gegründet, nie archäologisch erforscht. Peter und ich bahnten uns durch moskitoverseuchte Sümpfe einen Weg in das düstere Labyrinth.

Zwei Wochen später kamen wir über die prähistorische Fundstätte von Adrar Bous und die Dünen von Temet nach Timia. Die Bergoase kannte ich schon, aber noch nicht Pit Weingärtner. Es wurde ein feuchtfröhlicher Abend in seinem Lehmhaus.

Beim Weiterfahren hielten wir an der »Cascade« von Timia – einem Quell, der aus vulkanischen Basaltsäulen sickert. Ein verschleierter Tuareg kam uns keuchend nachgelaufen. Es war Arali, mit einem Brief für Gerd Spittler in der Hand.

Ich erinnerte mich an den »Docteur«. November 1980: in Agadez traf ich im Hotel »Telwa« einen faltigen, alten Mann. »Ein Deutscher, der hier Studien betreibt. Er war gerade mit der Karawane in Bilma«, flüsterte mir der schwarze Rezeptionist ins Ohr.

Spittler stand nach dem Essen schwerfällig auf und ging mit mir langsam durch die staubigen, dunklen Gassen vom Hotel bis zum Hotel de l'Aïr gegenüber der alten Moschee, wo ich wohnte.

Seit dieser Begegnung stand für mich fest, auch die Salzkarawane zu begleiten. Schon lange war es ein Plan. Jetzt wurde es Realität. Nur wollte ich ursprünglich nicht Spittlers Spuren folgen und wählte eine Karawane der Kel Gres, von Agadez aus.

»Sie treffen mich im Soziologischen Institut«, sagte mir Spittler am Telefon in Freiburg. Im Geiste sah ich noch immer jenen faltigen Mann von etwa 60 Jahren vor mir, den ich drei Jahre zuvor in Agadez traf. Im Institut lief ich an Spittler vorbei, erkannte ihn nicht mehr. Jetzt sah er so alt aus, wie er wirklich war: 45.

Nichts konnte mich von einem neuen Versuch abbringen. Spittler half mit Informationen und Kontakten. Ich wollte von Timia starten und Arali als Übersetzer mitnehmen. Dann kam die Dürre.

Im Herbst 1984 erreichte mich ein Brief von Pit: »... es sieht schlimm aus. Viele Gärten und Palmen sind vertrocknet. Nun hat es seit zwei Jahren nicht mehr geregnet. Die Alten beten zu Allah, doch es tröpfelt nur. Es wird deshalb auch nichts aus Deinem Plan, diesen Herbst mit den Kel Ewey nach Bilma zu gehen. Es gibt nämlich auch keine Futtergräser mehr. Zum zweiten Mal in diesem Jahrhundert fällt die Karawane aus. Zuletzt war das 1913.«

Kurz darauf reiste Gerd Spittler zu einem neuen Forschungsaufenthalt nach Timia. Er war schockiert: die Karawanen, ein Lebens- und Handelssystem, standen vor dem Zusammenbruch. Es waren noch keine internationalen Hilfsaktionen angelaufen – glücklicherweise: weitere Nahrungsmittelgeschenke hätten den Aïr-Tuareg sicher vollends den Rest gegeben, sie zu Almosenempfängern degradiert.

Der Freiburger Professor handelte schnell. Ein Appell an Freunde zu Hause brachte in wenigen Wochen über 120.000 DM – »eine überwältigend große Summe, mit der ich nie rechnete.« Spittlers privates Hilfsprogramm war von bestechender Konsequenz und perfekter Adaption an die lokalen Verhältnisse.

»Die Tuareg sind es gewohnt, selbst mit Dürre- und Notzeiten fertig zu werden. Wir sollten nur fehlende Glieder der gerissenen Kette ersetzen, aber nicht gleich das ganze System umkrempeln wollen.«

Das »gerissene Kettenglied« war in diesem Fall der nicht mögliche Salztransport. Also wurde eine »Notration« von 40 Tonnen Salz in den Süden Nigers transportiert und von dort an 200 Karawanenleute aus Timia verteilt. Sie waren dort ohnehin mit ihren letzten Kamelen auf der spärlichen Weide; im Norden gab es nichts mehr.

Wie gewohnt verkauften sie das Salz in kleinen Mengen und erzielten das Doppelte des Einkaufspreises. Davon konnten sie Hirse erstehen und mit der anderen Hälfte das nur auf Kredit gelieferte Salz zurückzahlen.Zusätzlich ließ Gerd Spittler 120 Tonnen Hirse – ausnahmsweise mit Lkw – nach Timia transportieren, um erste Notmonate zu überbrücken. Spendenmittel halfen, den Preis zu subventionieren.

Mit dem übrigen Geld kaufte Pit Weingärtner Zement, um damit Gartenbrunnen auszubauen. Das ergänzte ein Programm der deutschen Entwicklungshilfe. Es begann schon 1980 mit kilometerlangen Steinmauern am Rande der *koris* – den sandigen Flußbetten – zum Schutz der Gärten vor reißendem Hochwasser. Obwohl 1984 also die Bilma-Karawane ausfiel, waren die Kel Ewey noch einmal davongekommen.

∧∶☉

Wieder verging fast ein Jahr mit Reisen durch Afrika. Tageszeitungen und Zeitschriften wollten mit Artikeln und Fotos gefüttert werden. Ich flog nach Senegal, Elfenbeinküste und nochmals nach Liberia, wo die Herrschaft des ehemaligen Hauptfeldwebels Doe immer radikaler wurde und er Scheinwahlen vorbereitete. Es entstanden Berichte über Spuren und Bauwerke des Sklavenhandels; trotz feuchter Hitze überkam mich in den alten Kerkern von Cape Coast und Elmina (Ghana) das Frösteln. Bei uns war Frühling, als ich quer durch den sterbenden Tschad reiste – das verwüstete Land mit verstreuten Tierkadavern glich nach der vierjährigen Dürre einem gigantischen Friedhof.

Endlich regnete es im Sommer 1985 wieder im Sahel. Gewitterwolken entluden sich über der rissigen Erde. Es regnete in den Dürregebieten von Mauretanien, Mali, Tschad und Niger. Und die Kel Ewey saßen schon im Sommer zusammen und sprachen über die nächste Karawane. Ich machte den Zeitungsredakteuren klar, daß sie im Herbst und Winter von mir keine Aktualitäten erwarten könnten.

Den ganzen August über war ich in Niger. Es galt, meine Erlaubnis für die Karawane zu erneuern, um wirklich sicher zu sein. Zum ersten Mal erlebte ich staunend einen grünen Sahel. Wo sonst Sandschwaden zwischen Niamey und Agadez über die Straße zogen und sich gelb verbrannte Steppe bis zum Horizont erstreckte, grasten nun Rinder der Peulh Bororo auf fetter Weide. Im Süden arbeiteten die Hausa auf ihren sattgrünen Hirsefeldern.

Auf der Fahrt von Agadez nach Timia wurden Pit und ich von einem Wolkenbruch überrascht, der uns stundenlang zum An-halten zwang: die Piste hatte sich in einen Wildwasserbach ver-wandelt. Auch das *kori* von Timia floß wieder nach drei Jahren der Dürre.

Ich flog nochmals für drei Wochen nach Deutschland, um dort letzte Vorbereitungen für die Karawane zu treffen. Wüste und Karawane waren schwer vorstellbar in meinem schattigen Büro, also wanderte ich fast jeden Morgen den ausgetretenen Feldweg entlang zum Schönberg und zur Adlerburg, meinem Stammlokal. Der zottelige Nachbarhund kam meist mit, und wir gingen an reifen Apfel- und Zwetschgenbäumen vorbei ins milde Licht. Braune Kühe und frisch geschorene Schafe glotzten uns nach. Hinter den kleinen Gemüsegärten wuchsen sanft gewölbte Hügel und Berge aus dem Dunst, bauten sich auf bis zum Schauinsland.

Jeden Nachmittag joggte ich eine Stunde zum Training über Waldwege. Niemand erwartete mich mehr nach der Trennung von Christine in der Wohnung. Ich mußte meine zwiespältigen Gefühle zwischen Freude und dunklen Befürchtungen vor dieser großen Reise für mich behalten.

DIE KARAWANE

DIE KARAWANE

AUFBRUCH IN TIMIA

In den letzten Tagen vor unserem Aufbruch sah ich Arali nur selten. Er sollte noch vieles kaufen, was auf einer langen Liste stand: 10 Kilo Datteln (sehr teuer, denn die Ernte im letzten Sommer war katastrophal ausgefallen), harte Käsefladen *takomar*, Hirse, Reis, Zucker und Tee.

Aralis erste Frau Emmaté (rechts) mit einer Freundin beim Hirsestampfen

Aber wie lange er auch immer verschwand – Arali kehrte mit leeren Händen zurück, unfreundlich zudem und mürrisch. Ich nahm an, daß mein Übersetzer sich auf eine andere Art auf die Durststrecke vorbereitete und abwechselnd Schäferstündchen bei seinen zwei Frauen verbrachte. Die freundliche und hübsche Emmaté, seine erste Frau, war hier mit ihrer kleinen Tochter

Fatimata im Haus und arbeitete, während der Meister seine Runden machte.

»Willst du nicht mal etwas besorgen? Wir werden bald aufbrechen«, wagte ich später zu sagen. Jene morgendlichen Lektionen *tamaschek,* die er mir versprach, erwähnte ich erst gar nicht mehr. Schweigsamer, ernster Blick seiner braunen, leicht schräggestellten Augen, Hochziehen des Gesichtsschleiers über den beleidigt nach unten gezogenen Mund – keine Antwort.

Nach nur vier Wochen in Deutschland war ich jetzt zum zweiten Mal hier, und Arali hatte sich verändert. Seine Begeisterung und Freundlichkeit war verflogen. Er behandelte mich manchmal mit einer subtilen Verachtung, die jedem Europäer gebührt, der nicht an den »Docteur« heranreichte – eben jener Freiburger Professor Spittler, in dessen Lehmhaus ich wohnen konnte und das an Aralis Gehöft grenzte. Arali war sein Assistent, wann immer sich Gerd Spittler in Timia für Forschungen aufhielt.

Emmaté und drei ihrer Nachbarinnen saßen im körnigen Sand des Hofes und stampften sitzend Hirse in hölzernen Mörsern. Ihre silbernen Halskreuze und Armreifen klirrten beim Herunterschlagen der Holzkeulen. Sie pulverisierten auch Käse und Datteln. Daraus würden dann die »Müsli«-Kugeln geformt werden; *eralé teyni,* Dauer- und Kraftnahrung für die Karawane.

Datteln

Am nächsten Morgen weckte mich das Ding-dong-ding der Hirsemörser um sechs Uhr. Die Frauen waren schon nebenan bei ihrer fröhlichen Gemeinschaftsarbeit versammelt, und ich hörte ihr Lachen. Aber das erschien mir eher wie die Zubereitung einer Henkersmahlzeit. Mir war nicht nach Aufbruch und harter Wüstenreise zumute. Meine labile körperliche Verfassung beunruhigte mich. Gerade hatte ich eine schwere Erkältung überstanden, seit dem Vortag meldete sich ein Backenzahn – dieses Mal zur Abwechslung unten rechts, nicht links oben. Schlimme Zeiten wurden wieder lebendig.

Angst schnürte mir die Kehle zu. Ich begann hypochondrisch meinen Körper auf andere Gebrechen hin abzuhorchen. Als ob mich das alles gar nichts mehr anginge, sah ich Arali endlich Vorbereitungen für die Karawane treffen. Sein älterer Bruder Idrisa kam mit drei *abeyoghs* zurück, Ziegenlederbälgen zur Aufbewahrung des Wassers. Ich hatte sie noch in Eile auf dem Markt von Agadez erstanden, und Idrisa mußte sie jetzt schon flicken: »Da hast du schlechte *abeyoghs* eingekauft, die waren jetzt schon leck. Damit wärst du nicht weit gekommen.«

Idrisa war ganz anders als sein jüngerer Bruder Arali: offen, warmherzig, ohne kleinliche Belehrungen, obwohl er schon mindestens zwanzigmal nach Bilma reiste. Durch Zurücktreten des Zahnfleisches schienen seine Schneidezähne doppelt so lang, was ihm das Aussehen eines Bibers gab.

Später traf ich ihn auf meinem Weg zu Pit. Sein Brunnen war direkt in das *kori* getrieben und führte wie die anderen kaum noch Wasser, denn das Tal war auch nach der gerade vergangenen kurzen Regenzeit nicht zum Fluß geworden. Wenigstens ein paar Mal muß es dort fließen, um den Grundwasserspiegel zu heben.

Idrisa bleckte seine Zähne: »Unser gemeinsamer Bruder Khada kommt übermorgen zum vereinbarten Platz, eine halbe Tagesreise von hier. Wir werden mit zwei Kamelen und dem Gepäck dorthin gehen. Ich kehre dann mit den Tieren wieder zurück.« Ich empfand dabei nichts, nur ein wenig private Befriedigung, das *tamaschek* von Idrisa verstanden zu haben – wenn auch mit viel Zeichensprache.

In Pits Haus vertiefte ich mich in das Buch der jungen Australierin Robyn Davidson, die schon vor Jahren mit Kamelen durch den fünften Kontinent gelaufen war. Häufige Gänge zur Toilette unterbrachen die Lektüre ebenso wie längere Phasen von Selbstmitleid. Die Karawane war zum zweiten Mal gestorben, sagte ich mir. Auf dem Klo studierte ich die große, von Pit an die Wand genagelte Afrikakarte und ertappte mich dabei, schon neue Reisepläne zu entwerfen: Burkina, Mali, vielleicht Mauretanien …

Pit öffnete eine seiner letzten heimischen Konserven, Pichelsteiner Topf, und tat noch eine Dose Erbsen hinein. Es schmeckte trotzdem gut, aber heftige Magenkrämpfe verdarben den Genuß. Die Beine knickten mir beim Toilettengang weg. Die Siesta verbrachte ich im Tiefschlaf mit wirren Träumen.

Schweißbedeckt erwachte ich durch den Haushelfer Bicky, der draußen singend und schnalzend hinter dem Ochsen am Brunnen herschlurfte. Innere Unruhe, Angst und Depressionen steigerten sich. Ich ließ Buch und Teeglas stehen, ging hinaus in ein Tal, das gleich hinter dem Haus beginnt: eine verwunschene Schlucht, in der verstreut Felsbrocken herumliegen und sich Akazien in verwitterte Basaltwände krallen.

Ich setzte mich auf einen der Steine und lauschte. Zwang mich, die Stille an mich heranzulassen. Ein kleiner, schwarzweißer Vogel kam herangeschwirrt und setzte sich furchtlos neben mich. Es war eine Landschaft, wie ich sie liebe: rauh, weit und frei.

Ich überdachte meine Lage. Seit der Ankunft vor ein paar Tagen hatte ich mich im Hof eingeigelt oder in Pits Haus verschanzt. Erkältung und Durchfall boten Anlaß zu behaglichem Selbstmitleid. Mir wurde klar, daß hinter den Gebrechen nur Angst, zumindest Unsicherheit steckte. Die schwarzen Berge verwandelten sich plötzlich in einen Kristallspiegel, dessen Strahlen mich erfüllten.

Beim Zurückgehen fieberte ich vor Ungeduld, endlich die beiden Kamele zu satteln und den Ort im engen Tal zu verlassen, hinaus in die Wüste. Der Zahn blieb ruhig. Meine Psyche war in Ordnung. Nichts und niemand könnte mich jetzt von dieser Reise abbringen. Ich würde die Karawane gesund überstehen: alle Zweifel hatte ich im Tal hinter mir gelassen.

Abends erschien Arali mit dem üblichen, finsteren Gesicht. Er klagte über Magenschmerzen: »Das Wasser ist jetzt sehr schlecht. In den letzten Wochen sind schon mehrere Kinder daran gestorben.« Er setzte sich auf den lederbezogenen Klappstuhl des »Docteur« und schien auf Besucher zu warten. Bald kam sein Freund Idrisa in den Lehmhof, ein hellhäutiger, immer auf gutes Aussehen bedachter Gärtner; stets betonte er seine Augen mit einem Kohlestift, wie es bei Männern meist nur zu Festen üblich ist. Dann folgte ein alter, blinzelnder Mann, Eknaw. Graue Haarbüschel standen aus seinem *tagelmust,* unablässig drehte er eine Gebetskette in den schwieligen Händen.

Es klopfte wieder an der Blechtür. Zwei Brüder kamen näher, tief verschleiert. Der eine mit sanften Augen, der andere mit markanter Adlernase. Weitere Männer besuchten Arali und saßen im Sand neben meinem Packsack, auf verschnürten Bündeln mit unseren Lebensmitteln, lehnten sich an die Ziegenlederschläuche. 20 Karawanenleute waren schließlich im Hof. Arali hatte seinen großen Auftritt, und er zelebrierte ihn. Es fehlten nur die Hofschranzen.

Mit unbewegter Miene teilte Arali Geld aus, 10.000 CFA-Francs für jeden, also etwa 65 Mark. Gerd Spittler versprach den Karawaniers aus Timia diese Summe aus seiner Hilfsaktion, um in Bilma Salz kaufen zu können. Denn nach der verheerenden Dürre hatte kaum jemand Bargeld. Später sagte er mir: »Ich hatte nie damit gerechnet, daß fast 200 Kel Ewey auf die Herbstkarawane gehen würden. Jeder, der noch ein paar Kamele hatte, zog nach Bilma.«

Es war eine mondlose, kalte und windige letzte Nacht auf der Holzpritsche im Lehmhof des »Docteur«. Gedämpfte Stimmen eines flüsternden Paares wehten aus der Geborgenheit ihrer Strohhütte für Jungverheiratete zu mir herüber. Manchmal auch das hohle Husten eines Kindes oder fernes Meckern junger Ziegen. Ich schlief erst spät ein. Noch in der Nacht begann jemand zu trommeln. Ein dumpfes Stakkato, bald begleitet von hellen Trillerrufen der Frauen. Eine Hochzeit wurde gefeiert.

IM TRÜMMERLAND DES AÏR

Zum zweiten Mal Beginn einer Karawane, Freude auf jeden Schritt. Nach guter Vorbereitung die richtige Einstellung, kein Zögern mehr. Ein Aufbruch zwischen Erhabenheit und Lächerlichkeit. Arali stolziert mit seinem dudelnden Radio vornweg. Die beiden Kamele schwanken aneinandergebunden durch eine Landschaft aus braun, ocker und karmesinrot, die jeden Aquarellmaler entzückt hätte. Bald verrutschen die Lasten, dann drückt mich der Schuh; die zu Hause eingelaufenen leichten Wanderstiefel werden jetzt schon zu eng. Ich wechsle über zu den bewährten Sandalen.

Bereits fünf Stunden marschieren wir – erst durch das langgezogene Tal von Timia, dann auf die Autopiste nach Norden. Weiter durch sandige Flußbetten, über düstere Basaltfelder, vorbei an toten Bäumen und zartgrünen Büschen. Hinter dem Horizont des steinernen Chaos ein abgebrochener Zuckerhut aus Basalt, auf den wir zulaufen.

Viel Steine und wenig Brot:
Landschaft im Aïr

Wenn wir in Täler eintauchen, bleibt der Berg lange verschwunden, schieben sich andere Hügel davor, gezackt wie Rücken vorsintflutlicher Saurier. Ein Tal mit saftigen Kameldornbüschen breitet sich vor uns aus, nach denen die Tiere im Vorbeigehen schnappen. Der Rastplatz? Idrisa geht weiter.

Er hält dann in einem der ödesten Gebiete, durch die wir kommen: ein Tal, das so aussieht, als hätten hier zehn Zementwerke und dann noch mal zwanzig Steinbrüche ihre Jahresproduktion ausgeschüttet. Das gelbe, dürftige Gras kann sich kaum noch behaupten. Wir kauern uns in den kargen Schatten eines toten Baumes. Schotter, Steine, und nochmals Steine.

Arali entfacht ein Feuer. Wir essen Hirsebrei *eralé*, trinken Tee. Idrisa muß sich übergeben. Die Biberzähne leuchten weiß im eingefallenen Gesicht des Magenkranken.

Weiterziehen. Wir lagerten an der scheußlichsten Stelle eines wunderschönen Tales. Berge staffeln sich jetzt entfernt zu Ketten, wie herausgeschnitten aus glasklarer Luft.

Übersetzer Arali

Das Massiv nimmt Farbe an, steht vor uns wie ein überdimensionaler Schokoladenpudding. Im Sand eines Flußbettes biegen sich helle Gräser mit transparentem Flaum. Tod und Verwüstung sind auch durch dieses Tal gefegt: Baumleichen ragen wie verrenkte Skelette aus dem Kies, zerbröseln zu Staub. Das Grün noch lebender Bäume wirkt deprimierend neben soviel Tod und Vernichtung. Die Zeit scheint hier schon stehengeblieben zu sein.

Arali ist seit Mittag wie umgewandelt. War er in Timia mürrisch, humorlos und arrogant, so besticht er jetzt durch Offenheit und Liebenswürdigkeit. »Ich bin froh, aus Timia weg zu sein. Da waren so viele Verpflichtungen und Gerede. Manche Leute wollen dir Böses und versuchen, Fallen zu stellen. Im Busch gibt es keinen Ärger. Hier ist es körperlich anstrengend, aber der Kopf kann sich erholen, während die Füße laufen.«

Während des Gehens lese ich in einem kleinen Heft, in das ich *tamaschek* eingetragen hatte. Arali erklärt mir weitere Begriffe. »*Talit n'octobre balma aké*« – im Monat Oktober gehe ich nach Bilma. Das ist Beginn und Programm zugleich. Es bedeutet auch

Karawanenchef, der madugu Khada

die Herausforderung, mich der Auflösung vertrauter Werte und Maßeinheiten, Müdigkeit und Einsamkeit zu stellen. Wie eng in der Wüste Freiheit, Glück und Grausamkeit nebeneinander liegen, habe ich schon früher erfahren.

Nach den sterbenden Tälern kommen wir am Nachmittag an eine weite, sandige Ebene mit einem lichten Wald lebender Schirmakazien und *afaso*-Gräsern. Der Berg scheint zum Greifen nah. Wir schlagen unser Lager auf. Das Wasser hat durch die neuen Häute schon jetzt die Farbe dunklen Tees, es schmeckt bitter nach dem Gerbstoff Tannin. Wieder das trockene Würgen von Idrisa. Er rührt unser Couscous aus Weizengrieß nicht an. Seit Jahren schon hat er diese Probleme, ist aber noch nicht nach Arlit ins Krankenhaus gegangen: für ihn Teil des Schicksals, das Allah ihm auferlegt hat.

Am nächsten Tag weht ein scharfer Wind, es ist kühl. »Die Leute glauben, daß der Wind immer dann aus der Ténéré weht, wenn wieder ein *madugu* mit seiner Karawane aufgebrochen ist«, erklärt mir Arali.

Die Veilchenfarben des Morgens sind verschwunden. Auch der böige Wind kann die lästigen Fliegen nicht vertreiben, die uns aggressiv umschwirren. Arali schneidet mir die Haare nach Tuareg-Art. Was eben noch meine Frisur gewesen ist, liegt jetzt im Sand.

Mittags dösen wir im Halbschlaf unter Schattenbäumchen, in deren Zweigen unsere Wassersäcke hängen. Das Universalkopftuch schirmt die Fliegen ab. Irgendwann muß Aralis Bruder mit den Kamelen kommen. Durch den dünnen grünen Stoff sehe ich die Sonne als Fettfleck hinter Zweigen wandern, schlafe schließlich ein.

»*Salaam aleikum!*« Ich schrecke auf. Vor uns steht Khada mit großen, gutgenährten Kamelen.

Noch verschlafen drücke ich eine knorrige Hand, blicke in ein wettergegerbtes Gesicht mit stechenden Augen und tiefen Falten. Khada könnte der Vater von Arali sein. Er ist über 50 Jahre alt und bald dreißig Mal nach Bilma gelaufen. Regelmäßig, wie die Jahre kamen, pendelte er zwischen den Salinen im Osten und den fernen Weiden und Märkten des Hausa-Landes im Süden.

Khada, einer der aussterbenden Karawaniers alten Schlages: zäh und großzügig, sensibel und hart, unerschrocken und listig; noch unbesiegt von Dürre, verordneter Entwicklungshilfe und künstlichen Grenzen. Er greift in einen ledernen Vorratsbeutel, verteilt quadratischen Ziegenkäse *takomar,* der in jedem Feinkostladen ein Renner wäre.

Eines der Kamele lahmt. Khada zwingt es mit den anderen zu Boden, bindet die Vorderläufe zusammen, damit es nicht aufspringen kann. Arali biegt den langen Hals zurück, die Schwachstelle des Kamels. Es beklagt sich mit blubberndem Protest und brüllt vor Schmerz, als Khada mit einer langen Drahtpinzette in der weichen Fußsohle herumstochert. Ein Dorn hat sich in den Fuß gebohrt. Das Kamel kämpft sich frei, wir springen wie Dompteure in einer Manege zur Seite. Arali reibt am Maulstrick, erneutes Zu-Boden-Werfen, die Prozedur geht weiter. Klägliches Gurgeln des großen Tieres, dann ist es geschafft. Khada fördert einen drei Zentimeter langen Dorn zutage.

Nach Khada und seinem Sohn Efes mit ihren 11 Kamelen kommt aus dem Blau der Berge eine neue, kleine Karawane: Khadas Nachbar Bela, ein junger Mann mit sechs Tieren. Nun sind wir von 19 Kamelen umrahmt. »Draußen in einem Seitental wartet noch eine Gruppe, die mit uns geht«, erklärt Arali. »Khada ist ein bekannter und guter *madugu,* nur wenige finden den Weg so gut wie er.«

Idrisa verläßt uns schon im Morgengrauen mit einem Kamel, geht zurück nach Timia. Sein flatterndes blaues Gewand taucht noch einmal hinter Schutthügeln auf, dann ist es verschwunden. Bevor er ging, blieben alle stehen. Sie drehten ihre Handflächen nach oben, verharrten so regungslos eine Minute, erbaten den Segen für die Karawane.

Mit jeder Kopfdrehung ändert sich die Landschaft. Bald sind es weite sandige Täler, durch die sich Spuren anderer Karawanen schlängeln, bald passieren wir lange Bergrücken, wie von Giganten aufgeschichtet: Sie erinnern an überdimensionale Ausführungen von Pits Uferschutz. Es gibt nichts zu essen, nichts zu trinken. Deshalb kochte Khada gleich nach dem Aufstehen eine große Schüssel fettigen Reis. Während der heißen Mittagszeit dösen die anderen auf ihren schaukelnden Kamelen. Ich habe Probleme mit der Zeit, die sich dehnt wie Kaugummi. Ich glaube noch, immer etwas tun zu müssen.

Der nervöse Durchfall ist vorbei, aber die Erkältung wieder durchgebrochen. Ich fühle mich miserabel. Meine Nase läuft wie ein Wasserhahn, die Sicht ist verschleiert. Doch mir geht es innerlich gut. Ich bin neugierig auf jeden neuen Blick, auf jeden weiteren Schritt. Der Alte gibt mir abends eine Extraschüssel Reis:

»Du mußt gut essen, um stark zu werden für die Ténéré. Früher, da habe ich meistens nur Hirsebrei gegessen. Aber jetzt ziehe ich Reis vor, das gibt mehr Kraft. Und Fleisch. Aber wo kann man hier Fleisch bekommen? Es ist rar und teuer. Im Süden gibt es viel Fleisch. Aber im Süden muß man sich auch vor den Hausa in acht nehmen, damit sie einen nicht übers Ohr hauen.«

Der sonst eher schweigsame Khada ist heiter und redselig. »Weißt du, ich bin schon lange als guter *madugu* bekannt. Vor einigen Jahren hat es sich ergeben, daß eine andere Karawane von 60 Kamelen – es war vor der großen Dürre – genau mit uns aus Bilma aufbrach. Ich sagte: Laßt uns zusammen gehen. Aber der Stolz des andern verbot es. Sie lagerten in einigem Abstand von uns, liefen auch tagsüber hinterher. Der *madugu* war gar keiner, er fühlte sich nur so. Auf der schwierigen Strecke zwischen dem Adrar Madet und dem Aïr benutzte ich einen Aufstieg über hohe Dünen, um den

Hirseskolben

Weg etwas abzuschneiden. Die anderen sagten: Jetzt macht Khada einen Fehler. Wir wissen es besser. Ihr Weg war zu steil, die Kamele stürzten und warfen ihre Lasten ab. Wir waren einen Tag vor ihnen in Timia und Gelächter empfing die Leute, als sie nachts ankamen.«

Khada schlürft genüßlich und versonnen das dritte Glas Tee: »Das passiert denen, die stolz sind, einen hohlen Kopf haben. In der Ténéré dreht es sich nicht um Stolz oder Alter. Es geht um Erfahrung und um Zusammenhalt. Nur wer zusammenhält, kann in der Wüste bestehen.«

Sein stiller Sohn Efes, 22 Jahre alt, geht morgens mit Bela in den Busch auf Kamelsuche. Einmal blieben sie die ganze Nacht bei den Tieren. Trotz zusammengebundener Vorderläufe können sie auf der Suche nach schmackhaften Sträuchern und Gräsern ziemliche Distanzen zurücklegen. Manchmal dauert es zwei, drei Stunden, bis alle wieder im Lager sind. Sie haben pralle Bäuche und glattes Fell von den Weiden des Südens. Und sie sollen hier vor der langen Wüstenreise noch frisches Futter bekommen. Ohne dieses Futtergras können die Kamele nicht den langen Wüstentreck überstehen. Wir brauchen *alemos* für mindestens 15 Tage.

An diesem Tag finden wir kein *alemos*. Am Vormittag kletterte Arali auf einen Berg und hielt Ausschau, aber er sah kein Gras: nur Steine, bittere Wolfsmilchpflanzen und tote Bäume. »Im vorletzten Winter stand das *alemos* hier«, beteuert Khada. Er weigert sich in hilflosem Trotz, die Konsequenzen der Dürre an sich heranzulassen. Es fiel kein Regen 1982, und es regnete nicht 1983. Es gab dunkle Wolken, aber kaum Regen 1984, und zu wenig Niederschläge 1985. Die Männer verloren ein Drittel, manche die Hälfte ihrer wertvollen Kamele. Sie konnten im Herbst 1984 nicht nach Bilma ziehen, weil es kein *alemos* mehr gab. Zum ersten Mal in diesem Jahrhundert gab es keine Bilma-Karawane. Nun gehen sie wieder, mit kleinen Karawanen und manchmal zusammengeborgten Kamelen. Die Folgen dieser letzten Dürre werden noch lange zu spüren sein. Und manches wird nie mehr wie vorher.

Erst jetzt zeigt mir Khada mein Kamel. Wollte er mich vorher testen? Bis jetzt ging ich zu Fuß. Es war faszinierend, die Felsenwelt zu erwandern. Nun zwingt er das zweite Tier am Maulstrick zu Boden: ein riesiger, hellbrauner Hengst mit weißbraunem Monsterkopf. Er brüllt theatralisch, faltet sich erst vorn zur Hälfte, dann hinten, schließlich wieder vorn zusammen, dann liftet er mich dreimal ruckweise nach oben. Vom hohen Kamelrücken aus weitet sich der Blick. Ich schaukle zwischen Bastmatten und Hirsesäcken auf einer großen Decke. Es gibt keinen Sattel auf der Karawane. Wir werden meist gehen, um die Tiere zu schonen.

Nur ein kurzer Weg von einigen Stunden, dann wird wieder unser Lagerplatz gesucht. Wir halten beim elefantengrauen Tafelberg Adrar Mari, der verwitterten Füllung eines urzeitlichen Vulkans. Im letzten Licht kommt eine kurze Karawanenkette auf uns zu: Tanko und Ibrahim mit 15 Kamelen. Es war verabredet, daß sie mit Khada gehen, dem erfahrenen *madugu*. Sie begrüßen sich auf diese zärtliche, persönliche Art der Tuareg, indem sie nach dem Händedruck ihre Finger aneinander reiben. »Jetzt fehlt nur noch Jakuba«, sagt Khada. »Wir werden ihn spätestens am Brunnen von Ajioua treffen.«

Bald lodern zwei mächtige Feuer vor dem aufgebauten Windschutz aus Matten, Säcken, Decken. Das Gepäck ist von höchstem Gebrauchswert, reduziert auf reine Funktionalität. Hölzerne Lastensättel auf den Kamelhöckern verhindern das Durchscheuern. Zwei zusammengeschlaufte Ledersäcke, mit körnigem Ziegenkot gefüllt, werden auf der Längsseite des Kamels über den Höcker gelegt. So ist dieser buck-lige Fettspeicher »verbaut«, wird – gepolstert mit alten Kleidern oder einer Decke – beim Reiten zur schwankenden, noch immer harten Sitzgelegenheit.

Sättel und Säcke liegen noch am Boden, eben-so wie Stricke, Kalebassen als Trinkgefäße,

Tuareg-Holzlöffel

gußeiserne Töpfe aus altem Autoschrott und ein ehemaliges Honiggefäß aus Kamelhaut, geformt wie eine Blumenvase, in der Schöpfkelle und unsere geschnitzten Holzlöffel aufbewahrt werden: sehr große, stark abgewinkelte Eßwerkzeuge, von den Schmieden aus hartem Akazienholz geschnitzt, den flachen Stiel mit eingebrannten Ornamenten verziert.

Schon sind wir wieder häuslich eingerichtet. Ein freies Leben in der Natur, ohne Mauern, ohne Lärm und Hektik. Aber auch ohne *alemos*. Efes kocht wieder schweigend den Tee, die anderen sind bedrückt und müde. Er schenkt reihum für jeden drei kleine Gläser aus: das erste bitter wie das Leben, das zweite stark wie die Liebe, das dritte und schwächste sanft wie der Tod, sagen die Tuareg.

Efes schenkt Tee ein. Im Hintergrund der markante Berg Adrar Mari.

Heute schmecken alle drei Gläser bitter.

Es ist noch feucht, kalt und dämmrig, als ich erwache. Federgraue Wolken reflektieren das erste zögernde Licht. Ich schäle mich aus dem Schlafsack. Das braune Wasser aus einer der Ziegenlederhäute ist eisig kalt. Die Männer sind schon auf den Beinen. Ein großer Topf Couscous brodelt über dem Feuer, und Efes geht wieder wortlos, um die Kamele zu suchen.

Die Tiere schaukeln mit etwas über vier Kilometern in der Stunde in den neuen Tag hinein: ein fußgängerfreundliches Tempo, wie der gemütliche Spaziergang nach dem Kaffeetrinken am Sonntagnachmittag. Es schien mir am Anfang, als könnte ich so gehen ohne Ende. Aber das Promenieren wird nach einigen Stunden zur Belastung, zum mühsamen Stolpern über Felstrümmer und runde, glattgeschliffene Kiesel. Mittags sticht die Sonne senkrecht auf uns herab. Wir panzern uns mit dem *tagelmust* gegen die Hitze. Einige tragen spitze Strohhüte – Kopfbedeckungen, die vor allem von den Tuareg der Kel Gress verwendet werden, durch ihre Nähe zum südlichen Hausa-Land schon »hausaisiert«.

Die Karawane schlängelt sich durch einen schmalen Felsein-schnitt, vorbei an Bergen mit aufgetürmten bizarren Steinklötzen, wie von gewaltigem Säbelhieb gespalten; gesprengt durch die Kraft von Hitze und Kälte. Wir benutzen schmale Pfade, die spinn-webartig das Aïr überziehen. Uralt müssen sie sein, seit Jahrhun-derten gehen hier Karawanen. Millionen weicher Kamelsohlen haben während Generationen Wege in den Fels gefräst, ihn muldig ausgehöhlt. Sie führen zu Sommerlagern, zu Wasserstellen, hinaus in die Wüste zu fernen Salzoasen – und vielleicht zum *alemos*.

Schuttbedeckte, längliche Gräber liegen manchmal an unserer Marschroute, bewacht von schuppigen, orangegrau gefärbten Echsen wie die Miniaturausgabe urzeitlicher Drachen. Auch Gebetsplätze entdecke ich; kreisrund abgetrennte Flächen mit einem großen Felsblock, der nach Mekka weist. Hoch oben dre-hen Geier ihre Runden in zitternder Luft. Wir ziehen jetzt durch ein schwarzes Basalt-Plateau.

Irgendwann sehen wir harte *afaso*-Gräser. Dann steht der Junge vor uns. Ein schlaksiger Jüngling in zerrissenem Unterhemd, mit spitzem Strohhut und einer Sichel in der Hand. Jakubas Gehilfe. »Wir schneiden *alemos*«, sagt der Junge. »Wie viel gibt es?«, fragt Khada durch seinen Gesichtsschleier, schon Enttäuschung in seiner Stimme. »Wenig. Zu wenig selbst für uns.«

Khada reißt sein Kamel am Maulstrick herum, daß es brüllt. Wir gehen weiter. Spätestens am Brunnen von Ajouia, sagte Khada, würden wir Jakuba mit seinen Kamelen treffen.

Auf merkwürdige Weise sind alle in der Gruppe aneinanderge-kettet – Menschen ohne »Erfolgsstreben«. Erfolg ist hier, die Dürre zu meistern. Zusammenhalt ist Erfolg, und in schwierigen Zeiten Humor und Güte zu bewahren. Sie leben mit der Natur, spielen sich nicht als deren Beherrscher und damit Zerstörer auf – eine Welt, begrenzt von Weide und Wasser. Mit Allah und Mohamed, seinem Propheten, als Eckpfeiler. Es sind Menschen, die in sich ruhen. Eine Gesellschaft, die noch frei ist von materiel-len Statussymbolen und innerer Leere.

»Ich war mit den Kel Ewey auf dem großen, lärmenden Markt von Kano, um das Salz zu verkaufen«, berichtete mir einmal Gerd Spittler. »Sie saßen dort und haben ihren Tee getrunken, wie immer. Die überall so begehrten Radios, Kassettenrecorder und Uhren haben sie nicht interessiert. Sie kauften das, was notwendig war und schon ihre Väter besorgten: Stoffe, Sandalen, Tee und Zucker.«

Ich genieße den Luxus unbegrenzter Zeit, bin eingebunden in eine Gruppe ohne Hetze, Streit und Neid. Einziges Ärgernis ist

Arali als Coiffeur

Arali. Er demonstriert gerade wieder den anderen, doch etwas besseres zu sein, stolziert mit lautem Radio neben der Karawane: Radio »France Internationale« sendet Nachrichten aus Paris. Die anderen Männer unterhalten sich angeregt – über was? Ich habe Arali zum Übersetzen engagiert und bezahlt. Er spielt mich aus, denke ich, er will mich isolieren.

Ich zwinge mich zur Freundlichkeit, weil sonst die Tour jetzt schon gelaufen wäre. »Was macht dein Durchfall, Arali?« – »Schlecht. Ist jetzt rot.« Das klingt gar nicht gut. Ich gebe ihm Tabletten.

Dann sage ich so nett, wie es geht: »Hör zu, Arali, du solltest auch mal übersetzen, von allein. Nicht immer, wenn ich dich darum bitte. Du kannst doch am besten abschätzen, was richtig ist.« Seine Miene wird steinern. Hochgezogene Augenbrauen, zusammengepreßter Mund. Arali ist wieder eingeschnappt.

Wenigstens schaltet er das Radio aus.

Plötzlich halten wir in einem Tal mit blaßgrünen Büschen. *Alemos.* Das lange gesuchte *alemos.* »Bist du zufrieden, Khada?«

»Es reicht nicht. Wir rasten hier und suchen morgen weiter.«

Früh am Morgen verschwindet jeder in eine andere Richtung, um in Seitentälern Ausschau zu halten. Arali läuft übermütig im Eiltempo auf den nächsten Berg, trittsicher und flink wie ein Mufflon. Oben angekommen, deutet er in die Ferne, ruft etwas. Seine Worte trägt der Wind davon.

Nun bin ich allein im Lager. Die Sonne steigt jetzt wie an einer Schnur gezogen höher. Mit zunehmender Hitze verkrümeln sich wenigstens die Fliegen. Ich suche mir einen Schattenplatz im Labyrinth der Felsen, die manchmal wie riesenhafte Pilzknollen aus dem Boden wachsen. Es ist einer der wenigen Tage, die ruhige Lektüre erlauben. Im Schatten an einen rauhen Fels gelehnt, lese ich weiter St. Exupery. »Die Stadt in der Wüste« schildert auf 700 Dünndruckseiten Monolog, Gedanken und Philosophie eines Herrschers, den es nie gab, König eines imaginären Reiches:

»Und ich kenne andere, die das Meer suchen, wenn sie langsam mit ihren Karawanen dahinziehen, und denen das Meer ein Bedürfnis ist. Und sobald sie das Vorgebirge erreicht haben und jene Weite überblicken, die von einer dichten Stille erfüllt ist und die Schätze ihrer Algen und Korallen dem Auge verbirgt, atmen sie den kräftigen Salzgeruch und erstaunen über ein Schauspiel, das ihnen im Augenblick zu nichts dient, denn das Meer läßt sich nicht greifen. Auf diese Weise aber wird die Knechtschaft von ihren Herzen fortgewaschen, in der sie die kleinen Dinge gefangen hielten. Vielleicht erlebten sie, angewidert wie hinter Gefängnisgittern, den Kochkessel, das Küchengerät, die Klagen ihrer Frauen: jene Schlacken des Alltags, die den Sinn der Dinge entschleiern können, wenn man durch sie hindurch schaut, die zuweilen aber auch zu einem Grabe werden, wenn sie sich verhärten und abschließen.

Dann nehmen sie die Schätze der Weite mit sich und bringen die Seligkeit heim, die sie hier gefunden haben. Und ihr Haus ist verwandelt, weil es irgendwo in der Welt das Meer und die Ebene in der Morgendämmerung gibt. Denn alles öffnet sich einem anderen, das weiter ist als es selber. Alles wird Weg, Straße und Fenster, die zu jenem anderen hinführt«.

»*Tamtit* – eine Frau war da«, reißt mich Khada aus der Lektüre. »*Wulli*, Ziegen, hat sie dabei, eine Frau aus Timia, ich kenne sie.« Damit ich das wirklich kapiere, hebt er seine weite Bluse mit beiden Händen in Brusthöhe nach vorn. Ich muß lachen. So vollbusig sind Frauen selten hier, wenngleich deren Fülligkeit für die Tuareg attraktiv ist und Reichtum bedeutet. Noch vor einer Generation wurden Frauen der Adligen *(imajaren)* so mit Milch und Käse gemästet, daß sie sich kaum aus eigener Kraft bewegen konnten.

Eine *targia* aus Timia in dieser Gegend, auf direktem Weg zwei gute Tagesreisen entfernt und ganz allein, vielleicht noch mit kleinen Töchtern – das ist nichts Ungewöhnliches. Die besser gestellten Frauen sind nicht in Timia, sondern draußen *en brousse*, im Busch. Sie wohnen jeweils einige Tage oder Wochen in einer selbstgebauten Hütte aus Stroh und Ästen, folgen dann mit ihren Ziegen der Weide. Die Mädchen wachsen dort auf, hüten schon ab vier die kleineren Ziegen und Schafe. Oft reisen sie mit 15 Jahren für längere Zeit ins Dorf, um verheiratet zu werden.

Sie führen ein Leben im Einklang mit der Weide, mit Sonne und Sternen; ohne Zeitung, Radio, ohne fließendes Wasser. Und ohne Familienleben: Ihr Mann kommt vielleicht zwei-, dreimal im Jahr zu Besuch oder auf ein gemeinsames Treffen nach Timia, vor oder nach der Karawane. Den Frauen gefällt das freie Leben draußen. Oft ziehen gute Freundinnen zusammen weiter, bauen ihre Hütten nebeneinander. Schon ein paar Mal sahen wir während unserer Suche nach Futtergras ihre Behausungen, schüchterne kleine Mädchen oder Frauen, als sie mit langen Stangen frische Blätter für die Ziegen von Akazienbäumen schlugen.

Die Ziegenhaltung wurde lange unterschätzt. Ihre Wichtigkeit zeigte sich immer wieder nach Dürrezeiten oder – früher sehr häufigen – Razzien, bei denen mit Vorliebe Kamele gestohlen wurden. Mit Ziegen konnte der so arm Gewordene wieder eine Existenz aufbauen. Milch und Käse sichern in Notzeiten noch immer das Überleben.

Arali hat *alemos* entdeckt; außer Atem, mit noch nie dagewesener blendender Laune, rennt er wie ein olympischer Stafettenläufer ins Lager: »Mit den Kamelen eine Stunde von hier ... dann können wir mit dem Schneiden beginnen ... und in drei Tagen mit allem fertig sein.«

Die 34 Kamele weiden verstreut in der Nähe des Lagerplatzes. Bald schon sind wir marschbereit. Dann zieht unsere Karawane dem Tal der Verheißung entgegen. Ein langer, schlauchförmiger Felseinschnitt mit hartem Sand. Darauf wächst *alemos* wohl bis zum Ende des Tals.

»Habe ich zuviel versprochen?«, schmeichelt Arali.

Khada läßt seinen Blick wohlgefällig, doch kritisch über die halbtrockenen, kniehohen Büsche schweifen, so wie ein heimischer Bauer sein wogendes Kornfeld betrachtet.

»Bist du zufrieden, Khada?«, drängt Arali.

»Es ist etwas besser als das andere Tal, aber es reicht nicht«, antwortet der Alte.

Arali ist beleidigt.

Die Männer machen sich sofort an die Arbeit. »Mittag« fällt auch heute wieder aus. Alle holen ihre Sicheln aus ledernen Beuteln, gehen in verschiedene Richtungen: Khada und sein Sohn Efes ziehen talabwärts, auch Tanko und Ibrahim, die unzertrennlichen Freunde, machen sich auf und sind bald nicht mehr zu sehen. Bela – wo steckt er eigentlich, dieser junge Mann, der gleich am ersten Tag zu uns kam? Bela ist irgendwo zurückgeblieben.

Khada bündelt das geschnittene Futtergras alemos

»Er will sich nicht in die Gruppe einordnen«, hieß es heute morgen beim Tee. »Er ist Einzelgänger«, sagte Tanko.

»Bela wird schon sehen, was er davon hat. In der Wüste ist niemand Einzelgänger«, beendete Khada das Gespräch. Nun wird

Bela irgendwo hinter uns sein *alemos* schneiden – allein mit sechs Kamelen, die Hälfte davon in der Verwandtschaft geborgt. Er muß sie morgens finden – allein. Und er wird abends allein am Feuer sitzen.

Arali borgt sich eine Sichel von Khada. Er schneidet das *alemos* woanders, ganz weit weg.

Khada hat sich schürzenartig eine Lederhaut um sein hellblaues Hemdgewand *takatkat* gebunden. Er umfaßt das harte Gras mit der linken Hand, trennt es mit der Sichel ab, legt es flächig aus in den Sand zum Trocknen. Blitzschnell arbeitet er, Efes braucht die doppelte Zeit. Efes ist langsam. Nur beim Essen ist er schnell.

Die hellgrünen *alemos*-Büschel stehen einige Meter auseinander, fast so wie Dünenbewuchs an der Ostseeküste. Es drängt mich danach, etwas zu tun, mitzuhelfen.

»Das kannst du nicht«, lacht Khada: »Schau Efes an, er versucht es seit zwei Jahren, und beherrscht es noch immer nicht.« Ich umgreife *alemos* – mit links macht man das doch – und schrecke zurück: die Stengel haben Widerhaken, sind rauh wie ein Reibeisen. Auch der eben gesehene elegante Schwung mit der Handsichel mißlingt kläglich, wird zum verbissenen Säbeln. Khada hat mich überzeugt.

Bald treibt der auffrischende Wind Schwaden von Staub vor sich her. Ich gehe zum verlassenen Lager zurück, pumpe dort mühsam Wasser durch einen Taschenentkeimer. Der Porzellanfilter muß immer wieder gereinigt werden, weil er mit Sand, Staub und Schwebestoffen verklebt. Ich esse lustlos eine Dose Sardinen, schlafe im Schutz überhängender Felsen. Dann sehe ich durch den Gesichtsschleier einen Mann – so wie Khada, als er in unser Lager kam. Er führt sein Kamel, das einen abgewetzten Sattel trägt.

Der Fremde ist schon alt, seine Kleidung abgetragen. Darunter verbirgt sich ein pockennarbiges Gesicht. Seine winzige, gebogene Nase ragt wie der Schnabel eines Habichts aus dem geflickten *tagelmust* heraus. Die listigen Äuglein aber geben diesem Gesicht auf Anhieb etwas Sympathisches.

Der kleine Alte läßt zuerst sein Kamel niederknien – ein ebenso zerzauster Wüsten-Veteran wie er. Das kleinere, angehängte Tier bleibt stehen und schnaubt unruhig. Erst dann kommt der Mann würdevoll auf mich zu. Sein altes Schwert baumelt an der Seite.

»*Ajuau*«, begrüßt er mich. Wir geben uns die Hand, streichen die Finger aneinander.

»*Matolam*«, sage ich. Ein erneuter Händedruck.

»*Mani eddaz*« – und die Müdigkeit?

»*Alkhe ghas*« – Danke, gut.

»*Mani asamet*« – und was macht die Kälte?

»*Alkhe ghas*«

»*Mani eriar*« – und das Haus?

»*Alkhe ghas.*«

Jetzt bin ich am Ende meiner bescheidenen *tamaschek*-Weisheiten. Was heißt nur »ein bißchen?« Also Hausa: »*Tamaschek – kadankadan!*« Ich schließe die Finger bis auf einen schmalen Spalt: ganz, ganz wenig. Der kleine Mann lacht hinter seinem Gesichtsschleier. Und wir drücken uns wieder die Hand. Was liegt näher, als Tee zu kochen? Er besitzt noch etwas Zucker, ich den Tee. Er entfacht mit Stroh und Reisig ein Feuer und kramt eine verbeulte Blechkanne hervor. Ich suche die Blechdose chinesischen Tees, verziert mit einer bunten, fernöstlichen Berglandschaft.

Alles an seiner Ausrüstung ist alt: die blaue verschlissene Decke, die er als Reitunterlage benutzt und nun im Sand ausbreitet; uralt der Sattel; die weiten, schwarzen Hosen sind ebenso oft geflickt und ausgebessert wie der Stoffbeutel, aus dem er jetzt ein steinhartes, sandiges Stück *takomar* als Gastgeschenk auskramt. Wir knabbern den harten Käse zum süßen Tee. Er muß schon mehrere Wochen alt sein, aber schmeckt immer noch. Wenn man gute Zähne hat.

Der Mann heißt Gircha und erzählt mit lebhaften Gesten so sprudelnd und lebendig, daß ich mehr verstehe, als ich je zu hoffen wagte – bei der Kenntnis von ungefähr 60 Wörtern der schwierigen *tamaschek*-Sprache. So sind Singular und Plural meist verschiedene Wörter. Zum Beispiel heißt die Ziege *tarat*. Und mehrere Ziegen sind – eben nicht *tarats*, sondern *wulli*. Frauen heißen *tchidodin*, die Frau aber *tamtit*.

Gircha zieht den Tee schlürfend ein, nimmt unvermittelt den Gesichtsschleier ab, und zeigt auf seine untere Zahnreihe, die kaum diesen Ausdruck verdient: wacklige, dunkelbraune Hauer, die meisten fehlen schon. Er verlangt *amalgan,* ein Medikament. Aber da kann ich nichts machen. Der Besuch eines Zahnarztes ist seit Jahrzehnten überfällig. Und es gibt keinen Zahnarzt weit und breit. Zahnbürsten sind unbekannt – ebenso wie weiche Hölzchen als Ersatz, die im Süden verwendet werden.

Der Alte erklärt mir, schon mit Khada in Bilma gewesen zu sein. Er hat seine Kamele gesehen und wollte guten Tag sagen. Ob ich Tabak besitze? Es findet sich noch ein kleines Päckchen aus Packpapier in meinem Seesack, Gircha schiebt sich zufrieden ein paar Blätter in den Mund.

Ich möchte wissen, wie der Drahtkorb für die Holzkohle auf *tamaschek* heißt, deute immer wieder darauf und frage nach dem Wort – »*le mot*«? Aber natürlich ist es Unsinn, mit Gircha französisch zu reden. Plattdeutsch aus meiner Heimatstadt Bremen hätte die gleiche Wirkung gehabt. Bei »*le mot*« versteht er »*lemon*«, eines der wenigen Wörter, die man sich gut merken kann: das heißt Zitrone. Er holt ein verschrumpeltes, steinhartes Etwas aus seinem unergründlichen Vorratssack, das wohl mal eine Zitrone gewesen sein muß. Ich lache, dann lachen wir beide aus vollem Hals, und er versteht, was ich wissen wollte. Der Drahtkorb heißt also *amangal.* Nun gibt es kein Halten mehr. Er deutet auf die Sonne – *tufuk,* die Satteltaschen (das habe ich wieder vergessen), auf den Sand – *amadal,* den Baum – *eshik* und seinen *tagelmust.* So vergeht der Nachmittag.

Abends gibt es natürlich wieder Tee, extra stark und besonders süß. Khada freut sich über Gircha, den alten Bekannten. »Gibt es bei euch dort im Norden auch Kamele?«, will Gircha von mir wissen. »Nein, aber viele Autos und Straßen aus Asphalt. Es gibt zuviel Technik und Gift. Wir kennen uns aus mit der Technik, doch nicht mehr mit der Natur.«

Arali übersetzt guter Laune. Das Gespräch interessiert ihn. Und wenn ihn etwas interessiert, dann ist der intelligente Arali hellwach.

»Habt ihr auch Zelte?«, forscht Gircha weiter, schon skeptisch geworden.

»Es ist im Winter zu kalt für Zelte. Aber wir haben in den Städten viele hohe Häuser, denn es gibt wenig Platz zum Wohnen. Das Land ist klein, und darin leben viele Menschen.«

»Also könnt ihr nicht mit dem Kamel reiten, wohin ihr wollt?« Er schüttelt sich voller Unbehagen: »Da bleibe ich lieber hier.«

Zum Schluß wagt er doch noch eine Frage: »Wo ist deine Frau? Und die Kinder?«

Mittagsrast bei Weizengrieß-Couscous.
Hinten die fertigen alemos-Futtergrasballen.

»*Batu tamtit.* Keine Frau. Ich reise so viel und bin meist weg, da ist sie auch weggegangen. Und Kinder hab' ich nicht.«

Gircha ist traurig geworden. Er gibt mir ein viertes Glas Tee – nämlich sein eigenes drittes – zum Trost. Für den beklagenswerten Vertreter eines reichen, armen Landes.

Schon wieder ist es Zeit, in den Schlafsack zu kriechen. Doch heute bleiben einige in unserer Gruppe länger auf. Zwanzig Meter von mir entfernt lodert noch ein mächtiges, qualmendes

Feuer. Drei Silhouetten zeichnen sich scharf gegen rot züngelnde Flammen ab. Der ruhige Tanko, Ibrahim – und natürlich Gircha. Wir in der zweiten Gruppe bereiten uns auf die Nachtruhe vor.

»Ich sah Gazellen, Khada«, ruft der kleine Alte herüber, »habt ihr kein Gewehr, um sie zu schießen?«

Alle lachen. Erst heute morgen sah Arali den Landrover der Forstverwaltung *Eaux et Forêts* auf der Suche nach Wilderern. Jeder weiß, daß es hier verboten ist, Gazellen zu töten – von den letzten Mufflons, Straußen und einzelnen Geparden ganz zu schweigen.

Normalerweise liegt unser Lager spätestens um 21 Uhr in tiefstem Schlaf. Aber die drei sitzen hinten noch immer um das Feuer. Ich hole meine Uhr hervor, die Leuchtziffern zeigen auf Mitternacht. Gircha gestikuliert lebhaft, rudert mit den Armen wie Windmühlenflügel, spricht mit lauter, heller Stimme, die schon den Gedanken an Schlaf ins Abseits verweist. Ich schimpfe vor mich hin und verfluche meine Geschenke von Tee und Tabak. Zusammen wirkt das wohl als äußerst anregendes Stimulans.

Am Morgen gehen wieder alle ihr *alemos* schneiden.

»Wir können hier heute noch *alemos* sammeln. Für morgen reicht es nicht mehr«, sagte Khada beim Hirsebrei. Woher sollen die fehlenden zwei Drittel kommen? Gircha kennt ein Tal, eine halbe Tagesreise von hier. Khada war noch nie dort, zweifelt an der Beteuerung des narbigen Gnoms. Er stimmt jedoch zu.

Jetzt arbeiten Tanko und Ibrahim ganz in der Nähe. Ihre Hemden haben sie ausgezogen. Gircha sitzt als beobachtender Zuschauer frisch und ausgeschlafen auf einem Stein. Und – ich muß zweimal hinsehen – er hat lässig ein Gewehr neben sich gelehnt. Ganz harmlos zeigt er in die Ferne und schaut traurig: »*Batu*, keine Gazellen …«

Das vermeintliche Mordinstrument entpuppt sich beim näheren Hinsehen als museale Steinschloßflinte, von einem Tuareg-Schmied gegen Anfang des Jahrhunderts zusammengebastelt. Sie erinnert mich an eine Muskete aus Seeräuberfilmen. Schlimmstenfalls könnte man die Tiere damit erschrecken. Dieser Schießprügel verletzt wahrscheinlich eher den Schützen als das vermeintliche Opfer. Der Alte umfaßt ihn mit gichtigen Händen und späht weit ins Tal – auf der Suche nach jagdbarem Wild.

Ein Spaziergang durch einen winzigen Teil der Wildnis wird zum Irrlauf durch ein unwirkliches, steinernes Labyrinth mit zersägten Felsen und glänzenden Kieseln, die bei jedem Schritt gläsern klirren. Es zieht mich unwiderstehlich voran, obwohl ich nur einen Liter Wasser in meinem spanischen Lederbeutel über der Schulter trage und die Sonne bald im Zenit steht.

Der Lagerplatz ist längst nicht mehr zu sehen. Ich balanciere weiter über schartige Monolithe, vorbei an rundgeschliffenen, blättrigen Steinen, die weich sind wie gekochte Artischocken. Vor mir ragt ein ebenmäßiger, vulkanischer Kegel aus dem Schutt: mein Ziel. Immer wieder halten mich steile Felseinschnitte auf, Geröll poltert krachend in die Tiefe. Als ich den Pyramiden-Berg erreiche, ist mein Wasserbeutel aus Leder leer und steinhart.

Die Sonne sinkt. Keuchend erklettere ich die Hälfte des uralten Vulkans, der bedeckt ist von metallisch klirrenden Steinen: überzogen mit »Wüstenlack«, ausgeschwitzten Mineralien wie Eisen und Mangan.

Nur Minuten kann ich den Ausblick über das Chaos genießen. Weit im Osten leuchten flache, sandbedeckte Tafelberge. Hinter ihnen liegt die Ténéré. Auf der anderen Seite nur Steine, nichts als Steine. Unten hat die Erosion Formen einer Burg mit Türmchen und Zinnen herausgefräst. Rauch steigt in der Ferne auf – unser Rastplatz. Ich merke mir einen

»Wüsten-Müsli«: Hirse mit zerstoßenen Datteln und Ziegenkäse

dahinterliegenden Berg. Dann beginnt der hastige Rückmarsch. Das Lager erreiche ich, als es schon dunkel ist. Die Nacht kommt so plötzlich, als hätte jemand mit einem Knopfdruck die Beleuchtung ausgeschaltet.

»Wo warst du, Bernrad – wir haben dich schon vermißt«, rügt Khada. Meinen Namen kann er nicht richtig aussprechen, also heiße ich Bernrad, oder so ähnlich.

Sie haben schon gegessen, eine zugedeckte Schüssel mit meinem Anteil Reis wartet auf mich. Der Marsch hat mich hungrig gemacht. Ich leiste mir noch den Luxus einer Fertigmahlzeit »Bohnen-Kartoffeltopf«.

Schon jetzt habe ich gemerkt, daß die Fertignahrung nur ein kleiner Zusatz sein soll, der etwas Abwechslung in das eintönige Einerlei aus Reis, Couscous und Hirsebrei bringt. Man ißt es gemeinsam. Dann schmeckt es besser. Außerdem will ich nicht immer mein eigenes Süppchen kochen – so wie Bela, der noch verschwunden ist. Doch heute Abend lasse ich genüßlich die kleinen Speckstückchen im »Kartoffeltopf« auf der Zunge zergehen. Dazu gibt es Wasser mit Orangenpulver. Das Wasser wird jetzt immer schlechter, hat seine Färbung von Tee zu Kaffee gewechselt.

Um den Luxus zu vervollständigen, wasche ich mich nach einer Woche zum ersten Mal und leiste mir eine Rasur – ein ganz neues Lebensgefühl hat sich entwickelt. Dann krame ich meine Wüstenkleidung hervor: eine riesenweite Hose aus dünnem, schwarzen Baumwollstoff, die einer Elefantendame gepaßt hätte, mit »integriertem« Gürtel gleichen Stoffs zusammengehalten. Der lange, über meine Knie reichende hellblaue Hemdkittel mit aufgesetzten Taschen und Seitenschlitzen vervollständigt den Wüsten-Dreß. Bei der Anprobe in Timia kam ich mir ziemlich lächerlich darin vor. Hier hat die Kleidung Sinn und Zweck: die weite Hose – der Schritt ist in Höhe der Kniekehlen – hilft bei Kamelritten, ist leicht und luftig. Auch das lange Hemd gibt Bewegungsfreiheit. Und man kann es gleich als Nachtgewand anbehalten. Ich krieche in meinen Schlafsack und bin sofort eingeschlafen.

Am Morgen wecken mich vertraute, etwas quakende Laute. Arali hat die DEUTSCHE WELLE in seinem Radio eingestellt und probiert offenbar einen Weckdienst. Das gutgemeinte Unternehmen erweist sich als übler Scherz. Der Sprecher berichtet von der Weinernte am Kaiserstuhl: »... *kleine Traktoren rattern durch die Gassen der Winzerdörfer ... in Probierstuben kann man jetzt den* ›*Federweißen*‹ *verkosten und warmen Zwiebelkuchen* ...« Die Stimme verliert sich in atmosphärischen Störungen.

Der Herbst ist meine schönste Jahreszeit. Doch meine Gedanken wandern nur selten zurück nach Deutschland, in meine Wahlheimat Freiburg. Auch Freunde sind merkwürdig weit weg, nur noch selten läßt sich mit Gedanken eine Brücke schlagen. Ein bißchen wehmütig hörte ich die ferne Stimme aus dem Radio, aber jetzt würde ich meine neugewonnene Freiheit mit nichts anderem tauschen wollen. Ich bin gelassen geworden, offen für alle Eindrücke. Und während sich die Hornhaut von der Seele löst, bilden sich Schwielen an den Füßen.

Besser kann es doch gar nicht anfangen.

Wieder werden die Kamele gesucht, beladen. Wieder brechen wir auf, um noch mehr *alemos* zu suchen. Erst zwei mal zwei Ballen haben die Männer jetzt: mit Holzkellen fest zusammengeklopft, hart durch selbstgeflochtene Seile verschnürt – groß und so schwer, daß zwei Männer sie nur mit Mühe einem sitzenden Tier aufladen. Wir brauchen mindestens acht weitere Ladungen. Das sind sechzehn Ballen und es bedeutet noch Arbeit für drei Tage. Es ist der große Tag von Gircha, der uns zum *alemos* führen wird – dorthin, wo die Sträucher angeblich in Hülle und Fülle wachsen. Er kennt sich aus in diesem abgelegenen Teil des Aïr. Vorher muß er sich noch Spott der anderen gefallen lassen.

Von fern hören wir Motorengeräusch. Wahrscheinlich kommt der Landrover von *Eaux et Forêts* zurück, oder sucht noch immer Wilderer. Gircha holt seine prähistorische Flinte hervor, versteckt sie hastig unter einem Busch. Arali läuft neugierig in das Seitental.

»Es waren Touristen aus Agadez«, sagt er später; »Gircha, versteckst du dein Gewehr vor Touristen?« Ibrahim meint lachend: »Die Forstverwaltung hätte dir das Gewehr sogar abgekauft – fürs Museum.«

Die Kel Ewey lieben es, sich gegenseitig zu verspotten, das ist etwas nach ihrem Geschmack. Sicher wird man sich diese Geschichte bald in allen Häusern und Zelten des Aïr erzählen.

Den Kleinen ficht diese Attacke auf seine Würde nicht im geringsten an. Er eilt zum Strauch, wickelt die Flinte in eine alte europäische Hose, pflanzt sie wie eine Standarte senkrecht an den Sattel und zeigt beim Reiten Haltung die einem preußischen Gardeoffizier Ehre gemacht hätte. Er reitet als einziger vorn, das kleine Kamel wieder im Schlepp. Die anderen gehen. Gircha läßt sich seine Bedeutung als *alemos*-Kenner nicht nehmen.

»Wüsten-Müsli«: Hirse mit zerstoßenen Datteln und Ziegenkäse

Wir gehen, gehen, gehen in den Tag, in die Hitze hinein. Es gibt wieder nichts zu trinken. Mein Mund ist ausgetrocknet. Die Bahn der Sonne neigt sich, Gircha reitet noch immer hochaufgerichtet voran. Es gibt neue metallische Farben, eine harte Sonne im Himmel von gläserner Transparenz. Scharfer Wind bringt Sand aus der nahen Wüste. Wir waten mühsam durch Sand. Warum steigt denn niemand aufs Kamel? Ich habe noch nicht genügend Übung, meinen Riesen-Hengst im Gehen über den Hals zu entern. Also gehen. Zum Teufel nochmal, warum gibt es kein *alemos*? Warum krebsen wir hier wie blödsinnig durch den Sand? Mein Gesichtsfeld hat sich verengt. Ich blicke nach unten, auf Steine, Sand und Steine. Dann sehe ich Sträucher.

Wir halten abrupt. Ich blicke nach vorn. Da steht *alemos* im Tal, fast bis zum Horizont, windgeduckt, unberührt – dicht und grün. Der kleine, alte Jäger hat uns zum *alemos* geführt. Arali drückt ihm für seine Mühe einen Tausend-Franc-Schein in die Hand, das sind etwas über sechs Mark. Ich lege noch einmal den gleichen Schein darauf. Es ist nur ein Symbol. Was Gircha für uns getan hat, läßt sich nicht bezahlen, und soll auch nicht bezahlt werden. Er freut sich über unser Geschenk, zeigt auf die alte, zerrissene Hose: »Jetzt kann ich mir endlich in Timia eine neue nähen lassen.«

Während die anderen die Kamele abladen, legt Gircha sich zur verspäteten Siesta hinter einen Strauch, macht unter surrenden Fliegen ein kurzes Nickerchen, bricht noch am Nachmittag auf. Spätabends will er in seiner Hütte, dem *arion*, sein. Dort warten seine Frau und drei Töchter auf ihn; der erwachsene Sohn ist nach Bilma gezogen. Es drängt ihn nach Hause. Er wird berichten, die Karawane gerettet und nur um ein Haar eine Antilope verfehlt zu haben; er wird von Khada, Arali, Tanko und Ibrahim erzählen und vom sonnenverbrannten Weißen aus einem kalten Land, in dem es keine Kamele gibt, und wo die Häuser in den Himmel wachsen. Das wird Gircha alles erzählen, während er den Tee und Tabak auspackt und Zucker, den wir ihm noch gegeben haben. In diesen zwei Tagen habe ich ihn liebgewonnen.

Als der Alte auf der alten Kamelstute davonreitet, das kleine Tier im Schlepp, das getarnte Gewehr hochstehend am Sattel – da kommt er mir vor wie Don Quichotte, der zu einem neuen, vergeblichen Kampf aufbricht. Er schaut sich nicht mehr um.

Es muß Khada gekränkt haben, daß nicht er das Tal kannte, sondern Gircha. Khada, der seit 28 Wintern nach Bilma gegangen ist, fand nicht genügend *alemos*. Es herrscht *manna,* die Dürre. Er weigert sich jedoch hartnäckig, diesen Faktor in sein Leben einzubeziehen – dann wäre es für immer verändert. Khada wirft sich mit doppelter Energie und Zähigkeit gegen die Dürre, gegen das Alter und seine nachlassenden Kräfte. Am Feuer, wenn er manchmal spät einzuschlafen droht, rüttelt er sich wieder wach, beginnt Stricke zu flechten oder einen Vorratssack zu reparieren, wenn sich die anderen schon ausruhen. Und während jetzt noch alle über das *alemos* schwatzen, hat Khada schon verbissen mit dem Schneiden begonnen.

Abends wieder der fade Hirsebrei. »Wie wäre es mit etwas Fleisch?«, frage ich, »kann man nicht jemandem eine Ziege abkaufen?«

Der immer verschmitzte
Ibrahim...

... und sein stiller Freund
Tanko.

Außenseiter Bela

Arali, gerade in einer freundlichen Phase, übersetzt und erklärt aufgeschlossen. Er wirkt ausgeglichen. »Weißt du, hier am Ostrand vom Aïr sind kaum noch Frauen. Und vorher, ja – es gehört sich nicht, eine Frau direkt anzusprechen. Schon gar nicht wegen einer Ziege. Außerdem wollen sie nicht gern verkaufen. Was sollen sie im Busch mit Geldscheinen machen?«

Also löffeln wir unverdrossen den Hirsebrei, mit einer halben Zwiebel für vier Mann. Etwas weiter lagern Tanko und Ibrahim. »Komm, iß mit uns«, lädt mich Tanko ein. Es gibt – Hirsebrei. Er schmeckt nicht schlecht, aber vor uns liegen noch mindestens vier Wochen. Der Gedanke an einen Ziegenbraten läßt mich nicht mehr los.

Es gibt im Busch immer wieder Überraschungen, unerwartete Begegnungen. Als ich am nächsten Tag von einem Spaziergang durch sandige Felstrümmer zurückkomme, ist ein Fremder im Lager. Er scheint sich nicht lange aufhalten zu wollen, hat sein Reitkamel nicht niederknien lassen. Ich erkenne beim Näherkommen, wie Arali mit ihm etwas bespricht. Dann traue ich kaum meinen Augen: Der Fremde hat zwei Ziegen dabei!

»*Salam aleikum*«, begrüßt er mich auf arabisch. Auch die Hausa benutzen diesen Gruß. Auf einen Händedruck scheint er keinen Wert zu legen.

»*Aleikum salam. Barka*« – Frieden – antworte ich.

»*Barka. Hamdulilahi.*«

Stechende Augen hinter grünem *tagelmust,* ein gestreiftes langes Hemd, das sonst nur die Hausa tragen. Und doch scheint dieser Mann Tuareg zu sein. Es ist merkwürdig, mit zwei Ziegen im Schlepptau durch das Aïr zu laufen. Normalerweise kümmert sich hier kein Mann um Ziegen. Dieses lächerliche Kleinvieh ist für die Frauen und Mädchen da, heißt es.

Arali verhandelt wegen der Ziegen. »15.000 für beide«, flüstert er mir zu, »das ist schon ganz gut. Ich werde weiter mit ihm reden.«

Khada kommt dazu. Wir sitzen ruhig im Sand. Nur Aralis Augen und Hände bewegen sich. Wir schauen ruhig die Ziegen an, denken dabei schon an den Braten. »12.500«, sagt Arali. Das sind knapp vierzig Mark für eine Ziege. Nicht schlecht. Während der merkwürdige Fremde hastig das Geld einsteckt, holt Arali ein altes Gewehr unter dem nächsten Busch hervor, steckt es ihm zu. Er reitet grußlos davon.

»Komischer Typ«, sage ich, während Arali mit den beiden Ziegen am Strick kämpft, die dem Reiter nachlaufen wollen. »Er ist nicht ganz richtig im Kopf. Aschkoi heißt er, ist immer allein. Früher lief er immer zu Fuß durchs Aïr. Man hat ihn von Iférouane bis Azel im Süden gesehen, von Arlit bis zu den Dünen von Temet. Einmal hat er im Projekt gearbeitet, kaufte sich ein Kamel und verschwand wieder in den Bergen.«

Arali zieht den Strick kürzer, weil sich die beiden Ziegen meckernd wie ein Karussell im Kreis drehen. Er lacht: »Ich habe ihm einen schönen Schreck eingejagt. Als du näher kamst, erzählte ich ihm, du seist von der Forstverwaltung, um Wilderer zu suchen. Du hättest ihn dann sehen sollen. Er gab mir das Gewehr und bat mich, es für ihn zu verstecken. Zeigte immer wieder auf dich, murmelte »*imajar*«. Das heißt Tuareg.

Wir amüsieren uns beide. Mit den Pluderhosen, dem langen Hemd und meinem professionell gewickelten *tagelmust* muß ich wohl wirklich wie ein Alteingesessener ausgesehen haben. Die deutschen Gesundheitssandalen hat der Fremde im ersten Schrecken nicht erkannt.

Khada fackelt nicht lange. Wir entscheiden uns für die etwas größere, fettere Ziege. Sie schreit in Todesangst, als Arali ihr die strampelnden Beine festhält. Mit einem schnellen Schnitt durchschneidet Khada dem Tier die Kehle. Der Kopf zeigt nach Osten, gen Mekka. Blut spritzt rotschäumend in den Sand, ein erstickender Schrei, zuckende Glieder.

Die Ziege haucht ihr Leben aus. Khada bricht die Vorderläufe, schneidet den Kopf ab, hängt sie wie einen Sack in die stachligen Äste einer Akazie. Den Balg zieht er wie einen Handschuh vom Leib. Das Fell wird später gegerbt, die Beinansätze zugenäht, die Halsöffnung dient als Einfüllstutzen, mit einer Kordel zugebunden – fertig ist der Wasserbehälter *abeyogh*. Als lebensnotwendiges Wasser-Reservoir wird diese Ziege noch jahrelang auf Karawanen nützliche Dienste leisten.

Den unmittelbarsten Zweck erfüllt sie jetzt: wir essen sie auf. Der Kopf grillt bald mit verkohlten Augen im Feuer, Khada bricht den Schädel mit einem Stein, löffelt das gebackene Hirn heraus – nicht ganz mein Fall, ebensowenig wie zerschnittene Därme und nie gesehene Innereien, die in einem Topf brutzeln. Ich labe mich an der gerösteten Leber. Wer im Busch Hunger hat, kann sich um Ästhetik nicht viel kümmern. Das war schon so vor zwei Jahren, als Julian und ich das Lamm auf dem Gewissen hatten.

Den größten Teil des Fleisches zerschneidet Khada in dünne Streifen, hängt sie wie Girlanden in die Akazienzweige: Trockenfleisch, das sich in der Wüstenluft monatelang hält. Abends graben wir ein tiefes Loch, legen Holzkohle hinein und frische Zweige darüber, grillen Rippchen und Koteletts. Es schmeckt köstlich, riecht wie am Grillstand des Freiburger Weinfestes.

Plötzlich hören wir das Schnauben eines Kamels in der Dunkelheit. »Wer ist da?«, ruft Khada. Wir hören den langsamen, schleppenden Tonfall von Bela, dem Abtrünnigen, der allein sein *alemos* suchte. »Du hast wohl die gebratene Ziege gerochen«, spottet Khada. Bela lagert in einiger Entfernung, kocht sich einen Topf Reis. Khada gibt ihm nichts vom Fleisch, spricht heute nicht mehr mit ihm, straft seinen Alleingang mit verachtendem Schweigen. Bela hält sich an Tanko und Ibrahim.

»Die Bäume«, sagt Khada unvermittelt beim Tee, »sie sterben.« Er beginnt damit eine lange Unterhaltung über diese Probleme im Aïr. Vor zehn Jahren gab es noch lichte Wälder in einzelnen Tälern. Sie existieren nicht mehr. Die Bäume wurden verstümmelt, verschandelt, gefällt. Konnte ein Baum selbst mit abgeschlagenen Zweigen in normalen Zeiten noch überleben, so hielt er jetzt der Dürre nicht mehr stand. In die Schneisen drängt die Sahara – mit Sandzungen, Dünen und weiterer Verwüstung.

Es gab auch früher *manna,* meint Khada, »und immer sind wir mit der Dürre fertiggeworden. Aber das Verhalten der Menschen hat sich geändert. Bäume haben eine Seele. Wer einen lebendigen Baum abschlägt, ist ein Barbar. Um die Ziegen und Kamele zu füttern, reicht es auch, Blätter herunterzuschlagen oder Zweige abzuschneiden.«

»Das sind meist durchziehende Fremde«, erklärt Arali, »ihnen ist es doch egal, was aus unserem Lebensraum wird. Früher kontrollierten wir selbst unseren Lebensraum. Seit der französischen Kolonisation ist es der Staat, und wir können keinen mehr zurechtweisen.«

Das stimmt. Die Kel Ewey verloren allmählich den Einfluß über das, was wir als Naturschutz bezeichnen würden – und was der »World Wildlife Found« seit einigen Jahren mit einem Projekt im Aïr durch Aufforstung und vor allem »Sensibilisierung« wieder zu kitten versucht. In den 40er Jahren kontrollierte der damalige *Maigeri* von Timia Weiden und Bäume, danach dessen Sohn Anur. Ende der 60er Jahre war nur noch eine Teilkontrolle des Dorfchefs da. Der jetzige *Maigeri* Mohamed ist zwar freundlich, aber ohne Autorität.

Es gibt noch einige Inseln im Aïr, von islamischen Schriftgelehrten quasi zu »Heiligen Gebieten« erklärt. Dort darf kein Baum gefällt und kein Tier getötet werden. In Tchirozérène wacht der *marabut* einer einfachen Moschee aus aufgetürmten Felsbrocken über die Einhaltung dieser Regeln. Sie werden auch so respektiert. Alle glauben fest daran, daß niemand dort ungeschoren einen Baum umschlagen kann; Allah wird ihn strafen. Khada erzählt eine Geschichte, die sich schon vor Jahrzehnten zugetragen hat: »Es war jemand aus Timia. Er wollte es darauf ankommen lassen, schlug trotzdem einen Baum ab, schwebte ein Jahr lang zwischen Tod und Leben und starb schließlich. Niemand kannte seine Krankheit. Erst letztes Jahr hat einer alle seine Kamele verloren, weil er die Regeln von Tchirozérène nicht respektierte.«

Woanders gilt das nicht. Wenn ein Hirte Fremde zur Rede stellen will, die rücksichtslos dicke Äste abschlagen, kann er schon mal die spöttische Frage hören: »Bist du etwa der Besitzer des Baumes?«

Aber es gibt schon Anzeichen eines wachsenden Naturbewußtseins im Aïr. »Jeder ist zum Schutz verpflichtet«, meint Arali weitsichtig. »Als wir vor einigen Monaten im Projekt Fremde beim Frevel erwischten, haben die uns gefragt, was wir eigentlich wollen. Da sagte unser Ältester: ›Wir verbieten euch, die Bäume zu töten. Sie sind unsere Zukunft.‹ Als die anderen noch immer lachten, haben wir sie mit gezogenen Schwertern zur Herausgabe ihrer Beile aufgefordert und sie beim *Maigeri* abgegeben. Doch der bekam es mit der Angst.«

Arali lächelt versonnen: »Es war fast wie in alten Zeiten, als wir noch Mann gegen Mann mit Schwertern kämpften. Das haben uns die Franzosen verboten. Auch die *iklan,* unsere Leibeigenen, mußten wir freilassen. Den meisten ging es danach nur schlechter.«

Am nächsten Tag schneiden wieder alle ihr *alemos.* Auch Bela holt sich noch zusätzlich Gras. Seine Vorräte sind klein, nachlässig zusammengebunden: auch diese Arbeit geht am besten zu zweit. Doch Bela war allein. »Deine Kamele werden unterwegs verhungern«, ruft ihm Ibrahim im Vorbeigehen zu.

Ich strecke mich wieder im Schatten aus, genieße den letzten ruhigen Tag vor unserem Aufbruch in die Ténéré, lese weiter im Buch von Antoine de St. Exupery:

»Das Wesentliche der Karawane entdeckst du, wenn sie sich abnutzt. Vergiß den eitlen Lärm der Worte und schau: Wenn der Abgrund ihrem Weg widersteht, umgeht sie den Abgrund; wenn der Fels sich erhebt, weicht sie ihm aus; wenn der Sand zu fein

ist, sucht sie anderswo festen Sand, doch stets schlägt sie wieder die gleiche Richtung ein. Wenn eine verborgene Salzschicht unter dem Gewicht ihrer Lasten knirscht, siehst du sie unruhig werden, die Tiere aus dem Schlamm zerren, sich vortasten, um einen sicheren Untergrund zu finden, aber bald ordnet sie sich von neuem und zieht wieder in der urspünglichen Richtung weiter. Wenn ein Tragtier zusammenbricht, wird angehalten; man sammelt die zerbrochenen Kisten auf, belädt ein anderes Tragtier damit und reißt am Knoten des ächzenden Stricks, um sie gut zu verschnüren; dann nimmt man den gleichen Weg wieder auf: Zuweilen stirbt einer, der als Führer diente. Man umringt ihn. Man verscharrt ihn im Sande. Man streitet sich. Dann bestellt man einen andern zum Führer und richtet abermals den Kompaß auf das gleiche Sternbild. So bewegt sich die Karawane notwendig in einer Richtung, die sie beherrscht; sie gleicht einem Stein, der einen unsichtbaren Hang hinabrollt«.

Es mußte der neunte oder zehnte Tag seit unserem Aufbruch von Timia sein. Drei Tage lang haben die Männer in dem Tal, das Gircha uns zeigte, *alemos* geschnitten und gebündelt. Jetzt ist alles bereit. Khada zeichnet Striche in den abendlich kühlen Sand: Zwei Striche – wir kommen zum Brunnen von Ajioua, dem letzten im Aïr; vier Striche – wir erreichen am fünften Wüstentag den Brunnen von Achégour; nochmals drei Striche – die Salzoase Bilma.

Um fünf Uhr morgens sind wir alle auf den Beinen. Das rhythmische Schlagen des Hirsemörsers treibt mich aus dem warmen Schlafsack hinaus in die Kälte. Schon um sieben sitzen wir um eine große Schüssel dampfenden *eshink*, Hirsebrei mit Zwiebel-Tomatensauce. Ich kann jetzt das heiße Essen

Auf uralten Aïr-Pfaden in die Ténéré

mit dem Holzlöffel schnell in mich hineinschaufeln, auch wenn der Appetit noch fehlt. Es geht darum, möglichst viel in den Magen zu befördern, damit es vorhält bis zum Abend.

Die Kamele brüllen, als warte auf sie der Schlachtplatz. Sie ahnen, was ihnen bevorsteht, versuchen zusammenzubleiben, verzögern das Weitergehen mit langgestrecktem Hals, gehen nur grollend, blubbernd in die Knie. Der Strick, mit dem nachts die Vorderläufe zusammengebunden sind, wird nun als Bremse um das eingeknickte Knie des sitzenden Tieres gelegt, damit es nicht aufspringen kann.

Dann kommen Lastsattel, Lederpolster, löchrige Decken, schließlich das hochgewuchtete *alemos*. Derart in seinem selbstverliebten Phlegma gestört, protestiert das Kamel noch heftiger, dreht seinen Kopf auf schlangengleichem Hals nach hinten, um seinen Peiniger zu beißen. Alle Kamele haben einen ausgeprägten Sinn für bühnenreife Dramatik und Übertreibung.

Eine noch undurchsichtige Reihenfolge wird eingehalten; jedes Tier bekommt die immer gleichen Lasten, bis hin zu Schöpflöffel und Kalebasse. Ich behindere die Männer nur bei meinen Versuchen, mit anzufassen. Das stachlige Gras der schweren *alemos*-Ballen schneidet in die Haut.

Um halb neun setzt sich die Karawane in Richtung des Brunnens von Ajioua in Bewegung. Die Kamelkette von Tanko und Ibrahim hebt sich wie ein kunstvoller Scherenschnitt rechts vom Hügel ab. Ibrahim stößt einen hohen, trillernden Jauchzer aus, Signal des Aufbruchs und Freudenschrei zugleich. Ich jauchze auch. Der Schrei wird etwas zu laut und zu hoch.

Drei Kamele bocken und werfen ihre Ladung ab.

Wieder genieße ich das beständige Gehen. Ich lasse mich einfach treiben, es »geht mich« von ganz allein: freies Schweifen in einer Landschaft, die zum Abtasten und Denken einlädt. Wir ziehen jetzt an Bergen vorbei, denen Sand aus der nahen Ténéré schon Hauben aufgesetzt hat: fast weiß brandet er an ihre Flanken. Vor einem flachen Tafelberg gibt es noch unbeschädigte Akazien. Grüne Bäume wachsen aus Dünen, Sträucher stehen auf gerippeltem Sand.

Die Gedanken kommen und gehen, sie bedrängen mich nicht. Ich bin hier manchmal einsam, aber durch die Gemeinschaft nie vereinsamt. Einsam sein macht stark. Vereinsamung drückt nieder.

Gehen durch eine Landschaft, deren großartige Einzelheiten und Kleinigkeiten sich auch hier nur dem Wanderer erschließen: Kriechpflanzen treiben zwischen Vulkangeröll winzige dottergelbe Blüten. Eine abgestreifte Vipernhaut liegt neben dem Pfad. Spuren metallischer Steine blinken im Sand wie feiner Goldstaub.

Die Sonne breitet sich aus wie ein verlaufender Fettfleck, durch Wolken gedämpft. Entfernungen lassen sich nun kaum noch schätzen. Gleißend hell leuchtet der hochgewehte Sand an Tafelbergen, von denen nur noch schwarze Trümmer herausragen. Der Sand treibt flächig vor uns her. Das Aïr tritt langsam zurück. Die Welt wird leer.

Efes springt von seinem Tier, bindet Kalebasse und Ziegenschlauch vom Kamel, füllt Wasser hinein. Schon früh am Morgen hatte er Hirsemehl und zerstampften Ziegenkäse hineingetan. Jetzt gibt er jedem von uns eine Kalebasse mit *eralé*. Ich zerkaue langsam die körnige Hirse, schlürfe die leicht bittere Flüssigkeit. Viel geht nicht runter, der Rest kommt würgend wieder hoch. »Trink soviel du kannst, bis zum Abend gibt es nichts mehr«, rät Khada. Ich verstehe: diese Zementsauce wird es in der Ténéré jeden Tag geben. Auch das wird zu schaffen sein.

»Wann kommen wir nach Ajioua?«, frage ich den ruhigen Efes. Seine Schüchternheit überdeckte bis jetzt, daß er ein ganz passables Französisch spricht, gelernt in einem der beiden Klassenzimmer von Timias Schule. »Morgen Nachmittag«, sagt Efes sanft.

»Magst du noch etwas vom *eralé?*«

»*Eralé?* Nein danke.«

Lange Stunden auf dem Kamel. Khada hielt die Karawane kurz an, Efes zog am Maulstrick den Kopf meines Riesen nach unten; die Rundung des Halses war noch in Brusthöhe. Rechte Hand ans Gepäck, linke Hand auf den Hals, sich nicht vom Brüllen und Gurgeln stören lassen. Ein kräftiger Satz nach oben, linkes Knie auf den Hals. Efes läßt los, das Kamel protestiert noch lauter, hebt den Kopf und liftet dich so nach oben. Ausnutzen des Schwungs, Matte oder Strick oben am Höcker greifen. Auf den Höcker klettern, dich dabei nach vorn umdrehen. Das liest sich umständlich. Aber es dauert nur drei Sekunden. Bei meiner kurzen Reise mit den Kel Gress lernte ich das während der laufenden Karawane so, wie es die Männer hier tun: selbst am Maulstrick ziehen und aufspringen. Dabei muß man rückwärts gehen und aus dem Gehen springen. Diese sportliche Steigerung beherrsche ich hier noch nicht, weil das Tier so groß, der Hals so hoch ist.

Der Boden ist jetzt mit schwarzen Steinen wie ausgestreuter Lakritze übersät. Vereinzelte Sanddünen, vollendete Formen goldgelben Sandes mit sanften Rundungen und abgeschnittenen, messerscharfen Kanten, über die der Wind feinen Sand hinausweht. Das Blickfeld beschränkt sich durch den Schlitz des *tagelmust* nur noch auf Kamelfüße, Sand und Lakritze.

Wir folgen weiter alten Kamelgleisen, die nach Nordosten streben, dem letzten Brunnen des Aïr entgegen. Efes führt die überlebende Ziege am Strick. Meist trottet sie unter gelegentlichen Klagerufen schon wie ein Hund neben ihm her. Ich habe sie Khada geschenkt, und er will sie in Bilma verkaufen.

Nachmittags. Khada läuft noch immer vor der Karawane, ist nicht auf sein Kamel gestiegen. Dieser Tag gibt einen kleinen Vorgeschmack auf die Ténéré.

Als Bela merkt, daß zwei seiner Tiere abgehängt sind und hinter uns dumm in der Gegend stehen, hat Khada nur einen verächtlichen Blick für ihn über die Schulter übrig. Er stapft weiter, wartet nicht. Wir laufen jetzt eine schräg gegen den Himmel gestellte, tonige Ebene hinauf. Dahinter scheint das Ende der Welt zu sein. Der Ausblick ist wüst und schon beklemmend leer. Weit entfernte Bergketten zeichnen dunkelblaue Striche gegen den Horizont. Hinter uns sehen wir noch einmal das steinerne Chaos des Aïr.

Arali hat schlechte Laune. Seine Antworten waren schon am Vormittag einsilbig und knapp, bis es mir zu dumm wurde. Wir sprachen den ganzen Tag nicht mehr miteinander, und ich spüre Wut aus den Tiefen der Magengrube aufsteigen. Draußen in der Ténéré, denke ich, werden mir diese engen Regungen der menschlichen Seele nichts mehr ausmachen. Dann steh' ich drüber.

Wie ein Vergrößerungsglas verwandelt die tiefstehende Sonne kleine Kiesel plastisch in Felsbrocken, als wir endlich anhalten. Heute waren wir zehn Stunden unterwegs, mindestens sieben davon bin ich zu Fuß gelaufen. Ein Spaziergang, denke ich. Und etwas übermütig: Die ganze Ténéré wird ein Spaziergang. Ich sollte mich irren.

Zweiter Strich im Sand, der nächste Tag: Vor uns liegt die gewaltige Flanke des Takoloukouzet, letztes Massiv vor der Ténéré. Flache, mauerähnliche Berge erinnern mich an die *falaise*, den fernen Steilabfall bei Bilma. Der Horizont im Osten ist linealgerade. Ich spüre mein Herz nach langer Zeit wieder schlagen.

Ajioua, ein phantastischer Ort. Felsen und Sand formen ein gewaltiges Amphitheater. Der Brunnen liegt versteckt hinter zerborstenem, schwarzem Gestein. Überall trockener, länglichschwarzer Kamelkot. Ein schimpfender Schwarm aufgescheuchter Finken. Zwei andere Karawanen lagern schon hier.

Ein junger Kel Ewey kommt näher, unverschleiert: Der Gehilfe des alten Jakuba, den wir schon vor einer Woche auf der Suche nach *alemos* trafen. Er spricht gebrochen Französisch: »Seit vier Tagen warten wir auf euch.« Eine reine Feststellung, kein Vorwurf; was sind schon vier Tage? Sein Chef Jakuba kenne sich nicht aus in der Wüste: »*Il ne connaît rien*«, sagt er respektlos.

Wir lagern weit weg vom Brunnen, abseits von den anderen Karawanen. 16 Kamele schaukeln heran: In der Mitte ein kleiner, zarter Tuareg, dunkelblau gekleidet, mit gegürteltem Schwert. Vorn stapft ein breitschultriger, massiger Mann mit raumgreifenden Schritten heran: Jakuba.

Er geht zielstrebig zu Khada, würdigt die anderen keines Blickes. Die beiden kennen und schätzen sich. Khada kocht Tee. Der Nachmittag vergeht mit ihren Gesprächen.

Jetzt umfaßt unsere Karawane zehn Männer, 49 Kamele und eine Ziege. Noch vor fünf Jahren gab es Karawanen mit 200 oder mehr Kamelen; nach der letzten verheerenden Dürre gehören wir schon zu den größeren Gruppen. Das ist nichts im Vergleich zu früheren Zeiten. Noch Anfang der 70er Jahre zogen bis zu 800

Kamele zusammen nach Bilma – auch das war nur kümmerliches Überbleibsel früherer Größenordnungen. Wegen zahlreichen Razzien wurden die Karawanen ab 1907 von den Franzosen durch das Militär eskortiert. Im Jahre 1913 liefen 26.000 Kamele in einer einzigen Karawane nach Bilma! Für die Kel Ewey schien es zunächst von Vorteil zu sein, sich unter den Schutz der Franzosen zu stellen, weil sie gegen die ihnen verfeindeten Imuzzrag gemeinsame Sache machten. Vor allem gab es ihnen Sicherheit vor den Razzien räuberischer Nomaden, wie der berüchtigten Ouled Sliman. Aber die »Requisitionen« der Franzosen waren bald schlimmer als alle Überfälle zuvor. Allein für die Versorgung ihrer Kolonne nach Tibesti im Norden des Tschad sollen die Franzosen zu Beginn des ersten Weltkrieges 23.000 Kamele von den Kel Ewey eingezogen haben.

Das war der Beginn des Niedergangs der Karawanen, doch nicht die Begründung ihres baldigen Endes, wie es immer wieder vorausgesagt wurde. Die Karawanen sind klein, aber nicht nutzlos geworden. Noch immer durchqueren jeden Herbst und Winter mindestens 20.000 Kamele die Ténéré, werden so etwa 3000 Tonnen Salz transportiert. Grundkapital und »Produktionsmittel« ist Zeit. Statt »Zeit ist Geld« könnte man auch sagen: »Geduld bringt Gewinn«, so der Völkerkundler Hans Ritter.

Dieser Wirtschaftszweig ist »standortgerecht«: Vor allem die Kel Ewey sind Vermittler, An- und Verkäufer zwischen Salz und Hirse. Im viehreichen Süden gibt es kein Salz, das Menschen und Tiere dringend brauchen. Wer also das begehrte Salz aus der Sahara dorthin bringt, wo die Hirse ist, kann verdienen. Kein Spediteur wagt es, seine teuren Lastwagen auf die tückische Sandstrecke nach Bilma zu schicken. Wozu auch? Die »gewonnene« Zeit würde niemandem dienen, sondern nur den Salzpreis erhöhen.

So sind die Salzkarawanen nicht altmodisch und verkrustet, sondern ein angepaßtes und dynamisches System. Ihr größter Feind ist »Entwicklungshilfe« in Form subventionierter Lkw. Drei der US-AID fuhren schon. Sie dürfen nun kein Salz mehr transportieren. Geblieben ist die Bedrohung durch Nahrungsmittelhilfe für die Oasen: Das klassische Tauschmittel Hirse ist dort nur noch wenig gefragt, sondern Bargeld. Doch gerade Geld fehlt den Tuareg.

Khada und Jakuba unterhalten sich noch angeregt, während zwischen Arali und mir seit vorgestern kaum ein Wort fiel. Meine anfängliche Wut ist heiterer Nachsicht gewichen, wie man sie ungezogenen Kindern entgegenbringt. Zur Versöhnung rühre ich eine große Schüssel Milch mit Schokoladenpulver an – wie das meiste hier »Made in Nigeria«, außer dem chinesischen grünen Tee.

»So verderben wir uns gegenseitig die Reise, Arali. Wenn dich was drückt, solltest du das sagen und nicht rummaulen. Also, was ist?« Wieder ein abweisendes, versteinertes Gesicht, lange Pause. Irgendwann läßt sich seine Exzellenz zu einer Antwort herab: »Es paßt mir nicht, wenn du mehrfach fragst. Nachdem ich dir sagte, wie weit es zum Brunnen ist, hast du nochmals Efes gefragt. Also mißtraust du mir. Außerdem fragt der Docteur immer nur einmal.«

»Du bist abgemagert«, sagt Arali nun fast mitleidsvoll.

»Wirklich? Ich fühle mich topfit.« In seinem Taschenspiegel erkenne ich mein schmaler gewordenes Gesicht. Glänzende, wie fiebrige Augen, die Haut mit weißlichen Kristallen überzogen. Ich nehme ein paar Salztabletten.

Die Ténéré hat noch nicht begonnen, und schon sehe ich ein paar Jahre älter aus. Die Unsicherheit der letzten Woche hat vor allem Khada mitgenommen. Er aß sehr wenig in den letzten Tagen, rollt sich als erster wortlos in seine Decke.

Eine schlechte Nacht. Der Wind aus Osten wird fast zum Sturm, zerrt an meinem Schlafsack. Ich krieche noch zusätzlich in den Biwaksack, fühle mich geborgen. Wirre Traumfetzen ziehen an mir vorbei. Mein Freund Michael sitzt in seiner Arztpraxis und verschreibt mir ein Mittel gegen Amöbenruhr. Dann der Schwarzwald: Nur noch verkohlte Strünke, später durchsetzt mit Baumriesen und Lianen. Barbara kommt mit einer großen Spritze: Wir müssen jetzt alle Zähne ziehen ... Sie halten mich zu dritt fest, jemand packt mich an den Füßen ...

Arali weckt mich, zieht am Fußende des Schlafsacks: »Es ist schon heller Tag, dein Tee wird kalt.« Ich erwache schweißgebadet, nestle schlaftrunken nach dem Reißverschluß, schäle mich aus der mumienförmigen Umhüllung. War die Enge der Grund für meine Alpträume?

Noch immer faucht stürmischer Wind, treibt Schwaden von Staub über das Lager. Khada sitzt angelehnt an einen *alemos*-Ballen, die zusammengestellt den Sturm abhalten sollen.

Er flickt bedächtig einen Ziegenledersack. Meine Kanne Tee steht noch auf der Glut, auch das *eralé* wartet auf mich. Bei einem so garstigen Tag muß ich mir etwas gönnen, verfeinere es mit Milchpulver.

Unser Wasservorrat in Ziegenhäuten

Khada sticht jetzt mit einer Ahle Löcher in die *abeyogh*.

Aus dunkelblauen Tuchresten hat er einen Strick geflochten, der als Dichtung für den Wassersack aufgenäht wird. Die große Nadel, das spitze Messer, seine Sichel sind Werkzeuge des Dorfschmiedes aus Timia. Seit altersher gibt es diese Ausrüstung für Karawanenleute auf Kredit, erst später wird in Naturalien bezahlt mit zwei Salzbroten und Hirse aus dem Süden.

Meine Stimmung steigt durch besseres Wetter und die Entdeckung eines frischen Hemdes, das noch nach Weichspüler duftet. Arali und ich gehen mit Handtuch und Seife zum Brunnen. Eine Dusche vor der langen Wüstenwanderung ist jetzt genau das richtige. Das klare Wasser schwappt noch nicht einmal zwei Meter unter der Betoneinfassung, und wir ziehen es in einem alten Blechkanister nach oben. Ich kippe es in eine flache, mit Plastik ausgelegte Grube, aus der sonst die Kamele saufen. Mit zwei Steinen daneben gibt das einen Duschplatz.

Unsere Kamele werden herangeführt, als ich mich abtrockne. Sie stehen jetzt da wie Operettensoldaten, aufgebaut im Spalier. Efes und Ibrahim kippen Wasser in die Tränke. Dann wälzen sich einige Tiere im Staub, der hier so fein ist wie Puderzucker. Zusätzlich tanzt eine Windhose am Brunnen vorbei. Wir stehen minutenlang in dichtem Staub. Als ich mein Hemd wieder anziehe, bin ich so dreckig wie vorher.

Die Männer hacken am Nachmittag weiter Holz. Ihre Beile wirken steinzeitlich, mit schmaler Klinge in keulenförmigem Schaft. Auch hier gibt es genügend abgestorbene Bäume. Die gespaltenen Stämme werden in *alemos*-Bündel hineingetrieben: Feuerholz für die Ténéré.

Eine Karawane kommt aus Bilma zurück. Es sind Kel Gress aus der Gegend von Dakoro – selten, sie hier oben zu sehen. Der *madugu* ist guter Dinge, keine Spur von Müdigkeit nach dieser mörderischen Strapaze. Er begrüßt jeden einzelnen von uns gleich zweimal, jedesmal gleich lang, höflich und umständlich, greift großzügig in einen Vorratssack und gibt uns Nachzüglern Datteln aus Bilma – so will es der Brauch.

Sie waren noch in Fachi, der Salzoase westlich von Bilma. Fachi liegt aber südlich der Route über den Brunnen von Achégour, die von den Kel Ewey gewählt wird.

»Wir sind zu weit nördlich herausgekommen. Deshalb mußten wir hierher nach Ajioua, um die Kamele zu tränken.«

Der Kel Gress trägt Turban und Hemd aus einer Art Gardinentüll, von Indigo-Tüchern darüber bläulich gefärbt. Das Gewand erinnert an ein metallenes Kettenhemd mittelalterlicher Kriegsknechte. Auch die umgehängte *takuba,* das Tuareg-Schwert, paßt gut dazu.

»Ein Tuareg, der vom Weg abkommt, ist keiner«, murmelt Khada nach der Begegnung, »aber die Datteln sind gut.«

Es gibt hier kein Futter mehr, also werden die Kamele in einzelnen Gruppen zum »Eßtisch« geführt. Bisher konnte ich bei ihrem Anblick noch ernst bleiben, nun muß ich lachen: jeweils fünf oder sechs Tiere sitzen dort um das *alemos,* man weist ihnen wie im Restaurant die Plätze zu. Sie gleichen gelangweilten, blasierten Damen eines Kaffeekränzchens, bei denen der Ober graue Haare bekommt, weil er es ihnen nie recht machen kann. In den nächsten Tagen und Wochen werden sie jede Nacht auf gleiche Art zu Tische gebeten – angebunden, um ihre Flucht ins Aïr zu verhindern. Die trockenen, knirschend zermahlenen *alemos*-Gräser sind ab jetzt einziges Futter für die Kamele.

DURCH DIE TÉNÉRÉ

Freitag 25. Oktober 1985. Ich werde geweckt, als es noch dunkel ist. Halb fünf, eisige Kälte. Rufe der Männer, Aufblitzen ihrer Taschenlampen. Sie beleuchten sekundenlang das Gepäck der schon abmarschbereiten Kamele. Khada drängt: »Trink deinen Tee, iß das *eralé,* dann bring' dein Gepäck, *termat,* schnell!« Er ist schon seit zwei Stunden auf, hat mitten in der Nacht noch Wasser geholt. Alle Häute sind prall mit dem guten Wasser von Ajiona gefüllt: kein Brunnen mehr bis Achégour, 300 Kilometer von hier. Aufbruch, endlich der Aufbruch.

Ich stolpere noch schlaftrunken über klirrende Steine, laufe mich langsam warm. Die Sonne geht jetzt über der Ténéré auf, die noch verdeckt ist von düsteren, mauerähnlichen Gebirgszügen. Das gewaltige Massiv von Takoloukouzet ragt weit nach Osten.

Erst Balancieren über Felstrümmer, bald Waten im Sand. Die Sonne ist schon wieder farblos, der Himmel gläsern blau. Basaltbrocken liegen porös im Staub, als ob sie gerade aus dem All gefallen wären. Dazwischen grüne Splitter, schön und glatt wie geschliffene Jade.

Gegen Mittag dann vor uns die Ténéré: eine flimmernde Fläche endlosen Sandes, die Angst einflößt. Am Horizont der Adrar Madet, ein flacher Inselberg, noch 40 Kilometer entfernt. Die Bergkette des Aïr liegt jetzt hinter uns wie eine Wand ohne erkennbare Strukturen.

Wir marschieren in kleinen Gruppen. Es wird nur wenig geredet. Arali kommt einmal und fragt freundlich, wie es mir geht. Efes verteilt Zementsauce. Ich sehe in der Flüssigkeit verschwommen mein rotes Gesicht und fische zwei Fliegen heraus, trinke das Zeug mit Todesverachtung.

Noch früh am Vormittag haben sie den Topf herumgehen lassen. Es würgte mich beim Hirsebrei mit der kalten Zwiebelsauce. Das rächt sich. Die paar Schluck *eralé* bleiben meine einzige Mahlzeit während des Tages. »Du mußt gut essen, um in Bilma anzukommen«, rät Khada und gibt mir ein paar der Datteln vom Kel Gress im »Kettenhemd«.

Die Zeit vergeht schnell bis zum Nachmittag. Auch die Spannung der anderen löst sich in Gelächter und Gesprächen über die Kamelreihen hinweg. Ich bin durch den weiten, freien Raum seltsam beschwingt und leicht. Noch habe ich gute Reserven, fühle mich frisch und gesund, könnte laufen bis ans Ende der Welt. Wie wird es nach einer Woche sein? Wie halten wir das durch, was wird ablaufen in meinem Kopf?

Unermüdlich geht Khada in seinen gelben Plastiksandalen voran ...

Jakuba reißt mich aus meinen Gedanken, die sich doch nur im Kreis bewegen. Er stapft raumgreifend durch den Sand vor seinen Kamelen, erzählt gestikulierend: »Es gibt alte Felsinschriften in den Bergen, und wißt ihr, was da über die Karawane steht? Nein? Das habe ich mir doch gedacht, ihr Jungen kennt das nicht. Aber merkt euch die Weisheiten der Vorfahren: um eine Karawane zu bestehen, brauchst du ein gutes Kamel, einen guten Wassersack *abeyogh* – und was noch, Ofagym?«

Sein schlaksiger Gehilfe sitzt hinter ihm auf einem Kamel mit wippendem, spitzen Strohhut und hat geschlafen. »Wasser, was?«, antwortet er verwirrt. »Drittens: Du mußt wach sein wie ein Schakal! Merke dir, was die Alten in den Stein ritzten!«

Der hellgelbe Brutkasten gewinnt wieder zarte Konturen. Wir sind seit zehn Stunden unterwegs, und Khada ist noch nicht einmal auf sein Tier gestiegen. Mit seinen dürren Waden, die hornigen Füße in gelben Plastiksandalen, geht er unermüdlich voran. Der Sand zeigt jetzt harte Rippelungen wie am Meer, diagonal zu unserer Marschrichtung. Nach 12 Stunden ist das Takoloukouzet hinter uns noch immer größer als der blaue Strich des Adrar Madet da vorn. Es hat nur etwas an Masse gewonnen. Ich kann eine Einbuchtung in der Mitte erkennen, schlanke Ausläufer an den Seiten und angewehten Sand.

Einige von uns bleiben zurück. Sie streifen ihre Sandalen ab, waschen sich Gesicht, Füße und Hände symbolisch mit Sand. Sie beten nach Osten, die Sonne im Rücken, holen die Karawane im Laufschritt wieder ein. Efes bindet den Drahtkorb *amangal* von seinem Kamel, greift Holzkohle aus einem Sack, entfacht sie mit etwas zerkleinertem Stroh. Die Karawane hält auch jetzt nicht, wenn Tee gekocht wird.

Efes läuft mit dem Drahtkorb wieder zu seinem Tier, holt eine Kanne, Tee und Zucker. Füllt Wasser in die Kanne, trägt den Drahtkorb mit der Kanne an einer Kordel. Arali hilft ihm. Die anderen beiden Gruppen tun das gleiche. Außenseiter Bela geht neben Tanko und Ibrahim (aber er ißt mit uns), trägt einen Beutel Zucker auf dem Kopf. Wir gehen weiter, als Efes und Arali den ersten Aufguß vom Glas in die Kanne umschütten. Sie holen uns mit dem Tee im Laufschritt ein.

Das erste Glas bekommt Khada, der Patriarch und *madugu*. Er zieht seinen schwarzen Gesichtsschleier etwas nach unten, schlürft das belebende Getränk laut und genußvoll. Dann gibt es ein Glas für mich. Die Sonne ist verschwunden, als wir den zweiten und dritten Aufguß trinken. Jedesmal müssen die Teekocher deshalb halten, wieder vorlaufen. Der starke, süße Tee wirkt belebend.

Ich frage Khada, ob Efes die Karawane einmal fortführen wird. Er schüttelt den Zeigefinger, winkt energisch ab: »Nein. Er kann sich keine Richtung merken. Er schlägt nach seiner Mutter, ist zu weich und zu vergeßlich. Vielleicht sein kleiner Bruder, der jetzt noch in Timia zur Schule geht. Der ist jetzt zehn. Also muß ich noch mindestens sechs Jahre selbst nach Bilma.«

Efes ist immer mild, freundlich – und schweigsam. Am aktivsten ist er beim Essen, schaufelt mechanisch Riesenportionen von heißem Reis oder Couscous in sich hinein, zieht dann den Rest zu sich, kratzt sorgfältig die Schüssel aus. Trotz meines Trainings komme ich nicht gegen Efes an – und damit zu kurz. Wohl deshalb bin ich schon etwas abgemagert. Ich verdränge den Gedanken an Essen, an meine Portionen »Bohnen-Kartoffeltopf« und die wenigen, mitgenommenen Müsli-Riegel, knabbere ein paar harte Datteln. Wenigstens an diesem ersten Tag will ich bis zum Abendessen durchhalten: der ersten und einzigen warmen Mahlzeit, vielleicht um Mitternacht.

Wir laufen in den aufgehenden Mond hinein, eine große, fast greifbare runde Scheibe hinter zitronenfarbenen Wolken: Ein Spektakel von Licht und Farben.

Die Dunkelheit kommt wie eine Walze, der Tag verschwindet hinter unserem Rücken mit kitschig roten und orangefarbenen Streifen. Vorn ist es schon Nacht geworden. Die Erde dreht sich von der Sonne weg, und ich spüre zum ersten Mal fast körperlich die rasende Bewegung. Der Himmel hat jetzt etwas unnatürlich Phosphoreszierendes. Unsere einsame Karawane scheint sich in einem luftleeren Raum zu bewegen.

Khada legt sich eine Decke gegen die rasch einsetzende Kälte über die Schultern. Er geht jetzt schneller. Das ist kein gemütliches Schlurfen mehr. Ich laufe jetzt ohne Sandalen, um meine Fußsohlen abzuhärten. Es macht Spaß, den kühlen Sand ohne die Gefahr von Dornen oder spitzen Steinen zu spüren. Wolkenfetzen ziehen am Mond vorbei. Er bildet einen runden Hof, das bedeutet Kälte: »Tasmat«, sagt Khada, zeigt auf den bleichen Erdenbegleiter.

Wir haben jetzt mit den Kamelen fünf Reihen gebildet, die kleinste Bela mit seinen sechs Tieren. Alle sind munter und guter

Dinge, auch Arali ist offen und gesprächig geworden, berichtet mir von seinen Frauen: »Emmaté habe ich schon vor zehn Jahren geheiratet, dann vor drei Jahren eine zweite Frau. Sie war sogar älter als ich. Vielleicht lag es daran, daß wir uns nicht verstanden haben. Zumindest ließ ich mich wieder scheiden und habe dafür im letzten Sommer noch Tangela geheiratet – das heißt Engel. Sie ist gerade 15 geworden.

Du siehst: was die Frauen anbelangt, da sind wir nicht wie ihr Europäer. Zumindest machen wir es offen. Es bringt ja auch mehr Abwechslung und Anerkennung. Allerdings hat bei uns niemand mehr als zwei Frauen; die meisten nur eine. Nur wenige können sich zwei leisten. Schließlich braucht jede ihr Haus, mit allem, was dazugehört.« Er wirft sich stolz in die Brust.

Nun wird mir endgültig klar, weshalb Arali vor unserer Abreise kaum je zu sehen war: »Ich verbringe meine Nächte abwechselnd bei den zwei Frauen. Das muß ich genau einhalten, sonst gibt es Ärger und Mißgunst. Es ist anstrengend. Die Frauen sind von Haus aus schon eifersüchtig genug.« Grund hätten sie, denke ich. Wie auch in schwarzafrikanischen polygamen Ehen wird die erste Frau oft abgeschoben und erniedrigt wenn sie nicht mehr attraktiv genug ist. Die Senegalesin Mariama Bâ hat das in ihrem Buch »Ein so langer Brief« eindrucksvoll beschrieben.

Wir halten fünf Minuten an, weil Lasten verrutscht sind. Die anderen sitzen schon auf ihren Kamelen. Nun zieht Efes wieder am Maulstrick meines gemieteten Riesen; ein Sprung – und ich bin oben. Es ist hart auf dem nur notdürftig gepolsterten Höcker. Mein Rücken brennt, die Schultergelenke schmerzen vom langen Gehen.

Im schwachen Licht des Mondes sehen wir kaum die hohen Sanddünen, die sich plötzlich vor uns auftürmen.

Die Tiere werden unruhig. Wir müssen die Dünen in einem langen Umweg nach rechts umgehen. Auch die Ziege meldet sich meckernd.

Die Unterhaltung ist wieder verebbt. Der Adrar Madet scheint ferner als je zuvor. Müdigkeit beginnt sich breitzumachen, Gedanken an die Rast. Und wieder bringt Jakuba etwas Unterhaltung in den langen Abend. Er marschiert zügig in seinen Plastik-Badeschuhen, erzählt mit dröhnendem Baß, unterbrochen vom Gelächter der anderen. Obwohl ich zunächst nichts verstehe, ist es kurzweilig. Arali übersetzt mir die Geschichte:

»Es passierte in den 50er Jahren, zur Kolonialzeit. Mein Bruder diente bei den Franzosen in der Kamelreitertruppe. Sie sollten ein Gebiet im Aïr freimachen, damit es als Kamelweide geschützt wäre. Auch die Bewohner einer winzigen Siedlung – sie hatte nur vier Hütten – sollten verschwinden. Soldaten gingen zur ersten Strohhütte. Zwei wunderschöne Mädchen saßen darin.

Sie liefen zurück und sagten: ›Das können wir nicht, diese Schönheiten vertreiben.‹ Mein Bruder antwortete: ›Das will ich doch sehen, ob man es nicht kann.‹ Er ging hinein, erstarrte ehrfürchtig und berichtete seinem Chef, dem Unteroffizier: ›Bei Allah, so schöne Frauen habe ich noch nicht gesehen. Ich kann sie nicht wegjagen.‹

Der Unteroffizier brüllte sie an: ›Soldaten, die sich vor zwei Frauen fürchten, wo gibt es so was?‹ und eilte selbst hin. Sah die beiden lange an. Von oben nach unten und umgekehrt. Dann sagte er nur: ›Entschuldigung für die Störung‹, und ging wieder. Seither blieben sie im Lager und konnten dort weiterleben.«

Ich weiß nicht, was jetzt mehr schmerzt: Rücken, Hintern, Schulter oder alles zusammen. Der Mond ist schwach geworden wie eine trübe 15-Watt-Birne. Die Sterne leuchten matt unter einer dünnen Wolkendecke. Die Kälte kriecht unerbittlich in die Kleider. Der Anorak liegt unerreichbar verschnürt auf einem anderen Kamel. Meine Füße sind wie Eisklumpen. Ich wickle sie in das Ende des Kopftuches – ohne großen Erfolg. Auch die anderen schaukeln jetzt durch die Nacht, selbst Jakuba ist verstummt. Es gibt nichts mehr, was mich ablenkt. Nach einer Stunde halte ich es nicht mehr aus, springe vom Kamel – klamm am ganzen Körper.

Es ist, als ob ich aus zehn Metern Höhe auf Beton falle. Meine Beine sind gefühllos, ich stürze vornüber in den Sand; raffe mich mühsam auf, torkle die erste Zeit wie ein Betrunkener, bis sich die verspannten Muskeln langsam lockern.

Jetzt könnte ich wieder stundenlang weitergehen: ein schmerzloses Stadium der Gleichgültigkeit. Das Gehirn auf Sparflamme, wie eingefroren. Automatisch einen Fuß vor den anderen setzen. Nur ich und die Ziege laufen über die Sandrippen. Sie verschwendet keine Kraft mehr mit ängstlichem Meckern, hat die Scheu verloren. Ich spüre ihre weiche, warme Schnauze, gebe ihr eine Dattel, die sie samt Kern krachend zerbeißt.

Die Männer sitzen ruhig auf ihren Tieren. Ich frage mich, wie sie es aushalten mit ihren nackten Füßen, in den dünnen Baumwollhemden. Das Aïr war nur ein Spaziergang. Jetzt weiß ich, was Khada meinte, als er sagte: »Die Karawane ist wie der Krieg. Es gibt kein Zurück. Immer nur weiter, weiter. «

Ich denke an Bilma, unser fernes Ziel und schwelge in Erinnerungen. Ich stelle mir den Palmenhain vor, der jetzt schon paradiesische Züge annimmt. Dabei ist Bilma ein armseliger Ort in der Ténéré. Ob es dort jetzt noch Orangen gibt, Zitronen, Salat? Sicherlich auch Eier. Mein Magen meldet sich mit schmerzhafter Leere.

»Arat.«

Khada gleitet wie eine Katze vom Kamel, die anderen folgen. Arat, das heißt »fertigmachen, bereit sein«. Wir gehen und gehen und gehen weiter, und dann halten wir plötzlich. Ich kann es nicht fassen. Wir halten, nachdem wir eine Woche gegangen sind, oder einen Monat.

Mir ist schwindlig. Es scheint, als würden die Sandrippen unter mir noch weiterlaufen. Zitternd sacke ich wie nach einem K.-o.-Schlag zu Boden, fühle mich elend, einsam, schwach. Wenn mir das nach dem ersten Tag schon passiert, wie soll ich dann noch drei Wochen überstehen?

Die Wut auf meine Schwäche gibt mir Kraft. Es geht wieder, und es wird weitergehen. In diesen wenigen Minuten hat sich der leere Fleck Wüste in ein Lager verwandelt – in einen Ort der Rast, der Ruhe. Schon lodern Feuer, der Duft einer angebratenen halben Zwiebel steigt mir betörend in die Nase.

Ich löse die spröden Stricke, mit denen Rucksack und grüner Packsack zusammengebunden sind. Das Weitere ist schon eingefahrene Routine: Die blaue Kühlbox mit meinen Farbfilmen aus dem unteren Teil des Rucksacks ziehen und öffnen, damit die Nachtkälte reinkommt. Die kühle Luft hält sich dann tagsüber noch eine ganze Zeit. Meinen Schlafsack rausholen und die Isoliermatte. Das kleine Kopfkissen auch. Zahnbürste? Heute nicht. Milchpulver aus dem Seesack für morgen früh? Wir werden keine Zeit haben. Aber zwei Müsli-Riegel lege ich mir für morgen bereit. »Zum Knabbern für den kleinen Hunger zwischendurch« steht drauf. Ich muß lachen.

Der große Hunger ist schon lange vorbei, als ich mit Khada, Efes und Arali um die Schüssel mit Weizengrieß sitze. Efes scheint heute Nacht seinen Geschwindigkeitsrekord im schnellen Essen brechen zu wollen. Aber zum Schluß läßt er mir als Langsamstem noch was drin. Es gibt keinen Tee. Es ist kalt. Es ist ein Uhr morgens.

Ich werde morgen Muskelkater haben, denke ich beim Schließen des Schlafsacks. Dann bin ich eingeschlafen. Ohne Übergang. Der Schlaf kommt wie eine Ohnmacht.

Sechs Uhr morgens. Die anderen sind schon auf, wie immer. Kälte. Müdigkeit. Ich krabble aus der warmen Hülle, auf Schlimmes gefaßt. Nichts passiert. Vorsichtig strecke ich meinen Rücken, gehe erst langsam, dann schneller – so zur Probe: kein Muskelkater. Mein Lauftraining zu Hause war doch nicht vergeblich. Der zweite Tag von mindestens zweimal sieben Tagen in absoluter Wüste hat begonnen. Trotz der Freude, daß nichts schmerzt, scheint es ein schlechter Tag zu werden.

Khada sitzt zitternd am Feuer: Malaria.

Die ganze Nacht hat er nicht geschlafen, wirkt eingefallen, klappert trotz zwei umgehängter Decken mit den Zähnen. »Warum hast du nichts gesagt und mich nicht geweckt, damit ich dir Medikamente gebe«, frage ich ihn vorwurfsvoll.

»Ich habe auch sonst kein *amalgan,* und es ist immer so vorbeigegangen«, erwidert er trotzig. Ich krame sechs Resochin und drei Aspirin aus meiner Reise-Apotheke, er schluckt sie widerwillig, dirigiert dann von den Resten des Feuers aus das Beladen der Kamele. Depressiv stimmt auch das Wetter. Schon acht Uhr, aber keine leuchtend rote Sonne steigt in einen transparenten Himmel: eine dichte, graue Wolkendecke lastet über dieser erstarrten, leeren Welt. Der Inselberg Adrar Madet scheint weiter denn je. Ich frage mich besorgt, was aus unserer Karawane wird, wenn der *madugu* krank ist.

Aktivität gegen zu viel Gedanken. Nicht pessimistisch werden, nicht jetzt schon. Sorgen umwandeln in Zuversicht und Mut. Helfen beim Aufladen: Das harte *alemos* schneidet in die Haut wie Glassplitter. Eines der jüngeren Kamele weigert sich noch immer mit Treten und Beißen gegen die Arbeitsfron. Efes zieht an den empfindlichen Nüstern, greift mit der anderen die Unterlippe, biegt den Kopf nach hinten. Der Hals gibt nach, das Kamel fällt auf die Seite, strampelt mit den Beinen, grünlich Halbverdautes kommt säuerlich stinkend aus dem Maul. Ich packe eines der Beine, lege das Seil als »Fußbremse« an. Wir beladen auch dieses Tier.

Ein Stück blaues Tuch als Höckerschutz, dann kommen die Ledersäcke mit Ziegenkot zur Polsterung. Wir wuchten zwei große Mattenbündel heran, Packmaterial für das Bilma-Salz. Jeder drückt sein schweres Paket aus der Hüfte in Höhe des Höckers, Efes verbindet die Strickschlaufen mit zwei Rundhölzern, tariert das Gepäck.

Hatte ich am Anfang die Männer nur behindert, so kann ich jetzt helfen. Khada ruft fröhlich: »Du wirst sehen, das Salz wird viel schwerer sein. Schwerer als die Matten, noch schwerer als das *alemos*.« Wahrscheinlich hat das Kopfschmerzmittel schon gewirkt. Ich führe die gepackten Kamele nach vorn, bleibe zitternd vor Kälte beim Leittier stehen, damit es sich nicht von allein in Bewegung setzt.

»Paß auf die Kamele *imenas* auf, sie laufen sonst ins Aïr zurück«, hat mir Khada eingeschärft. Noch herrscht hektische Aufbruchsstimmung im Lager. Als wir zugleich mit Ibrahim, Tanko und Bela fertig sind, muß Jakuba mit seinen beiden Helfern noch immer Kamele beladen. »Er braucht zu lange«, kritisiert Khada, »er war viele Jahre nicht mehr in Bilma.«

Es ist fast neun Uhr, als wir loskommen.

Jakuba summt ein Lied und stapft wieder mit großen Schritten durch den Sand. Seine schwarzen Plastikschuhe sind mit hellgrünen und blauen Reststückchen geflickt. Das faltenreiche, dunkelblaue Übergewand wirkt zusammen mit dem gegürteten Schwert wie die Toga eines vornehmen Römers. Für mich heißt er jetzt der »Römer«. Arali nennt ihn *griot* – Geschichtenerzähler.

Was für eine wunderbare Gemeinschaft denke ich, als sich mittags die Sonne stechend durch die letzten Wolken brennt; auch Arali könnte jetzt mein Freund sein. Er geht vorn neben Khada. Eben hat Efes wieder die Zementsauce ausgeteilt. Soviel wie möglich schütte ich davon in mich hinein, bis wieder der Brechreiz kommt. Vorher haben wir im Gehen hastig Reis aus dem berußten Topf heruntergeschlungen. Nun wird es bis Mitternacht nichts mehr geben. Ich denke an die beiden griffbereiten Müsli-Riegel für heute. Den ersten später zum Tee. Den zweiten nachts, wenn der Hunger wieder kommt.

Khada schwingt sich auf sein Kamel. Ich folge seinem Beispiel. Während mein Riesenbulle die ungeschickte Kletterei auf Hals und Höcker blubbernd maulend über sich ergehen läßt, vollführt Khadas Stute jedesmal einen wahren Veitstanz. Sie tritt aus, dreht sich um ihre eigene Achse, bäumt sich auf, versucht wieder zurück ins Aïr zu laufen – und der hinten angehängte Bulle, kaum hat er meine Kletterkünste ertragen, muß durch den Maulstrick hinterher; Khada drischt mit der Rute auf sein Tier ein, und die Unruhe setzt sich wellenförmig durch die ganze Kamelkette fort. Sein Tier ist wunderschön.

Eine hochsensible Kameldame, die während des langen Marsches nie stumpfsinnig-hochmütig nach vorn blickt, sondern auch zu den Seiten hin wittert; mit herrlichen, großen dunkelbraunen Augen. Wenn ich näher gehe, sehe ich darin wie im Fisheye-Objektiv die Ténéré auf 180 Grad.

»Braune Kamele sind zwar schön, aber schwierig«, erklärt mir Arali im Vorbeigehen, »sie sind empfindlich wie Mimosen, schnell beleidigt.« Mir liegt ein böser Vergleich auf der Zunge. Es fällt indes in dieser Umgebung schwer, kleinlich und nachtragend zu sein.

Wir bilden vier Reihen in Keilform. Direkt vor mir sitzt Khada leicht wie eine Feder auf seiner Stute, manchmal die Richtung durch leichtes Klopfen am Kamelhals mit seinem Akazienzweig korrigierend.

Das Etappenziel scheint jetzt greifbar nah: der Inselberg Adrar Madet. Rechts die Kamelreihe der Freunde Ibrahim und Tanko. Ibrahim ist ein Spaßvogel – mit kleinen, schelmischen Falten, die sich beim Lachen bis an die Nasenspitze ziehen. Immer guter Laune, wird jemand wie Ibrahim gerade in schwierigen Zeiten andere aufmuntern und mitreißen können.

Am Inselberg Adrar Madet wird das erste Futtergras-Depot angelegt

Dahinter schaukelt Tanko, ein schüchterner, zerbrechlich wirkender Mann mit feinem Humor. Er ruht in sich und strahlt das aus, lächelt in sich hinein unter seinem schwarzen *tagelmust.*

Seine große Schwester ist Khadas Frau; die beiden Männer waren schon lange befreundet, haben mindestens zehn Reisen zusammen unternommen. Der schmächtige Tanko kann allein von einem leeren Horizont zum anderen reiten, ohne zu zaudern. Er war schon mehrfach in Djado zum Dattelkauf, der verwunschenen Ruinenstadt am Rande des zerklüfteten Plateaus von Djado. Sie trennten sich dann am Brunnen von Achégour, Khada und er. Nach Bilma sind es von dort noch drei Tage. Djado liegt fünf Tage hinter Achégour im Nordosten. Tanko ritt allein weiter, und ich sehe ihn vor mir als einsamen Wanderer, lächelnd auch allein.

Links sitzt der »Römer«. Als einziger der Gruppe ist er mir gegenüber noch mißtrauisch, zieht seinen alten *tagelmust* fast grimmig über Mund und Nase, wenn ich ihn nur anschaue. »Jakuba hat noch nie mit einem Europäer zu tun gehabt und weiß nicht genau, was du auf der Karawane willst«, erklärte mir Arali. »Er fragte: ›Nur um diesen schwarzen Kasten ans Auge zu halten und Bilder von uns zu machen, wird doch kein *kufar* (Weißer) nach Bilma und zurück marschieren!‹ Ich konnte ihn schon davon überzeugen, daß du keine Steuern eintreiben willst. Er versteht einfach noch nicht, warum du hier freiwillig mitgehst.«

Der »Römer«, unser alter vitaler Geschichtenerzähler, hält wohl am stärksten die Karawane zusammen – er macht sich dadurch selbst am meisten Mut, unterhält auch die anderen, wenn sich der Tag endlos hinzieht und abends die Kälte kommt. Jetzt scheint er fest auf seinem Kamel eingeschlafen zu sein, schaukelt auf dem Gepäckberg hin und her. Das Tier bleibt zurück. Mit einem plötzlichen Ruck wird Jakuba wieder wach, holt langsam auf.

Hinten in der Reihe gehen Efes und Ofagym nebeneinander. Efes, der sanfte, verträumte Sohn von Khada, wird wohl nie ein Karawanier. Gegen die Härte seines Vaters wehrt er sich auf seine Weise. Außer kurz geknurrten Anordnungen spricht Khada nicht mit ihm. »Er ist zum zweiten Mal auf der Bilma-Karawane und kann sich nicht die Ladungen der einzelnen Kamele merken«, klagt Khada. Dahinter mag Verweigerung stecken – genau wie bei Ofagym, dem schlaksigen Neffen von Jakuba. »*La caravane n'est pas bon*«, sagt er immer wieder, »nur Arbeit, kein Lohn.« Efes und Ofagym werden zusammenhalten, sich gegenseitig Mut machen. Deshalb habe ich keine Bedenken, daß auch sie es schaffen. Auch nicht beim kleinen, schmalen, jungen Mann, dessen Namen ich nicht kenne, der zweite Begleiter von Jakuba.

Sorgen bereitet mir nur Bela, der Einzelgänger. Auch jetzt reitet er vor seiner kurzen Kamelkette weit von uns, spricht selten mit den anderen, hauptsächlich mit Tanko und Ibrahim. Er strahlt keine Heiterkeit oder innere Kraft wie diese beiden aus, ist manchmal unsicher, weil er bisher nur dreimal in Bilma war. »Wer hier alles allein machen will, wird eines Tages nicht ankommen«, sagte Khada noch gestern Abend, als Bela sich ohne Erklärung seinen Hirsebrei selbst kochte.

Bleiben noch die Tiere, von denen alle abhängig sind. Nach der langen Winterweide im Süden wirken sie gut genährt und gesund, marschieren stoisch und unbeirrt in ihrem stelzigen Gang nach Osten. Unsere langen Tagesetappen werden von ihnen vorgegeben. Engpaß ist nicht das Wasser – Kamele speichern problemlos Wasser für eine Woche in ihrem Gewebe. Die Eile wird dagegen vom Futter diktiert. Die Kamele fressen unterwegs nur das, was sie an *alemos* neben dem unerläßlichen Gepäck tragen können. Das ist nicht allzu viel. Deshalb gibt es unterwegs keinen Halt: Würden die Männer bei der begrenzten Futtermenge nur einen, zwei Tage länger brauchen, riskierten sie den Zusammenbruch einiger Tiere. Denn Kamele jammern und klagen nicht, auch wenn sie wirklich Grund dazu hätten. Sie klappen irgendwann zusammen und stehen nie mehr auf.

Die unermüdlich mitlaufende Ziege meckert wie triumphierend, als wir Adrar Madet erreichen, den schwarzen Trümmerberg. Auf mindestens fünf Kilometer schätze ich seine Länge. Er gleicht einem Unterseeboot, das aus den Weiten der Ténéré aufgetaucht ist. Eben war der harte Sandboden noch glatt wie frisch getrockneter Beton, jetzt wird er weich. Der Sand ist durchsetzt mit dunkelbraunen Steinen.

Jede unserer Gruppen deponiert hier zwei *alemos*-Bündel für die letzte Etappe des Rückwegs. Verstreut liegt hinten schon *alemos* anderer Karawanen, die jetzt vor uns sind. Bis Bilma werden wir noch weitere Depots anlegen. Diese Stationen stehen in Relation zu unseren Tagesreisen, der Gesamtentfernung und dem Futterbedarf der Kamele. Ein ausgeklügeltes System, seit Generationen erprobt.

Wir halten kaum am Adrar Madet. Die schweren Bündel werden dem sitzenden Kamel nach hinten abgestreift, während sich der Karawanenzug schon wieder in Bewegung setzt. Ich finde eine spiralförmige, gut erhaltene Muschel, ein paar Schritte weiter kleine Scherben uralter Töpferei: Grüße aus der Jungsteinzeit, dem »Ténérien«.

Vor etwa 3000 Jahren begannen Gewässer hier endgültig auszutrocknen, die Zeit der grün bewachsenen Ténéré mit ihren schweifenden Viehzüchtern war vorbei. Seßhafte Ackerbauern siedelten nun am Rand der Steppe.

Während ich über die trocken klirrenden Steine laufe, meine Funde in der Hand, entsteht vor mir das Bild eines steinzeitlichen Dorfes, das hier an einem schilfbestandenen See gelegen haben mag. Frauen zermahlten wildes Getreide auf Reibsteinen, während die Männer mit Speeren auf die Jagd gingen, deren Spitzen aus harten Hämatiten oder grünlich schimmerndem Jaspis geschlagen waren. Sie kehrten mit einer Antilope heim, die sie mit Faustkeilen zerlegten. Kinder fingen Fische im See, an dem große Zedern und Zypressen standen.

Kurz vor Sonnenuntergang: »Tea time«. Und mind. weitere fünf Stunden Gehen.

Das war vor ungefähr 6000 Jahren. Eine kurze Zeit, noch nicht mal eine Sekunde der Erdgeschichte. Tausend Jahre später mußten vermutlich auch die letzten Dörfer in der Ténéré aufgegeben werden. Die mächtigen Bäume vertrockneten, nur noch Akazien hielten der Dürre stand. Als Rom 146 vor Christus Karthago zerstörte und sich auf nordafrikanischem Boden festsetzte, war die Ténéré schon größtenteils zur Wüste geworden.

Geschichte liegt hier greifbar im Sand: Skelette von Fischen, Faustkeile, Pfeilspitzen, Reibschalen und Tonscherben mit symmetrischen Verzierungen.

Auch Jakuba ist zurückgeblieben, eines seiner Kamele hat gescheut und alles Gepäck abgeworfen. Ich helfe ihm beim Aufladen – Ofagym in seinem weißen, geblümten Kittel aus dem Stoff für Nachthemden ist weitergeschlurft, ohne etwas zu bemerken. Jakuba schiebt seinen Schleier ins Gesicht. Wir beladen schweigend sein Kamel, gehen dann im Eiltempo der Karawane hinterher. Sein Mißtrauen scheint sich gelegt zu haben. Er stiefelt voran, zieht sogar den *tagelmust* herunter, zupft an seinem grauen Vollbart, den ich jetzt zum ersten Mal sehe. »*Tauscher* – alt!«, lacht dröhnend beim Weitermarsch. »*Tekle neka Balma* – wir gehen nach Bilma«, sage ich in Ermangelung eines größeren Wortschatzes, und wir lachen beide. Das Eis ist gebrochen, sein Mißtrauen gewichen.

Ich habe noch nie so oft und herzlich gelacht wie in den letzten zwei Wochen, denke ich, und: zu Hause haben wir einen verdammt teuren Preis für unseren sogenannten Fortschritt gezahlt.

Die letzte Deckung einer steingefüllten Bodenwelle nütze ich zum Toilettengang. So praktisch meine weite Tuareg-Hose beim Laufen und Reiten ist, so sehr erschwert sie dringende Geschäfte: Es gibt keinen Hosenschlitz. Also die Kordel aufpulen, hinhocken. Auf die Windrichtung achten. Die gleiche Prozedur rückwärts und im Laufschritt die Karawane einholen.

Vor mir liegt die Ténéré. Es verschlägt mir den Atem. Keine geschwungenen Berglinien mehr als Trost für das Auge. Da ist nichts, nur eine grenzenlose Ebene. Am Horizont tanzen Dünen in flüssiger Luft; grellweiß, wie Häuser einer fernen Stadt. Dort im Osten gibt es auch keine Wolken mehr, der Himmel ist von stählerner Bläue. Ich beginne zu verstehen, was Khada mit der »richtigen« Ténéré meint, die hinter dem Adrar Madet beginnt.

Zum ersten Mal blicke ich heute zurück. Das Aïr ist nur noch als winzig schmaler Streifen zu erkennen, die Ebene wirkt wie ein Meer. Das Wasser scheint sich vor uns zu teilen wie einst bei Moses, als er die Kinder Israels ins Gelobte Land führte.

Faszination des Gehens durch die Leere. Gehen über Sand. Denken an Otl Aicher, sein Gehen in der Wüste: »*die wüste ist so rein wie wasser. und ebenso karg im aufwand. sie lenkt nicht ab. wie man im wasser schwimmt, muß man in der wüste gehen. gehen ist ohnehin eine animierende bewegung. der kopf beginnt ebenso munter zu werden wie die beine. wer geht, löst seine phantasie aus, seine vorstellungskraft, und läßt das denken von der kette los ... wer so geht, hat auch keinen besitz mehr. besitz zwingt zur seßhaftigkeit. man muß dableiben. und weil einem in der wüste nichts gehört, gehört einem alles*«.

Khada scheint sich von seinem Malariaanfall schon erholt zu haben. Er will die Lasten der Kamele beim Gehen überprüfen, gibt mir schmunzelnd den Strick seines Leitkamels: »Da, nimm, jetzt bist du der *madugu.*« Die Einsamkeit des Karawanenführers. Blickfeld, Gefühle, die ganze Welt ändert sich mit den paar Schritten nach vorn. Jetzt sehe ich nicht mehr Khada und sein Kamel vor mir. Da ist nur noch Gelb und Blau, ein Strich zwischen beiden Farben, sonst nichts. Es ist schwer, ohne Richtpunkte genau nach Osten weiterzugehen. Ich will mich nicht blamieren.

Die harten Sandrippen, auf denen wir nun wieder gehen, müssen diagonal weiterlaufen. Aber das allein gibt noch nicht genau die Richtung Osten. Unendlich weit vor mir entdecke ich einen flimmernden Felsen – vielleicht ist es nur ein Stein in heißer Luft – und halte darauf zu. Ich denke nichts Bestimmtes, entwickle hier in der Wüste keine neuen Philosophien für mich oder für die Welt, fühle mich nur entschlackt und frei.

Der flimmernde Fels ist nun durch eine kaum merkliche Bodenwelle verschwunden. Also kein Richtpunkt mehr. Khada arbeitet in diesem Fall mit Instinkt; der fehlt mir. Ich schaue weit nach Osten, entdecke eine winzige Wolke, die dort wie ein Freiluftballon zu stehen scheint: eine neue Orientierungsmöglichkeit. Zwischendurch immer die Sandrippen kontrolliert: die laufen noch diagonal. Die kleine Wolke driftet unmerklich nach rechts ab, das kalkuliere ich mit ein.

Khada kommt erst nach einer Stunde, zusammen mit Arali. Sie gratulieren mir: »Du bist ein wirklicher *madugu,* kein Stück kamst du vom Weg ab!«

»Und Gerd Spittler? War der auch ein guter *madugu?*«, frage ich Khada. Er lacht: »Kedd (Gerd) ging immer nach links oder rechts. Er schaute zu viel auf den Boden. Du mußt weit nach vorn schauen, um nach Bilma zu kommen.«

»Aber da ist doch nichts zu sehen«, wende ich ein (und erwähne weder Felsbrocken noch Wolke).

»Doch. Dort liegt Bilma, das sieht man ja«, sagt Khada verschmitzt. Und er sticht mit ausgestrecktem Arm nach vorn, viermal nach links, Mitte links, in die Mitte und weiter rechts in die Leere:

»Da ist Djado. Und da Séguidine. Da ist Arrigui. Und da Bilma.«

»Was denkst du, Khada, wenn du Tag für Tag allein vor der Karawane gehst?«

»Was ich denke? Nichts.«

Die Zeit bis zum Abend vergeht wieder schnell. Keine Schmerzen beim vielen Gehen, keine Duckstellen beim Reiten. Wie eine Armada flotter Schiffe segeln wir über den Ozean. Irgendwann verschwindet der Berg hinter uns in der Finsternis, ist jetzt schon fern. Unsere Karawane verdichtet sich zur körnigen Silhouette. Das Bild gleicht einer Tageslichtaufnahme mit dunklem Filter, bis auch die letzten Farben verschwunden sind und wir auf schwarzem, grundlosen Wasser zu schwimmen scheinen.

Gegen die Kälte habe ich jetzt Anorak und Pullover griffbereit im Rucksack auf dem Kamel. Dann der zweite Müsli-Riegel, während einer langen Stunde genußvoll gegessen. Hinauf auf das Kamel. Müdigkeit und Kälte. Also wieder runter und laufen, gehen, gehen.

Noch immer sind kaum Sterne zu sehen, ist der Himmel mit einer Wolkendecke abgeriegelt. Selbst der Mond hat nur selten eine Chance. Gehen in tiefschwarzer Nacht.

23 Uhr. Wir halten. Ich frage mich, wie Khada in dieser Finsternis die genaue Richtung beibehalten hat. Er ist übermüdet, entkräftet nach seiner Malaria und der schlaflosen Nacht. Schon flackern die drei Feuer unserer Gruppen. Efes dirigiert unsere Kamele zum Halbkreis, gibt ihnen *alemos*. Arali kocht flink und routiniert: Er schneidet eine Zwiebel auf, gießt etwas Öl in den gußeisernen Topf, zerreibt getrockneten roten Pfeffer und Tomaten, löscht es mit Wasser ab, gibt Weizengrieß hinzu. Der Duft ist verführerischer als jeder Braten.

Ich helfe Arali, den kochenden heißen Grieß durch Wedeln mit einem geflochtenen Untersatz abzukühlen. Efes wartet schon auf seinen Einsatz mit gezücktem Löffel. Meine Chancen für einen halbwegs vollen Bauch steigen, wenn der Couscous nicht mehr so heiß ist. Ich verbrenne mir trotzdem den Mund beim Versuch, mit Efes mitzuhalten. Dennoch werde ich heute satt: Khada nimmt nur ein paar Löffel, rollt sich wortlos in seine Decke.

Efes stampft Hirse für Zementsauce und Hirsebrei am Morgen, als ich in den Schlafsack krieche. Der Boden scheint bei jedem Schlag zu beben. Doch selbst eine Motorsäge würde mich jetzt nicht am Einschlafen hindern.

Arali weckt mich, als es noch dunkel ist: fünf Uhr dreißig. Dabei sind die anderen schon seit über einer Stunde auf, der Hirsebrei für unser zweites Frühstück während des Gehens ist fertig, mein Tee steht am Feuer. »Wir werden ab jetzt einen ständigen Begleiter haben: *la fatigue*«, sagt Arali. *La fatigue,* die Müdigkeit.

Um sieben sind wir weitergezogen. Am späten Vormittag erst kommt Leben in unsere Gruppe: da ist ein merkwürdiger Strich vor uns am Horizont. Ein paar Flecken mit frischem Gras. Sogar *abora*-Pflanzen mit winzigen gelben Blüten sind aus dem Sand gewachsen. Regenwolken haben sich bis hierher verirrt; jahrelang wurden die Samen im Sand von der Sonne gebacken, fast über Nacht bildete sich hier Leben. Auch für die Kel Ewey ist Gras an dieser Stelle ein seltenes Phänomen: Symbol für Lebenskraft trotz des schon gesprochenen Todesurteils.

Später fliegt ein Vogel tief an der Karawane vorbei, begleitet uns eine Weile – rostrot und hellgrau das Gefieder. Er fliegt nach Norden weiter, in den Tod. Schon zwei Vogel-Mumien habe ich im Sand liegen sehen, verirrt aus dem Himmel gefallen, die Krallen nach oben gestreckt. Links von uns eine breite Luftspiegelung am Horizont. Wie ein gewaltiger, silbern majestätisch strömender Fluß sieht es aus. Die heiße Luft hält uns zum Narren.

Später vorne ein Berg. Beim Näherkommen schrumpft das vermeintliche Felsmassiv zum Kieselstein. Luftspiegelungen sind gefährlich. Wüstenreisende werden mit Wasser, Palmen und Oasen geneckt. Wer sich darauf eingelassen hat, kam meist nicht mehr zurück.

Die Sahara wurde schon vieltausendmal in Gedichten, Büchern und Filmen romantisiert, auf Hochglanz in handliches Format gebracht. Die Wirklichkeit sieht anders aus. Schreiber dichteten ihre Lobgesänge im sicheren heimischen Zimmer, weit entfernt von Staub, Durst und Gefahr. Fotografen und Filmer fingen begeistert Ästhetik und Farbnuancen ein. Für die Tuareg dagegen hat die Durchquerung der Ténéré, des »Landes da draußen«, nichts Romantisches.

Unsere Karawane ist mehr Flucht als Handelsreise – ein Gewaltmarsch gegen täglich geringer werdende Futtervorräte. Die Bewunderung schöner Dünen oder prächtiger Sonnenuntergänge können sich die Tuareg nicht leisten. Das macht den Luxus einer touristischen Reise und auch deren Selbsttäuschung aus: Im rollenden Käfig durch die Wüste, mit Produkten unserer Zivilisation als Krücken, mitgenommener Enge gegen Angst vor zu viel Weite. Geländefahrzeuge täuschen eine Sicherheit vor, die nicht existiert. Jedes Jahr verdursten Touristen in der Wüste, aber kein Tuareg. Vittorio erzählte mir in Agadez vom Drama, das sich Anfang des Jahres in der Ténéré abgespielt hatte:

Die Frau des Präfekten wollte mit ihren vier Kindern zum Heimatort Bilma und wartete auf eine günstige Gelegenheit. Alles schien ideal und aufs beste gesichert: mit Militärs aus Bilma fuhr die Gruppe schließlich in zwei Toyotas und einem Lastwagen. Mitten in der Ténéré gab es einen Sandsturm, der Lkw kam außer Sicht, fand die anderen Fahrzeuge nicht mehr. Nach einigen Runden im Staubnebel wartete der Lkw-Fahrer drei Tage, bis sich der Sturm legte und fuhr weiter nach Bilma – die anderen, das wußte er, hatten ausreichend Benzin und Werkzeug, die Fahrer kannten den Weg. Aber denen fehlte das Wichtigste: Wasser. Man hatte versäumt, die zehn Zwanzig-Liter-Kanister auf alle drei Fahrzeuge zu verteilen.

Als nach weiteren zwei Tagen noch keiner in Bilma war, begann das Militär mit einer Suchaktion. Sie fanden die Frau neben ihren vier Kindern – alle verdurstet. Drei weitere Leichen lagen am zweiten Fahrzeug. Nochmals zwei Tote entdeckten die Soldaten einige Kilometer weiter mit einem Wasserkanister – sie hatten sich in Todesangst vom Fahrzeug entfernt.

Gescheckt, oft blind und halb taub, aber zäh: Lastkamel der Karawane

In der Wüste, heißt eine alte Sahara-Regel, macht man einen Fehler nur einmal. Daß ein solch einschneidender Fauxpas gerade erfahrenen Einheimischen passierte, zeigt nur die Gefährlichkeit der Illusion, man könne nichts mehr falsch machen. Wer noch einmal davongekommen ist, wird die Qualen nie mehr vergessen. Im Sommer dauert es kaum zwei Tage bis zum Tod.

Der Pilot und Schriftsteller St. Exupery beschrieb seinen nahenden Verdurstungstod in »Wind, Sand und Sterne«, kurz bevor ihn ein Beduine fand:

»Wir dürfen nicht mehr schwitzen ... der Wind mit seiner verlogenen Liebkosung kommt aus der Wüste. Unser Blut verdunstet! Für Nahrung haben wir keinen Speichel mehr. Der Durst ist allmächtig, eher noch die Folgen des Durstes: die harte Kehle, die Zunge aus Gips, das Rasseln im Schlund und ein ekliger Ge-

schmack im Mund. Ich bin schon eins mit der Wüste. Ich bringe keinen Speichel mehr hervor und auch keine Bilder, nach denen ich mich sehnen könnte. Die Sonne hat den Quell der Tränen ausgetrocknet«.

Es fällt mir schwer, dieses gelbe Nichts auszufüllen. Seit Kindheit sind wir gewohnt, immer wechselnde Bilder vor Augen zu haben. Hier fällt der Blick einfach weg, ins Leere. Die Zeit vergeht wie verrinnender Sand. Wir brauchen hier keine Krücken, sie zu messen und zu strecken, sie aufzuhalten.

Es gibt keine Trugbilder, keine Illusionen, keinen Platz für Selbstbetrug. Deshalb haben so viele vor der Wüste Angst. Die Wüste: das kann auch Urlaub ohne Abwechslung sein, ein ungewollt offenes Gespräch, eine Wiese am See, und nur du allein.

Hunger und Müdigkeit stellen sich ein. Ich greife hinter mich ins Gepäck nach einem Müsliriegel, lutsche zwei Koffein-Tabletten, werde munterer. Nur dem helfen Pillen, der an sie glaubt. Freie Gedanken in freier Landschaft, das Denken von der Leine lassen? Es läuft im Kreis in der Mittagshitze. Auch die Phantasie ist eingetrocknet. Meine Augen sehen nur das, was ist: die Karawane, Kamelbeine, Kamelköpfe, Sandrippen, und immer wieder Sandrippen. Khadas Strohhut vor mir auf seinem hellbraunen Kamel, drei letzte Fliegen auf seinem hellblauen Gewand, das links halb heruntergerutscht ist und eine knöcherne Schulter zeigt. Einziges Geräusch ist das Scheuern der Stricke und das Schlurfen von 200 Kamelbeinen. Eine Fliege dröhnt wie ein Kampfflugzeug in dieser absoluten Stille.

Es wird mir auf dem harten Höcker wieder unbequem. Durch den Paßgang des Kamels wird man gnadenlos durchgeschüttelt. Ich bin zu träge zum Absteigen, schaukle im Halbschlaf vor mich hin, reiße mich wieder hoch, wenn ich einzuschlafen drohe. Ich erinnere mich, daß Zoologie-Altmeister Alfred Brehm schon 1847 über das Reiten auf Kamelen schrieb:

»Es würde eine wahre Qual sein, wenn man tagelang auf einem Kamel reiten sollte. Denn da dieses Tier nicht wie andere Säugetiere den rechten Vorder- und den linken Hinterfuß, sondern beide Beine einer Seite zugleich fortbewegt, entsteht eine *schaukelnde Rückenbewegung, welche der Reiter mit dem Gestenspiele chinesischer Pagoden getreulich nachmachen muß. Der Schritt eines beladenen Kamels ist dem eines guten Fußgängers gleich; man würde also täglich zwölf Stunden lang zu unfreiwilligen Verbeugungen gezwungen sein«.*

Ich springe wieder ab und gehe über den grellen Sand. Wie elegant doch Kamelfüße sind. Die suppentellergroßen, weichgepolsterten Sohlen setzen fast tastend auf, federn im knorpeligen Gelenk nach, heben schmiegsam wieder ab, fast schwerelos wie die Füße einer Ballerina.

Nur die Spuren sind etwas anders: groß und rund, vorn mit zwei Eindrücken der krallenartigen Hufe. Der Nomade versteht diese Zeichen zu deuten. Er kann daraus lesen, ob das Tier alt oder jung ist, schwer oder leicht beladen, ob es normal gegangen ist oder schnell trabte.

Links von meinem Kamel schiebt sich der weiß-grau gescheckte Kopf des dahintergehenden Tieres langsam hervor. Er liebt es, seinen kantigen Schädel an den Matten vorn zu scheuern. Pech für ihn, daß mein Tier kein *alemos* schleppt. Zu gern naschen sie an der Ladung des Vorgängers. Passiert das öfter, springt einer der Männer ab, zieht etwas Stroh heraus und steckt es dem brüllenden Kamel zwischen Zunge und Maulstrick. Die Zunge ist fixiert, das Naschen hat ein Ende.

»Echte« Kamele sind zweihöckrig; es existieren noch 1,5 Millionen Exemplare, vor allem in China und der Sowjetunion. Hier bezeichne ich das einhöckrige Dromedar als Kamel, wie es allgemein üblich ist. Davon gibt es zehnmal mehr als ihre asiatischen Vettern – 15 Millionen, Tendenz langsam steigend; fast sechs Millionen allein in Somalia, am »Horn von Afrika«.

Auch das Dromedar stammt aus Asien. In Ägypten ist es schon lange zu Hause, wird bereits im Buch Mose erwähnt. Erst durch die zunehmende Austrocknung der Sahara fand das hochbeinige, genügsame Wüstentier ab dem 3. Jahrhundert weitere Verbreitung. Ohne Kamele wäre der transsaharische Handel ebenso wenig möglich gewesen wie die Erforschung Afrikas durch Männer wie Barth, Rohlfs und Nachtigal im 19. Jahrhundert. Die

Tuareg sind berühmt für die Kamelzucht. Ein besonders schönes, möglichst weißes Reittier zu besitzen, steigert auch noch heute das Ansehen. Es gibt Lieder für Kamele, und wenn jemand seine Geliebte mit einem schönen Kamel vergleicht, kann es kein höheres Lob geben.

»*Was braucht der Edle? Ein weißes Kamel, einen roten Sattel, und die Liebe einer Frau*«.

Kamele sind ein Wunder »angepaßter Technologie«. Sie können eine Woche ohne Wasser auskommen; monatelang brauchen sie gar nicht zu saufen, wenn sie auf frischer Weide sind. Nach langem Wüstenmarsch ausgedörrt, schlürfen sie in einem Zug mindestens 120 Liter Wasser – soviel wie fünf halbverdurstete Pferde.

Ihr massiger Körper enthält ein ausgeklügeltes »Wasserverwertungssystem«. Kaum etwas des kostbaren Stoffes geht verloren: der Urin ist spärlich und harzig, in den Nüstern befindet sich ein Filter, der die Feuchtigkeit der ausgeatmeten Luft zurückhält. Die Körpertemperatur verringert sich bei Nacht, dadurch heizt sich das Tier tagsüber weniger schnell auf. Bei Wassermangel verdickt sich nicht das Blut wie bei anderen Säugetieren. Die Flüssigkeit ist nicht – wie lange angenommen – im Magen oder einem Wasserspeicher, sondern gleichmäßig im Körpergewebe verteilt; die roten Blutkörperchen können sich auf das Zweihundertvierzigfache ihres Normalvolumens ausdehnen. Selbst mit Meerwasser könnten Kamele getränkt werden – ihre Nieren verkraften bis zu sechs Prozent Natriumchlorid.

Das blasierte, weich wirkende Maul ist in Wirklichkeit gut gepanzert: Im Aïr konnte ich schaudernd beobachten, wie die Tiere Akazienzweige mit zentimeterlangen, nadelspitzen Dornen mampften. »*Es scheint, daß die Natur dem Kameltiere zwei Magen gegeben, weil es Disteln und Dornen frißt; daher auch das inwendige Fell des Maules sowohl als des Magens ganz rauh zu sein pflegt*«, wußte schon anno 1668 der Niederländer Olfert Dapper – aber er irrte sich. Bei so viel genialer Funktionalität konnte für klassische Schönheit nicht mehr viel übrigbleiben – die Tuareg sehen das anders. Die Beine sind viel zu dünn für den

Körper und wirken wie langgezogene Froschschenkel; besonders die Hinterläufe staken steif und skurril, wirken vollends lächerlich beim Laufen – dann schlagen sie komisch nach beiden Seiten aus. Auf dem langen Hals sitzt der zu kleine Kopf mit winzigen Ohren. Die Augen liegen unter knorpeligen, hervorstehenden Wülsten. Die Zähne sind schief und gelb, der Kiefer bewegt sich knirschend und mahlend, um unablässig wiederzukäuen.

Schön aber sind die Augen: groß, tiefgründig, mit langen Wimpern, um die sie jede Frau beneiden würde.

Kamele sind keine Helden, doch gute Schauspieler. Sie mögen die Berührung des Menschen gewöhnlich nicht, sind schon ängstlich, wenn man die Hand hebt; sie zucken mit dem Kopf am langen Hals zur Seite wie ein Hund, der sich vor Schlägen fürchtet. Beim Aufstehen, sich Zusammenfalten, Aufspringen, Abspringen und vor allem beim Beladen ziehen sie eine bühnenreife Show ab, wie schon Brehm beobachtete:

»Nähert man sich ihm, um aufzusteigen, wird das Wutbrüllen ärgerlicher als zuvor, wechselt mit kläglichen Lauten, als ob die Bestie gespießt wäre, und geht dann in die Töne des unbändigsten Grimms über. Kaum hat man die Fußspitze im Sattel, so springt es, wie von einem bösen Geiste beseelt, mit unglaublicher Schnelligkeit auf und rennt wie rasend davon. Wenn es im Trab gehen soll, dreht es sich um oder läuft einer Mimosenhecke zu, um seinen Reiter da hinein, in die dichtesten, nadelspitzen Dornen zu werfen. Es ist ein Jammer mit solch einer Bestie!«

Alfred Brehm hat sicher ein wenig übertrieben. Vielleicht war er nicht nett zu seinem Kamel. Und edle Reitkamele sind weniger häßlich, um nicht zu sagen hübsch.

Die Sonne scheint nun die ganze Himmelskuppel auszufüllen. Wir sind gefangen wie unter der Glashaube eines gigantischen Grills. Der Sand reflektiert die Hitze in harten, schmerzenden Wellen. Ich flüchte auf mein unablässig schaukelndes Tier, binde noch einen alten Strohhut über meinen *tagelmust,* döse im Halbschlaf. Luftspiegelungen locken wieder mit kühlen Flüssen. Aufgewirbelter Sand tanzt in einem irren Wirbel an uns vorbei.

Zeit und Entfernungen gibt es nicht mehr. Wir ziehen zwischen Realität und Traum dahin, neuen Trugbildern entgegen. Aber Khada, das weiß ich, läßt sich nicht beirren.

Jakubas Gehilfe Ofagym kommt auf mich zugeschlurft:

»C'est pas bon, la caravane – die Karawane ist nicht gut«, beschwert er sich wieder in seinem aufgeschnappten Französisch.

»Warum?«, will ich wissen, »was stört dich am meisten?«

»Warum? Immer nur gehen, kein Schlaf.«

»Aber im Süden ist es doch besser! Die Etappen sind kleiner, es gibt mehr Schlaf und besseres Essen: Fleisch und Gemüse, auch hübsche Mädchen an den vielen Brunnen … »Nein, auch der Süden taugt nichts, c'est pas bon. Weißt du, wie viele Arbeiten auf den Gehilfen warten? Und dann immer die Sorge um das Gepäck, die Kamele. Auch die Hausa, pas bon. Es gibt Diebe. Und wenn etwas gestohlen wurde, wer kriegt die Schuld? Immer der Gehilfe. Und die Mädchen … sie sind häßlich«, sagt er maulend.

Mittlerweile ist die Teestunde gekommen. Wir werfen jetzt hundert Meter lange Schatten, Arali gibt mir ein kleines Glas des belebenden zuckrigen Tees. Khada ist zum Gebet zurückgeblieben, Efes führt die Karawane.

»Ich habe letztes Jahr in Algerien Arbeit gesucht«, nimmt Ofagym den Faden wieder auf, »mein Freund und ich sind mit zwei Kamelen bis Tamanrasset gegangen, drei Wochen lang nur der Hinweg. Es gibt da viele Projekte, und die Regierung hat den algerischen Tuareg, den Kel Ahaggar, schöne Häuser gebaut. Aber wir fanden keine Arbeit. Jetzt muß ich mit meinem Onkel nach Bilma gehen.«

»Glaubst du denn, die Kel Ahaggar sind in ihren engen Häusern glücklich? Die meisten würden sich doch freuen, wenn sie noch auf eine Karawane gehen könnten«, sage ich mit Überzeugung. Die Wirkung bleibt aus.

»La caravane, c'est pas bon«, beharrt er, »wenig Schlaf, und noch weniger Geld. Jakuba verdient, aber ich? Im Süden kann ich mir gerade einen neuen boubou kaufen, das ist alles. Und etwas Hirse für meine Familie, fini.«

Dennoch ist Ofagym eine Ausnahme, denke ich. Der Karawanenhandel ist keine Domäne der »ewig Gestrigen«, sondern hat immer wieder neuen Zulauf von Jüngeren. Junge Leute wie Ofagym, denen die nutzlose Armbanduhr mehr bedeutet als das Kamel, die lieber eine US-Schirmmütze als den *tagelmust* tragen, gibt es auch unter den Kel Ewey. Sie bedeuten jedoch keine Gefahr für den Fortbestand des Karawanenhandels, auch wenn die Alten durch sie pessimistisch geworden sind.

Mittlerweile ist der Mond aufgegangen. »Der Mond ist krank«, sagt Khada, zeigt auf den rötlich-blassen Umriß. Bald verschwindet er ganz. Der Himmel strahlt zum ersten Mal in kristallener Klarheit. In kurzen Abständen verlöschen vor uns zwei Sterne im hellen Lichtschweif. Es funkelt und glitzert, blinkt und leuchtet. Auch ferne Sterne wirken durch die reine Luft seltsam nah. Die Milchstraße versprüht ihr Licht in Wirbeln, Kaskaden und Spiralen. Sie besteht aus 100 Milliarden Sternen. Es gibt 100 Millionen weitere Galaxien. Ich spüre fast körperlich das Dahinrasen im All, unsere Unwichtigkeit. Das Sternenbild Orion steigt weiter nach oben, die Plejaden folgen, Richtpunkte für unseren Weg nach Osten. *Shattahad,* das Einauge, nennen die Tuareg das Siebengestirn. Wenn die Erde sich soweit dreht, bis *shattahad* hoch im Zenit steht, wird Khada »*arat*« rufen, in vielleicht vier Stunden.

Gehen. Ein Satellit zieht seine schmale Leuchtspur quer über den Himmel. Der Mond wird wieder heller. Ich suche nach einer Dattel. Dann passiert etwas Schlimmes. Ich fahre erschreckt zusammen. Eine deutsche Stimme dröhnt hinter mir aus der Dunkelheit. »*Wir senden nun Nachrichten. Bundeskanzler Kohl erklärte bei seinem Truppenbesuch* …« Arali will mir eine Freude bereiten und hat wieder die DEUTSCHE WELLE gefunden. Es ist eine akustische Attacke auf meine Wüstenstimmung. Die Nachrichten zeigen mir, daß ein vollständiges Entkommen nicht möglich

»Und jetzt die Börsenkurse: Thyssen 0,5; Humbold-Deutz 313, 10-1 …« Ich will gerade Arali bitten, die Qual zu beenden, als mich eine Nachricht gefangen hält: »*Der Erdschatten hatte sich zwischen den Trabanten und die Sonne geschoben. Als der Mond genau um 16.55 Uhr in den Kernschatten der Erde getreten war,*

verdunkelte sich der Himmelskörper dann mehr und mehr. Von 18.20 Uhr bis 19.40 Uhr mitteleuropäischer Zeit dauerte die Phase der totalen Verfinsterung. Bei geringfügig besseren Sichtverhältnissen als in Norddeutschland haben die Deutschen südlich der Main-Linie das farbige Schauspiel mit Feldstechern und auch mit dem bloßen Auge verfolgt. Ich wünsche Ihnen, daß Sie keinen Grund haben, Schwarz zu sehen. Einen schönen weiteren Verlauf des Abends und auf Wiederhören«.

Das Radio verstummt. Wir haben also die Erklärung für den alten, kranken Mond. Und zweifelsfrei sind wir südlich der Main-Linie.

Nach dieser Ablenkung und Aufregung spüre ich den Hunger. Ich möchte gern etwas essen, aber komme wieder nicht an meine Vorräte. Jetzt eine der Packungen öffnen, etwas Wasser erhitzen; schon könnte ich Nudeln mit Rahmsauce oder einen Bohnen-Kartoffeltopf essen … wenigstens eine Dose Ölsardinen. Ich habe wieder Furcht vor dem Sprung vom Kamelrücken in die dunkle Tiefe; Angst, mir den Fuß zu verstauchen. Meine Beine sind taub, ich stolpere wie gelähmt weiter. Morgens habe ich nur einen Müsliriegel gegessen, mochte den kalten Hirsebrei mit der Zwiebelsauce nicht. Das rächt sich jetzt. Es war ein Fehler, das Zeug nicht mit dem Holzlöffel reinzustopfen. Meine Vorräte sind da im grünen Packsack, die Karawane müßte nur ein paar Minuten halten … eine Dose Ölsardinen würde ich jetzt essen, ganz langsam. Ich habe nicht die Freiheit, eine armselige Dose Ölsardinen zu essen.

Zum ersten Mal hasse ich die Karawane.

Irgendwann halten wir. Das »Einauge« ist über unseren Köpfen. Die Ölsardinen sind mir nicht mehr aus dem Kopf gegangen. Zusammen mit Arali genieße ich den Doseninhalt wie eine exotische Delikatesse, bin wieder mit allem versöhnt. Liege noch eine Weile da, lasse alles auf mich einwirken. Die meisten Kamele haben ihre Köpfe müde in den Sand gelegt, einigen schauen noch gestohlene *alemos*-Halme vom Vordermann aus dem Maul. Jetzt wird ihnen die magere Tagesration hingeworfen. Sie versuchen sich das Futter gegenseitig wegzuschnappen, ihre langen Hälse tanzen wie Schlangen auf und ab. Mehrmals in der Nacht bekommen sie wieder neue Portionen. Bei einer großen *alemos*-Ration würde es sonst noch mehr Keilerei unter den Kamelen geben. Drei-, viermal müssen die Männer deshalb ihren knappen Schlaf von höchstens fünf Stunden unterbrechen, um neues *alemos* auszulegen – wenn sie nicht ohnehin durch die Kälte aufwachen.

Der enge Lichtkreis unserer Feuer, die ruhig wiederkäuenden Kamele vermitteln die Illusion, als seien wir in einem begrenzten Raum. Sie lassen für eine Weile die Leere um uns vergessen, täuschen Geborgenheit vor. Wenn ich dann abseits von den Kamelen Isoliermatte und Schlafsack ausrolle, scheinen die rötlichen Augen der glimmenden Feuer schon weit entfernt zu sein. Das Sternenlicht ist jetzt nicht mehr schön und romantisch, sondern gnadenlos kalt. Ich fühle mich unendlich einsam und verlassen, hinauskatapultiert ins All. Ausgesetzt auf einem erloschenen Planeten, ohne Aussicht auf Heimkehr.

5 Uhr 45. Der vierte Tag beginnt brutal. Müdigkeit bis ins Mark. In der Dunkelheit taumelnd zum winzigen Feuer, etwas lauwarmen Tee getrunken und zitternd *eralé* gegessen. Erstes Licht dort, wo Bilma liegen muß. Ein roter Streifen dann, der sich schnell vergrößert. Die Sonne kriecht wie eine Blutorange über den Strich zwischen Himmel und Sand. Das Ungeheuer sammelt Kräfte für einen neuen Tag.

Die meisten haben rote Augen vom Schlafmangel, sitzen schon am Vormittag auf ihren Kamelen. Der große Schlafkünstler ist Ofagym. Ich sehe ganz hinten seinen Chinesen-Strohhut hin und her wippen. Aralis Kopf fällt mehrmals zur Seite. Alle kämpfen mit der Müdigkeit. Ich schlafe auch fast ein, denke im Wegdämmern an Liberia, Urwälder, an einen rauschenden Fluß; raffe mich wieder auf. Nur nicht vom Kamel fallen, nicht während des Schlafs in den Sand stürzen, es kann das Ende sein.

Die Sonne ist unser Feind. Aber wir werden auch diesen Tag wieder so lange durchhalten, bis sie von selbst aufgibt. Ich gehe wieder. Fühle mich gleich besser, fast munter. Ich schlafe gut, sammle in den wenigen Stunden unbewußt mehr Kräfte als zu Hause im weichen Federbett. Mein Körper hat sich an den Rhythmus, die einseitige Nahrung und das Wasser gewöhnt. Ich habe keinen Durchfall und keine Blasen – schreckliche Vorstellungen zu Beginn der Reise. In meinen heruntergetretenen Sandalen kann ich wie die Tuareg zehn Stunden täglich, mehr als 40 Kilometer über die Sandrippen schlurfen. Ich trage Socken, weil meine Fußsohlen noch weich sind. Zwei Paar sind schon durchgelaufen. Gut, daß ich vier Paar mit habe, denke ich und beschäftige mich eine Stunde damit, über die Einteilung der letzten unbeschädigten Socken nachzudenken.

Eine Karawane kommt uns aus Bilma entgegen. Wir erhalten aktuelle Marktpreise.

In Abständen kommen wir jetzt an Kalkfeldern vorbei – sie sind taubengrau, schneeweiß und violett, Jahrtausende alte Zeugnisse einer Epoche, in der die Ténéré in weiten Teilen noch mit Wasser bedeckt war, Randgebiet des schrumpfenden Tschad-Meeres. Erst kreuzten wir eine alte Autospur. Jetzt tauchen Balisen der Bilma-Strecke rechts von uns auf; in den Sand getriebene, schwarze Metallstangen im Abstand von jeweils 500 Metern. Sie geben nur die Richtung an, es existiert keine Piste. Manchmal fahren hier zwei Autos pro Woche. Oder auch keins. Obwohl nichts weiter zu sehen ist außer Spuren und Stangen, erscheint es mir fast wie ein Highway, der unsere Ruhe stört.

Durch das blendende, flüssige Licht sehe ich die zitternde Silhouette eines Berges. Dann schwebt er wie ein Pilz in der Luft. Wieder eine Täuschung? »Achégour«, sagt Khada, und zeigt auf das schlierige Etwas.

Wir nähern uns dem Brunnen.

Es ist sengend heiß. Ich warte auf die Hirsesauce. Der Steilabfall, die *falaise* von Achégour scheint noch eine Stunde entfernt zu sein. Ich kann nun deutlich Einzelheiten erkennen: Struktur der flachen Felsen, angelagerte Sanddünen. Die Aussicht, bald dort zu sein, beflügelt mich. Ob es Palmen gibt, Schatten? Mein Hintern schmerzt, ich fürchte, daß er sich wund scheuert. So stapfe ich lieber wieder durch den weichen Sand. Der Wasserbeutel aus Leder hängt längst spröde und hart am Kamel – ausgetrocknet wie meine Kehle. Kein Gehen, nur mühsames Waten im Bodenlosen. Da oben ist keine Sonne mehr, sondern ein brüllendes Ungeheuer, das uns vernichten will.

Efes springt vom Kamel, gießt aus einer der gluckernden Ziegenhäute Wasser in den Ledersack, den er frühmorgens schon mit gestampfter Hirse gefüllt hat. Er schüttet etwas in eine Kalebasse, reicht sie erst seinem Vater, schenkt wieder nach. Ich stapfe ihm entgegen, sehe nur meine verbrannte Nase in dem trüben Gebräu, kippe es in einem Zug herunter, nehme noch einen Mundvoll körniger Hirse hinterher. Zerbeiße sie, bis wieder der Brechreiz kommt, spucke den Rest aus. Noch einmal kommt Efes, jetzt mit Wasser. Ich sauge es auf, ohne zu schlucken.

Als ich mittags die Entfernung zum Brunnen auf eine Stunde schätzte, hatte ich mich mit den Distanzen in der klaren Luft wieder vertan. Aus der Stunde werden fast fünf.

Sonnenuntergang. Ein einsamer Rabe begrüßt uns, fliegt rauh krächzend zurück. Hinter uns versinkt die Ténéré im Dunkel der Nacht. Die Wüstenschiffe haben das einsame Kliff erreicht. Es ist eine winzige Insel mit Wasser, verstreuten grünen Büschen, Kamelkot und leeren Sardinenbüchsen.

Ein riesiger, dottergelber Zwei-Drittel-Mond schiebt sich langsam über den Rand des Meeres. Arali zaubert *haute cuisine* mit Trockenfleisch, weil wir heute Zeit haben. So schneidet er nun die harten, lederartigen Streifen unserer ersten Ziege in kleine Würfel, gibt sie zum Aufweichen ins kochende Wasser. Ich hätte noch lange gehen können, aber der vorgezogene Halt bringt mich um den letzten Rest von Energie. Nur mit größter Willensanstrengung raffe ich mich zu den wenigen abendlichen Handgriffen auf: Isolierbox auspacken, belichtete Filme rein, frische Filme für morgen raus, Schlafsack und Isoliermatte holen, Milchpulver und Kakao-Trunk nachher zum Nachtisch aus dem Seesack klauben.

Meine Bewegungen sind mühsam und schwerfällig wie die eines Kranken. Der Rücken schmerzt, als wolle er abbrechen. Doch als ich bequem hingestreckt daliege, bin ich glücklich, hier zu sein. Das Fleisch ist kaubar geworden, die Zähne haben etwas zu tun. Bei meiner Müdigkeit wird selbst das zur Anstrengung. Der Holzlöffel ist schwer wie Blei. Im Sitzen schlafe ich ein.

Nicht lange. Eine andere Gruppe ist aus der Gegenrichtung eingetroffen, meldet Arali: Kel Ewey aus den Bagzan-Bergen mit 18 Kamelen. Ihr *madugu* kommt an unser Feuer, eine giftgrüne Decke umgehängt: El Hadji Ousmane.

»Wo seid ihr gewesen im Kaouar?«, fragt Khada nach dem üblichen langen Begrüßungsritual mit einem Dutzendmal Händedrücken und Händestreichen und nach ebenso vielen unverbindlichen Fragen über Hitze, Kälte, Kamele und Familie. Und wie das Tauschverhältnis denn sei?

»Wir haben die Datteln nicht in Bilma, sondern oben in Arrigui gekauft: ein Maß Weizen gegen drei Maß gute Datteln oder vier Maß Datteln mittlerer Qualität.«

»Nicht schlecht. Bleibt dieses Verhältnis bestehen?«

»Es schwankt. Und höre weiter: mit der Hirse können wir immer weniger anfangen. Sobald ich meinen Hirsesack öffnen wollte, hieß es meistens: Hirse haben wir selbst genug im Dorf.«

»Und getrocknete Tomaten?« forscht Khada weiter, »ich habe einen kleinen Sack Tomaten aus dem Garten meines Bruders dabei.«

»Es gibt zwischen acht und zehn Maß gute Datteln für ein Maß Tomaten – je nachdem, wie rar sie gerade sind. Weil wir keine hatten und die erste Karawane waren, wird es gut sein in Arrigui.«

»Und Geld, Bargeld?«

»Du weißt ja, Geld mögen die Kanouri heutzutage am liebsten. 30 Francs CFA kannst Du für ein Maß guter Datteln rechnen. Ich wollte noch weiter ins benachbarte Achénouma, aber es ist mühsam und langwierig, mit den Leuten in Arrigui zu verhandeln – du kennst die Kanouri. Man muß aufpassen wie ein Wüstenfuchs. So sind wir gleich wieder zurück, weil es dort kaum Futter für die Kamele gibt.«

Khada meint: »Ob der eine oder andere Ort, es bleibt sich gleich. Die Kanouri pendeln zwischen den beiden Dörfern. Sie liegen nur eine halbe Stunde auseinander und sind durch eine Düne getrennt. Ich wünsche dir Gottes Segen für deinen Rückweg, El Hadji.«

»Kommst du mit zum Brunnen?«, fragt mich Arali.

Ich muß wirklich erschöpft sein. Wie kann man fünf Tage lang zum Brunnen laufen und ihn dann vergessen? Wir gehen mit Seife und Handtuch durch den Sand. Vor der Silhouette eines Unterstands aus Bastmatten steht eine kleine Akazie mit grünen Blättern. Der Schein meiner Taschenlampe fällt auf etwas Sandgelbes, das sich raschelnd bewegt: eine Wüstenspringmaus. Die zweite Maus eilt aus ihrem Loch. Sie haben keine Angst, eilen geschäftig hin und her, mustern mich schnuppernd mit ihren riesigen schwarzen Augen, abgestützt auf lange, kräftige Hinterbeine.

Es ist faszinierend und rührend zugleich: Wir sind hier auf einer winzigen Insel inmitten der lebensfeindlichsten Sandwüste dieser Erde. Und es gibt Leben auf dieser kleinen Arche.

Verbeulte Eimer liegen neben dem auszementierten Brunnen, mit einem angebauten Trog zum Tränken der Kamele. Ich schütte mir das klare Wasser literweise über den Kopf. Nach der Wasch-Orgie fühle ich mich wie neugeboren – aber nur kurz. Mit letzter Kraft krieche ich dann in den Schlafsack, zwischen

Kamelkot und Kamelzecken. Sie gehen nicht an Menschen, denke ich noch beim Einschlafen.

Sieben Uhr, schon taghell. Ich habe mindestens zehn Stunden geschlafen, zu lange. Ich komme nicht in Gang, aber die Männer bummeln auch noch. Es geht alles langsam heute morgen. Efes, Bela und Tanko sind mit ihren Kamelen an der Tränke. Die anderen bringen das Gepäck in Ordnung: immer sind irgendwo Stricke zu flicken, ist *alemos* neu zu schnüren, sind Nähte der lebenswichtigen Wassersäcke zu kontrollieren. Erst jetzt sehe ich weiter hinten den ganzen Zivilisationsmüll: ein kleiner Berg von leeren Sardinenbüchsen und Bierdosen. Die Arbeiter der Pisten-Markierung haben aus dem letzten Beton der Fundamente einen großen und zwei kleinere Würfel gegossen, daneben den Baum gepflanzt – Sitzplatz einer Raststätte. Es fehlt nur noch der Cola-Automat.

Vor dem Bäumchen ein Pappschild mit ungelenker Schrift: *Planter et entretenir un arbre – un devoir national* – »Pflanzen und Pflegen eines Baumes – eine nationale Pflicht«. Wenn die wenigen Lastwagenfahrer auch den Müll hier gelassen haben – sie vergaßen nie, vor ihrer Weiterfahrt die Akazie zu gießen. Daneben sind schon zwei neue gepflanzt, zerbrechliche Sträuchlein von gerade 50 Zentimetern. Weil ich nichts zu tun habe, kümmere ich mich um alle drei.

Morgens um sieben: die Tiere werden beladen

Es geht gegen neun Uhr weiter. Von den 500 Kilometern des Hinwegs haben wir zwei Drittel geschafft. Wir kommen an den Rand eines verwitterten Hochplateaus mit bunten Steinen, manchmal rot wie Himbeereis und grün wie Waldmeister-Limonade. Hier oben läßt jede Gruppe den zweiten Teil ihres *alemos*-Vorrats für den Rückweg. Während die anderen schon gegen den scharfen Wind weitergehen, werden einige Kamele zur Seite geführt, die Ballen abgeworfen.

Später gibt mir Khada wieder ein paar Datteln, diesmal eine Spende des letzten *madugus,* den wir am Brunnen trafen. Khada zieht seinen *tagelmust* nach unten, zeigt auf ein paar Zahnstümpfe:

»Ich bin zu alt, um diese harten Datteln zu zerbeißen, Efes soll sie mir heute Abend im Mörser zerkleinern. Der alte Geizhals gestern hat uns die schlechtesten Datteln gegeben. So etwas würde ich mir in Arrigui noch nicht mal schenken lassen.«

Ich spüre meine Kräfte wiederkommen, genieße den klaren Geschmack der Zeit. Keine quälenden Gedanken an die Vergangenheit, keine Sorgen um die Zukunft. Ich kann jetzt Menschen gernhaben, die ich nie mochte. Unsere physischen Bedürfnisse sind nicht sehr groß, aber zu Hause verschwenden wir die meiste Zeit mit ihrer scheinbaren Befriedigung, versäumen dabei Wichtigeres. Hier erkenne ich den Wert von bitterem Wasser, von Hirsebrei, Weizengrieß und sandigen, harten Datteln; den Wert der Zeit und einer guten Gemeinschaft.

Bis jetzt gab es außer einigen Spannungen mit dem Außenseiter Bela keinen Streit, nie Unstimmigkeiten zwischen den Männern. Sie reagieren auf Härte und Müdigkeit nicht mit Aggressionen, sondern setzen ihren Humor dagegen. Ohne theoretische Einübungen zum Gruppenverhalten erkennt hier jeder die einfachste Sache: daß man nur miteinander das gemeinsame Ziel erreicht.

Ich denke an die versuchte Sahara-Durchquerung »IWTSE 1975/76« unter Gerd Heussler, der »Internationalen wissenschaftlichen Trans-Sahara-Expedition«, die trotz – oder gerade wegen – enormen technischen Aufwandes buchstäblich in Libyen versandete und deren mitreisende Psychologin sich um »testologische Erfassung« und anderen Unsinn kümmerte: »... während der Fahrt wurde dann der Gruppendynamik besondere Beachtung zuteil.« Auch die Bedeutung des Essens als »einzige orale Befriedigung« wurde von Frau Klenkler-Wehler untersucht. Die 18 Teilnehmer gingen zerstritten auseinander. Sie hätten vorher mit den Kel Ewey nach Bilma als Lehrlinge mitziehen sollen.

Ibrahim, der immer gut Gelaunte, holt jetzt Kalebasse und Hirsesack vom Kamel: Zeit für das *eralé*, meine so heiß geliebte Zementsauce. Auch Efes trifft Vorbereitungen. Ibrahim lacht mich an:

»*Il est l'heure du cassecroute*« – Zeit für einen Imbiß. Ich bin verblüfft über den perfekt ausgesprochenen Satz. Noch nie habe ich ihn Französisch sprechen hören. Hatte er vorher nur Hemmungen gehabt? Ibrahim lacht nur etwas verlegen.

»Das ist der einzige französische Satz, den er kann«, ruft Arali von seinem Kamel, das hat er mal irgendwo aufgeschnappt.«

Unser »Römer« ist wieder frisch und gestärkt. Mit Riesenschritten geht er vor seinem Kamel, einzelne Worte knallen wie Pistolenschüsse, ein lautes KIRR, KRACK und PRANG. Wenn Arali von seiner Kamelreihe antwortet, kommt nur ein »Eeeh?« zurück, und er muß wiederholen, oft zweimal. »Kann Jakuba nicht gut hören?«, will ich wissen.

»Ich glaube, das ist nur eine dumme Angewohnheit, und die Unterhaltung ist schwierig: *doubler, tripler* – manchmal muß ich alles dreimal wiederholen«, klagt Arali. Bald verstummt die Schreierei. Der böige Wind trägt selbst Jakubas Baß davon.

Der Boden ist jetzt vollkommen eben, unvergleichlich rein. Als würde hier sandfarbene Auslegware liegen, bis an das Ende der Welt.

Die Ziege folgt mir den ganzen Nachmittag. Ich gebe ihr hin und wieder eine der steinharten Datteln. Sie sind wirklich schlecht, und Khada hätte sich die letzten Zähne daran ausgebissen. Manchmal wird die Ziege so dreist, mir die Schnauze in die Tasche zu stecken, ob nicht noch etwas zu finden ist. Wir haben uns angefreundet. Ihre Tage sind gezählt, mit jedem Schritt in

Richtung Bilma läuft ihre Zeit ab. Es müßte ein Wunder geschehen, wenn ihr Käufer sie nicht gleich schlachten würde.

Am Morgen des sechsten Tages kündigt Ifacraman sich an, mit schwarzen Gesteinstrümmern in blendendem Sand. Steine, die klirren wie Glas. Verkiester Sand, der knirscht, als ob wir über gefrorenen Schnee laufen. Zerfallendes Geröll, Endstufe der Verwitterung. Jakuba ist wieder redselig, spielt mit Witz den Helden: »Ich weiß den Weg, ich kenne ihn. Ich habe ja nur auf euch gewartet, damit ihr nicht so einsam seid. Wenn es sein muß, finde ich auch so den *tarreit* (Weg): entweder reißt der Strick, oder er hält.«

Alle lachen, auch Jakuba. Sein Gehilfe schlurft neben mir her und berichtet: »Mein Onkel kennt sich überhaupt nicht aus. Er war schon vierzehnmal in Bilma, doch seine letzte Reise liegt schon lange zurück. Orientieren konnte er sich nie. Ich glaube, allein würde er nach Libyen laufen oder zurück ins Aïr.«

Jakuba wird wieder ernster, beginnt ein Gespräch mit Khada: »Die letzten zehn Jahre habe ich mich nur um den Garten gekümmert, er hat genügend Datteln zum Verkauf abgeworfen: Weizen, Hirse und Gemüse für uns. So habe ich jedes Jahr nur ein, zwei Kamele bei meinem Bruder angehängt, damit er mir aus Bilma Salz mitbrachte. Das gab ich meinen eigenen Tieren. Wenn sie alle paar Wochen Salz bekommen, bleiben sie gesund. Aber weil es nun drei Jahre nicht mehr geregnet hat, war diesen Sommer nichts mehr mit der Dattelernte – nur ein paar Kilo, das reicht kaum für mich. Also muß ich in meinem Alter wieder nach Bilma, um durch den Salzverkauf Geld und damit Hirse für meine Familie zu bekommen.«

Khada: »Ich werde auch älter, nun gehe ich das 28. Jahr zu den Salinen. Die Leute fragen: warum schickst du nicht deinen Sohn Efes nach Bilma? Er war vier Winter mit mir bei den Hausa im Süden und geht jetzt zum zweiten Mal nach Bilma. Aber er ist zu weich. Er hat nicht viel gelernt in all der Zeit. Efes ist kein Karawanier. Noch immer nicht kann er die Kamele richtig beladen: einigen hältst er so viel auf, daß sie fast zusammenbrechen, anderen zu wenig. Jedes Tier trägt die gleichen Lasten. Glaubst du, Efes kann sich daran erinnern, welches Kamel was trägt? Jeden Morgen muß ich das korrigieren. Meinst du vielleicht, die Schule hat ihn verdorben? Er spricht französisch, was hilft ihm das auf der Karawane? Er hat von fernen Ländern gehört, doch mit welchem Nutzen?«

»Nicht nur Efes allein. Die meisten jungen nehmen die Karawane zu leicht«, meint Jakuba, »sie wollen nichts mehr von uns Alten, Erfahrenen lernen. Wenn es zu hart wird – und die Karawane ist hart – geben sie schnell auf, arbeiten lieber in einem Projekt der *kufar,* der Weißen. Und dadurch werden sie noch mehr verdorben! Projekte sind gut für jemand, der nichts mehr hat, dem der Garten vertrocknet ist, die Kamele eingegangen sind. Aber diese Jungen haben Kamele und arbeiten trotzdem dort.«

»Sie lieben das Geld«, meint Khada.

»Eben, das Geld macht sie kaputt. Sie kaufen sich eine von diesen neumodischen Uhren mit einer Zahl, die sich immer ändert. Wenn die Batterie alle ist, müssen sie die Uhr wegwerfen. Sie kaufen sich große *boubous* und glänzende Schuhe – und vergessen die Familie«, klagt Jakuba.

»Und kümmern sich nicht mehr um ihre alten Eltern ...«, lamentiert jetzt auch Khada.

»Wahrlich, die Sitten haben sich geändert. Ich kenne Jungs von kaum 15 Jahren, die sich selbst sieben Meter Tuch für einen riesigen Turban kauften. Bei Allah, wenn ich das früher getan hätte, ich wäre von meinem Vater aus dem Haus geprügelt worden! Es war doch immer so und sollte auch so bleiben: Wenn der Junge zum Mann geworden ist, so mit 18, kauft ihm sein Vater den *tagelmust.* Man geht zur Moschee, der *marabut* liest einige Verse aus dem Koran. Aber wer von den Jungen betet heute noch?«

Als wir die verwitterte Hügelkette passieren, laufe ich vor, um zu fotografieren. Später wird man dieses Foto sicherlich schön finden, wie viele andere von dieser Reise. Nur wer sich hier auskennt merkt vielleicht, daß sich die Männer mit flatternden Gewändern gegen den Wind stemmen. Doch die Härte dieser Reise, Sturm, Müdigkeit, Probleme und wachsender Energieaufwand für jedes einzelne Bild – all das wird nicht zu erkennen sein. Ich wechsle wieder begeistert Objektive, bleibe dann eine Weile auf dem gegenüberliegenden Hügel sitzen, den ich hinaufgelaufen bin.

Ich könnte so tagelang gelassen sitzenbleiben, spüre keine Unruhe mehr. Erst als die Kamelreihen hinter einem fernen Hügel verschwunden sind, fällt mir mein Leichtsinn ein. Zu allem Überfluß meldet sich nun auch der Darm, vorbei ist es mit dem meditativen Sitzen. Klopapier habe ich immer in der Kameratasche. Ich drücke gegen die Zeit. Jede Sekunde entfernt sich die Karawane ein Stück mehr, der Wind weht böig, fast stürmisch von vorn. Ich laufe mit der schweren Fototasche, das lange 300er-Objektiv in der Hand.

Die nächste halbe Stunde wird zur Qual. Es ist nicht nur dieser ekelhafte Wind, der mir Sand und Staub ins Gesicht bläst. Der Sand hier ist weich, bodenlos tief; zusätzlich geht es eine Weile bergauf. Als ich keuchend oben ankomme, ist die Karawane winzig klein. Jetzt gibt es einzelne Felsbrocken im Sand, verwittert und dunkel braun, die ich als Trittsteine benutzen kann. Die Tasche behindert mich, scheint einen Zentner zu wiegen. Mein Herz schlägt bis zum Hals, der Atem geht keuchend und rasselnd. Ich fühle mich ausgepumpt wie nach einem Marathonlauf.

Die Männer haben mit dem Essen auf mich gewartet – wieder Hirsebrei mit Zwiebelsauce als zweites Frühstück. Efes läßt den Topf reihum gehen, ich schaufle soviel wie möglich in mich hinein. Sand knirscht zwischen den Zähnen. Dann trinke ich Wasser aus Achégour, das seifig nach Natron schmeckt. Meine Bedürfnisse sind zusammengeschrumpft auf das Allernotwendigste – auf das, was Leben und Überleben ausmacht.

Nach meiner unfreiwilligen sportlichen Einlage kommt jetzt schon die Müdigkeit. Beim Schaukeln auf dem Kamel schlafe ich minutenlang ein. Khada hat mich beobachtet, weckt mich auf:

»Bernrad ...« Ich schrecke hoch. Weiter schaukeln, wieder fällt mir der Kopf auf die Brust. Die Müdigkeit wird zur schmerzhaften Folter. Ich laufe wieder Stunde um Stunde, endlos. Es scheint, als müßte ich meinen Körper für immer so weiterschleppen. Zwei

Tabletten gegen die Müdigkeit – Traubenzucker mit Koffein – helfen etwas.

Auch Khada ist müde, bittet um eine der braunen Tabletten, die nach Kaffee schmecken. Bald meldet er triumphierend auf Hausa: »*babu gashia*« – keine Müdigkeit mehr. Das Koffein hilft wohl etwas. Vor allem versetzt Glaube bekanntlich Berge.

Vor mir läuft wieder der altbekannte Film ab, eine Endlos-Videokassette: Kamelfüße, die stakigen langen Beine, pfannkuchengroße Spuren im Sand. Die Tonuntermalung ist äußerst sparsam: Scheuern von Stricken und Matten, Gluckern des Wassers, das Summen einer Fliege, die noch überlebt hat.

Diese Welt ist jetzt in der grellen Mittagshitze nur noch eindimensional, es gibt keine Tiefen, keine Entfernungen. Wir haben kein sichtbares Ziel vor uns. Mein Blick wird durch den zusammengebundenen Turban begrenzt. Aus dem schmalen Schlitz heraus sehe ich nur noch Kamelbeine, Kamelfüße, Sandrippen und grellen Sand ohne Horizont.

Ich betreibe Kamel-Studien, weil es zu mehr Aktivität nicht reicht. Ibrahims Tiere laufen jetzt neben unseren. Ich präge mir die blasierten Visagen der einzelnen Tiere ein, sehe zum ersten Mal, wie unterschiedlich Kamele sind. Sie staken stoisch und gleichmäßig, wie an einer Schnur gezogenes Spielzeug. Besonders ein Kamel habe ich in mein Herz geschlossen, lache leise in meinen *tagelmust* bei seinem Anblick. Es ist objektiv das häßlichste von allen, eine Dame mit kurzen Beinen und gedrungenem, tonnenförmigen Leib. Sie wirkt weniger arrogant als die anderen, ein gutmütiges, grau-weiß geschecktes Arbeitstier. Sie erwidert meine Zuneigung nicht. Manchmal lache ich sogar laut in die Stille beim Anblick eines besonders blasierten Watschengesichts, vielleicht noch mit Stengeln von geklautem *alemos* im Maul.

Wir laufen jetzt wieder in der Nähe der Autopiste mit den schwarzen Stahlrohren. Dann entdecke ich etwas Erstaunliches an einer der Stangen: aus ihrem selbstgegrabenen Loch lugt eine sandfarbene, fünf Zentimeter lange Spinne hervor und verschwindet bei meinem Näherkommen. Und ich war der felsenfesten Meinung, daß in dieser vollkommen wasserlosen Sandwüste kein Leben existiert. Wieder sehe ich eine Vogelleiche im Sand. Sie wirkt wie angefressen. Sollten diese Spinnen …? Das kommt mir unwahrscheinlich vor, sogar absurd.

Später frage ich den Wüsten-Experten Uwe George in der Hamburger GEO-Redaktion danach. Er konnte bei seiner letzten Reise meine vage Vermutung als gesicherte Behauptung bestätigen: diese Walzenspinnen hausen entlang der Markierungen – bis hoch zum algerischen Djanet und weiter nach Faya-Largeau im Tschad. Die GEO-Expedition fand viele Überreste verdursteter Vögel, die sich bei ihrer Migration von oder nach Süden an der Stangenreihe orientierten. Darunter waren so wenig wüstentaugliche, schlechte Flieger wie Teichhühner oder isländische Strandläufer – und die meisten angeknabbert. George: »Die Walzenspinnen fanden diese Lebensnische – aber wie, das bleibt noch ein Rätsel.« Er bezeichnet ihre geheimnisvolle Existenz als ein »Leben im Nichts«.

Wieder wird es Abend an einem Tag ohne Ende. Wir könnten heute schon wieder eine Woche gelaufen sein – die langen Tage sind längst endlos ineinander verschmolzen. Der traumlose Schlaf grenzt nicht mehr das bewußte Leben ab, er kommt sofort und scheint nur Minuten zu dauern – bis zum nächsten Tee, zur nächsten eralé-Sauce, dem Aufladen oder Abladen; es ist ja egal. Die Kamel-Schatten staken auf jetzt langgezogenen Beinen, bewegen sich wie durch ein Prisma gebündelt auf einen Punkt hinzu. Ich muß an das Bild von Salvador Dalí denken – Elefanten auf langen Stelzbeinen und verlaufende Zeit, als symbolische Uhr von der Tischkante tropfend.

Unser »Römer« hat beim Tee wieder voll aufgedreht, beschäftigt uns mit einem Denkspiel: »Ein Alter war gestorben, man mußte ihn beerdigen. Gleichzeitig stand eine Kindstaufe an, dafür mußte eine Ziege geschlachtet werden. Und schließlich war zu allem Übel noch ein Kamel in den Brunnen gefallen. Was, meint ihr, machte man zuerst – Beerdigung, Schlachten der Ziege, oder Rettung des Kamels?«

Alle diskutieren lebhaft, nur Khada sagt nichts. Wahrscheinlich kennt er schon Jakubas gesamtes Repertoire. »Ich will es euch sagen«, brüllt Jakuba aus der dritten Reihe herüber. »Es ist doch ganz einfach. Das Kamel lebt noch, es droht zu ersaufen, also holt man es gleich heraus. Dann kommt die Ziege dran, es wird die Taufe vollzogen und gemütlich gegessen. Zum Schluß wird der Alte beerdigt, denn schließlich ist er tot, und es eilt nicht.«

Mit solchen Geschichten läßt sich die Wüste bestehen. Bei uns würde man sagen: so geht die Zeit schneller vorbei. Diesen Ausdruck gibt es in der *tamaschek*-Sprache gar nicht. Zeitersparnis ist hier nicht das Problem, es funktioniert auch nicht. Da täuschen sich die westlichen Wohlstandsgesellschaften. Und wenn wir meinen: Zeit ist Geld, dann ist Zeit gemeint, in der etwas Verkäufliches hergestellt werden könnte. Davon ist mehr als genug vorhanden. Nun haben wir Wohlstand und keine Zeit mehr, ihn zu genießen. Die Zeit ist nicht alles – ohne Zeit ist jedoch alles nichts. Deshalb sind auch die Kel Ewey wohlhabend – an Zeit. Sie setzen diesen »Rohstoff« weise ein. In der Ténéré drängt die Zeit wegen der knappen Vorräte für die Tiere, doch die Männer meinen deshalb nicht, »weniger Zeit« zu haben. Es gibt Eile, aber keine Hetze.

Ich spüre wieder körperlich die Drehung unserer winzigen, schönen, kaputten Erde. Vor uns steigt jetzt die gewaltige Rundung des Erdschattens nach oben, projiziert erste, noch schwach funkelnde Sterne in den Himmel. Zur gleichen Zeit läuft hinter uns der Tag in strahlenden Farben nach Westen. Khada bringt die Karawane auf einen neuen Kurs:

»Bis jetzt sind wir in Richtung Bilma gegangen. Ich habe nochmals über alles nachgedacht, was El Hadji Ousmane mir gestern am Brunnen erzählte: in Arrigui werden die Datteln wirklich billiger sein.«

Er zeigt beim Gehen wieder mit weit ausgestrecktem Arm auf den dunklen Horizont, aus dem jetzt fahle Sanddünen wachsen:

»Da ist Bilma« – seine Hand geht zehn Zentimeter nach links – »und da Arrigui.« Ich weiß, daß dieser winzige Ort der Kaouar-Oasenkette rund 50 Kilometer nördlich von Bilma liegt, war vor anderthalb Jahren selbst mit dem Landrover dort. Doch mir ist schleierhaft, wie Khada das in dieser Leere so exakt bestimmen kann. Wir gehen also die zehn Zentimeter weiter nach links und immer weiter geradeaus.

Der »Römer« schaltet sich ein: »Gut, daß wir nach Arrigui gehen. Dort gibt es gutes Wasser, das ist wichtig für meine drei trächtigen Kamele. In Bilma und Dirkou hat das Wasser zu viel Natron.«

»Denke vor allem an die Datteln«, meint Khada, »wir können ein gutes Geschäft machen, denn bei den Hausa im Süden sind sie knapp und begehrt, also teuer. Hier dagegen kosten Datteln nicht viel. Von meinen elf Kamelen sind sechs trächtig. Ich will sie nicht zu sehr belasten. Datteln wiegen weniger als Salz.«

Und ich freue mich, den Ort wiederzusehen, die rechteckigen Hütten aus Palmwedeln, den wunderschönen, aber salzigen und mückenverseuchten See dort am Rand der Ténéré, den Palmenhain vor dem verwitterten Felsband der *falaise*. Vielleicht auch den Nachbarort Achénouma mit den Resten einer Fluchtburg auf den Felsen, in der sich noch nach der Jahrhundertwende die Oasenbauern vor räuberischen Tuareg und den Ouled Sliman in Sicherheit brachten; mit viel Glück werde ich sogar Kosso Lamel wiedertreffen, der dort im letzten Jahr heimlich nach dem Schatz seiner Vorfahren suchte – nur versperrte ihm eine geheimnisvolle Mauer unter großen Findlingssteinen am Rand der *falaise* den weiteren Weg.

Den ganzen Nachmittag über waren schon ferne, sichelförmige Dünen zu sehen, Ausläufer des großen Ergs von Bilma. Jetzt kommen wir an den westlichen Rand dieser erstarrten Wellen aus Sand. Der schemenhafte Horizont wirkt aufgeblasen, breite Dünenrücken liegen wie glaciert vor uns, mit metallischem Licht des Mondes überzogen.

Eines der Kamele spielt plötzlich verrückt, bäumt sich auf, wirft seine schweren *alemos*-Ballen ab. Wir halten kurz zum Aufladen. Es bleibt Unruhe in der Kamelreihe. Bald darauf bockt ein zweites Tier, wieder liegt das Gepäck im Sand: Bastmatten, Säcke mit Hirse und Weizen. Nochmals eine Verzögerung, eiliges Bepacken. Arali erklärt mit geheimnisvollem Flüstern: »Manchmal sind es Geister, die *djinn,* sie lauern zwischen Dirkou und Bilma, du wirst noch sehen. Dort drehen die Kamele immer durch. Hier haben sie wohl nur geträumt. Sie können mit offenen Augen beim Laufen träumen. Beim plötzlichen Aufwachen erschrecken sie sich.«

Wenn schon Spinnen in dieser leblosen Welt existieren können, warum nicht auch Geister?

Ich saß wieder oben, wurde langsam zum Eisklumpen. Obwohl ich heute schon mindestens acht Stunden gegangen bin, hänge ich noch einen »Spaziergang« von drei Stunden dran. Trotz der Bewegung dringt die Kälte durch Pullover und Anorak. Ich habe den *tagelmust* dicht um meinen Kopf gewickelt, trage Handschuhe wie im tiefsten Winter.

Laß uns bald anhalten, Khada. Das Gehen ist manchmal mühsam, die verwobenen Tage nehmen kein Ende, aber es war selten Leiden, denke ich. Noch bin ich stark, gesund und neugierig. Und heute gibt es mir Kraft, an die Oase Arrigui zu denken. Morgen werden wir dort sein, am siebenten Tag. Morgen, kaum zu glauben: Morgen wird es etwas anderes geben als nur Gehen im Sand, Kamelbeine und den scharfen Horizont.

Wir essen um Mitternacht. Nach dem Couscous mache ich mir noch eine Instant-Hühnerbrühe. Eigentlich gedacht für Leute, die keine Zeit haben, für die Pause im Büro. Hier hilft es mir, schneller in den Sand zu kommen, keine Minute der kurzen Nachtruhe zu verlieren. Null Uhr vierzig, rein in den kalten Schlafsack, der sich schnell erwärmt wie durch eine aufgedrehte Heizung. Die Hülle meines Kokons ganz zugemacht, das kalte Licht bleibt draußen. Es ist fast gemütlich.

DATTELN UND SALZ: ARRIGUI UND BILMA

Als sich die Sonne um genau sechs Uhr wieder zur neuen Runde erhebt, glaube ich vor uns schwere Wolkenbänke zu erkennen. Es sind Sandsteinfelsen. Beim Näherkommen gliedert sich die graue Wand in abgeschliffene, hellbraune Segmente. Davor steht die dunkelgrüne Linie des Palmenhains. Wir liefen in der letzten Nacht punktgenau zur winzigen Oase.

Ich kann die einzelnen Palmen jetzt fast unterscheiden. Die *falaise* nimmt weitere Konturen an, ihre einheitliche Struktur löst sich auf. Der mauerähnliche, stark verwitterte Felsrücken ist sichtbarer Teil einer geologischen Bruchlinie. Fossiles Wasser, hunderttausende von Jahren alt, sickert unter der leicht nach Osten geneigten Ténéré bis an diese Felsen, steigt nach oben: Von Bilma bis Séguidine im Norden gibt es deshalb schon seit unserer Zeitrechnung kleine Oasen, hier wird Salz durch Verdunstung aus natronhaltigem Quellwasser produziert. Wer die Herrschaft über kostbare Salinen besaß, hatte auch Macht. So ließ König Idris Alaoma auf dem Höhepunkt des Bornu-Reiches am Tschadsee im 16. Jahrhundert die Oasen mit schwarzen Kanouri aus dem Süden besetzen. Fünf Jahrhunderte früher begann schon Dunama Diballami (»Sohn des Krieges«), mit der Deportation loyaler Siedler in die Wüste – bis hoch hinauf ins libysche Gatrun. Deshalb haben sich bis heute gerade in den alten Oasen Fachi und Bilma Kanouri-Enklaven gehalten. Andernorts im Kaouar gab es Mischehen mit Tubus.

Der Salzhandel wurde lange von den Tuareg kontrolliert, die sich nur zu oft selbst bedienten, ohne zu zahlen. Den Kanouri wurde der Anbau von Getreide und Gemüse verboten, um deren Abhängigkeit von ihren eigenen Hirselieferungen zu konservieren. Das ging so bis Ende des 19. Jahrhunderts. Zudem attackierten kriegerische Nomaden der Tubu und Ouled Sliman noch zusätzlich die friedlichen Oasenbewohner, raubten vor allem Sklaven und Kamele.

Die verängstigten Kanouri legten Salz bereit, wenn sie Tuareg kommen sahen – in der Hoffnung, daß ihnen die »Herren der

Einfache Häuser (Seribas) aus Palmwedeln in Arrigui

Wüste« entsprechende Mengen von Hirse daließen. Dann versteckten sie sich in Höhlen, verschanzten sich in Fluchtburgen, die auf isolierten Felsen und der »Felsmauer« gebaut waren – so wie in Aney oder in Achénouma, neben Arrigui.

Alle Reisenden berichteten deshalb vom desolaten Zustand der Oasen im Kaouar. Gustav Nachtigal passierte auf seinem Weg nach Süden 1869 zwischen Aney und Bilma zwölf Ortschaften, für die er eine Gesamtbevölkerung von 1200 annahm – lediglich ein Viertel der Besiedlung weniger Jahre zuvor. Heute gibt es hier nur noch drei unbedeutende Dörfer.

Die Palmen werden größer, verdecken den Ort. Die Männer unterhalten sich nicht etwa lachend und voller Vorfreude, sondern reiten in gespanntem Schweigen weiter. Jetzt steigt Khada ab, führt sein nervöses Leitkamel am Strick. Wir folgen seinem Beispiel. Der Sand ist wieder tief und grundlos. Die Sonne steht noch niedrig, als wir ein ganzes Bündel querlaufender Autospuren passieren. Erste verdorrte, stopplig harte Gräser. Mühsames Stapfen, Einsinken wie in frischem Schnee. Die Seefahrer segeln nicht im Triumph in den Hafen, sie quälen sich mit letzter Kraft voran. Die ersten Palmen. Ihre Kronen wachsen ohne Stamm direkt aus dem Sand. Das frische Grün schmerzt fast in meinen Augen. Ein paar Ziegen suchen zwischen Büschen auf Sandhügeln nach Futter. Und dann läuft ein kleiner, glatzköpfiger Junge im weißen *boubou* seitlich von uns weg: erste Begegnung mit einem Bewohner von Arrigui.

Wir lagern auf einem weiten, sandigen Platz am Rand des Dorfes. Palmengärten vor uns, im Rücken die *falaise:* oben cremefarbene Sandsteinschichten, die zugewehten Hänge trümmerdurchsetzt. Meine Augen, eine Woche lang auf Unendlich eingestellt, fokussieren ungeübt wieder mittlere Distanzen: ein vorbeispringendes Mädchen in grellrotem Kleid, ein herantrabender Esel. Körper und Geist sind noch auf Gehen und Leere eingestellt.

Der Reiter zügelt den Esel mit einer Vollbremsung vor unseren noch verstreut herumliegenden Lasten. Der Dorfchef, ein kleiner, knochiger Alter mit listigen Äuglein, den kahlrasierten Kopf mit einer abgewetzten roten Samtkappe verziert, begrüßt uns routiniert und eilig wie der Bürgermeister einer europäischen Großstadt, in dessen Terminkalender noch zwanzig andere Verabredungen stehen. Schon gibt er seinem Eselchen wieder die Sporen, dreht sich noch einmal um, deutet dabei auf mich:

»Hast du alle Papiere?« Ich nicke. Er verschwindet in einer Staubwolke.

Erst jetzt spüren wir die Hitze.

»*Tasmat*«, sagt auch Khada, heiß. *Tafuk,* die Sonne, hat heute wieder kein Erbarmen mit uns. Die Kamele genießen sichtlich die Pause, scheinen zu spüren, daß sie einige Tage Freizeit bekommen. Einige wälzen sich ausgelassen im Sand, die meisten haben ihre langen Hälse ruhig ausgestreckt, zwei sind liebevoll ineinander verschlungen.

Schatten, Wasser. Ich wate zum nahen Brunnen. Er ist aus hellen Steinen gemauert und mit Palmenwedeln abgedeckt. Glitschige Stufen führen hinunter. In einem natürlichen Felsspalt schimmert kühles, klares Wasser. Ich knie mich an den bemoosten Rand, tauche meine Hände ungläubig hinein, schütte es über mein Gesicht, trinke eine Handvoll. Es ist klar, rein und geschmacklos. Ein Erlebnis.

Nach zwei Wochen wieder klares Wasser ohne den ekligen bitteren Geschmack der Ziegenledersäcke, nicht seifig und salzig wie das Wasser von Achégour. Es sickert hier seit Jahrhunderten freigiebig aus dem Felsen, kaum einen Meter unter dem Sand.

Halbwüchsige Mädchen in grellbunten Kleidern gehen vorbei. »Die Kanouri lieben das, ihre Frauen sind bunt wie die Papageien«, sagte mir Khada schon mit mildem Spott in Anspielung auf das dezente, einheitliche Dunkelblau der Frauen in Timia. Die Mädchen hier trällern und singen, tragen Eimer mit Wasser zu einer

Oasenbauer in Arrigui

kleinen Baustelle. Frauen transportieren große Schüsseln mit Steinen heran, die von Männern mit Lehm verbaut werden: eine Gemeinschaftsarbeit, bei der einer dem anderen hilft.

Ich sitze im Schatten und beobachte das Treiben, bin glücklich, angekommen zu sein. Hier entsteht ein Haus, in dem bald eine junge Familie wohnt, in dem es Leben geben wird und Kinderlachen. Jemand reicht mir eine rot emaillierte Schüssel mit Wasser, in dem aufgeweichte Datteln sind; ein köstliches Gastgeschenk. Das Sprechen der wenigen Menschen hier erscheint mir nach den stillen Tagen in der Ténéré unwirklich laut, es lärmt und dröhnt in meinem Kopf.

Man bittet mich zum Essen in ein Haus. *Seribas* heißen diese Gehöfte aus abgesteckten Palmwedeln. Drinnen wieder geflochtene Wände, einige mit Bastmatten abgedeckt: Küche, Flur, Kinderzimmer. Der Salon: ein Steinhaus, wie es gerade nebenan gebaut wird; weißgekalkt mit knorrigen Ästen an der Decke,

Sand als Fußboden und bunten libyschen Teppichen. Es ist angenehm kühl hier drin, man gibt mir den besten Platz, verwöhnt mich mit weichen Kissen. Ein Messingeimer geht zum Händewaschen reihum, dann bringen schüchterne Mädchen Metallschüsseln mit gehäkelten Deckchen. Zu meinem Erstaunen sehe ich darunter pfannkuchenartige, schaumige Fladen, wie *injera* aus Äthiopien. Hier hätte ich es gewiß nicht erwartet. Dazu gibt es wohlschmeckende Fleischsauce. Wir langen unter preisendem *hamdulilahi* hinein, schieben uns saucengetränkte Fladenstücke in den Mund.

Schon bringt ein Mädchen wieder Nachschub »Iß! Nimm!« werde ich immer wieder aufgefordert. Die meisten Männer hier sind Kanouri, haben runde, gutmütige Gesichter, tragen bestickte Kappen. Drei sind Tubus mit Turbanen, sie wirken hager und ausgemergelt; ihre Brüder im Tschad gelten als zähe Nomaden. Auch hier baumelt den Tubus der typische, nadelspitze Dolch am Unterarm.

Ausstrecken auf den Kissen, wohlige Müdigkeit. Fliegen umschwirren uns, sie stören mich jetzt nicht. Wohlig satt, geborgen in dieser kleinen Gemeinschaft, sinke ich in den Wüsten-Diwan, schlafe ein trotz des lauten Stimmengewirrs.

Jemand weckt mich zaghaft: es gibt Tee, den der Hausherr selbst austeilt, die große Kanne steht auf einem silbrigen Tablett. Offenbar scheint es diesen Oasenbauern gar nicht so schlecht zu gehen. Sie diskutieren jetzt die Dattelpreise. Mein Nachbar übersetzt manchmal mit ein paar Brocken Französisch.

Die Tuareg verhandeln mit ihnen auf Hausa. Unsere Ankunft ist hier weit mehr als ein gesellschaftliches Ereignis: durch die Dürre ging letztes Jahr kaum ein Kel Ewey nach Bilma, nach Arrigui verlief sich niemand. Die Kanouri tauschten ihre Datteln gegen Waren in Libyen. Die Geschäfte waren aber schlecht, sie blieben auf dem Großteil sitzen. Nach El Hadji Ousmane – er gab uns die Informationen am Brunnen von Achégour – sind wir die zweite Karawane in dieser Saison.

Mich blendet das grelle Licht. Müde vom Essen stapfe ich zurück zu unserem Lager. Das Gepäck haben sie mittlerweile zu einer Mauer längs des Felsbandes aufgeschichtet, kauern im handbreiten Schatten. Khada empfängt mich lächelnd mit gespieltem Vorwurf: »Du hast gut gegessen, der *madugu* muß hungern.« Dabei sehe ich neben ihm die ausgekratzte Schüssel mit Hirsebrei.

Die Ankunft unserer Karawane hat sich offenbar in Windeseile herumgesprochen. Frauen mit großen geflochtenen Körben auf ihren Köpfen, gekleidet in allen Farben des Regenbogens, eilen jetzt herbei. Mädchen haben sich schon vorher eingefunden. Sie harken mit ihren mageren Händen routiniert und blitzschnell den harten Kamelkot zusammen. Weil Feuerholz rar ist, dient er in den Oasen als Brennmaterial.

Es gibt viel Datteln und wenige Käufer – gut für die Karawanenleute. Khada steht zunächst im Mittelpunkt, doch ganz schlaue Frauen verlassen bald die plappernde, feilschende, schreiende Konkurrenz, verhandeln mit Jakuba und Tanko. Vielleicht ein Dutzend Frauen sind jetzt hier, einige bieten zu langen Ketten aufgezogene, entkernte Datteln an, die sich im Süden auch gut verkaufen lassen. Datteln sind nicht so transportempfindlich wie Salzkegel und bringen mehr Geld – aber erfordern größere Investitionen des Karawaniers.

Weise verzieht Khada keine Miene, kostet mit abweisendem Gesicht hier und da ein paar Datteln, fragt nach dem Preis:

»Ein Maß dieser Datteln soll 50 Francs kosten? Da, nimm sie wieder mit nach Hause. Wenn ich solche Datteln heimbringe, lachen die Leute.« Khada prüft weiter, ist nicht zufrieden: »Entweder ihr bringt uns bessere Datteln, oder wir gehen schon morgen weiter nach Dirkou«, droht er selbstbewußt, aber mit gutem Recht: durch meine Mietzahlung für zwei Kamele von etwa 400 Mark hat er mehr Geld als die anderen und kann eine bessere Qualität erwarten als beim Tauschgeschäft gegen Hirse: »Die Kanouri wollen am liebsten Geld.«

Die Frauen gehen mit gespielter Entrüstung wieder zurück. Zunächst haben sie versucht, ihre schlechten Datteln zum hohen Preis zu verkaufen, die guten wurden noch als Trumpf gehortet. Ganz schön gerissen.

Später finden sich auch wieder die Würdenträger des Ortes ein. Sie liegen uns gegenüber, gemütlich ausgestreckt und fröhlich im Schatten auf einer kleinen Sanddüne. Einige Mädchen sitzen verlegen kichernd auf der anderen Seite, junge Burschen stolzieren in ihrem besten Gewand durch unser Lager: Endlich gibt es wieder etwas Neues. Einer kommt im zerlöcherten ESSO-T-Shirt heran:

»Bist du mit der Karawane gekommen?«

»Ja, sicher.«

»Und wo ist dein Auto?«

»Ich habe keins.«

Nun trifft mich ein Blick tiefsten Mitleids. Der Jüngling überlegt eine Weile, schaut nachdenklich auf die Kamele: »Dann hast du also kein Geld. Du bist der erste Weiße ohne Auto. Alle Weißen haben Geld und Autos. So wie auf der Rallye Paris-Dakar …« sein Blick verklärt sich in seliger Erinnerung. »Letzten Januar sind sie wieder hier durchgekommen. Einen Esel und zwei Hühner haben sie umgefahren, doch es war schön. Zum ersten Mal war etwas los in Arrigui. Wann kommt die nächste Rallye?«

Als armer Kamelreiter bin ich darüber nicht informiert.

Nun fällt mir ein Fremder auf, der etwas abseits steht: mit heller Bügelfaltenhose und dunklem Jackett, schwarzen Lackschuhen und einer zersprungenen Sonnenbrille auf der Nase. Es ist der Lehrer des Ortes, vielmehr der »Directeur«, denn es gibt hier zwei Lehrer. Beide kommen aus Dosso bei Niamey – einer anderen Welt. »Bonjour«, begrüße ich ihn. »Bonsoir«, belehrt er mich: »Besuchen Sie mich doch morgen. Jeder kennt mein Haus. Es ist das einzige, vor dem zwei kleine Bäume stehen.«

Abends sage ich beim Feuer zu Arali: »Wir könnten doch heute das letzte Trockenfleisch der Ziege ins Couscous schneiden.« Er reagiert wieder gereizt: »Welche Ziege? Meinst du, eine Ziege hat sechs Schenkel und hält ewig vor? Verdächtigst du uns etwa, wir hätten das Fleisch gegessen, ohne dir etwas abzugeben? Du solltest wissen, das Fleisch ist seit Achégour alle.«

Es hat keinen Sinn, darauf etwas zu sagen. Wir sind alle übermüdet, denke ich milde und ohne innere Erregung, und: daß ich mich nicht mehr ärgere, ist doch schon eine Lektion der Wüste.

Mit leichter Trauer fällt mir die heute verkaufte zweite Ziege ein. Sie wurde von ihrem neuen Besitzer am Halsstrick weggezerrt – wahrscheinlich gleich zum Schlachten. Fleisch ist hier Mangelware. Auf unserem gemeinsamen Marsch durch die Ténéré hatten wir uns aneinander gewöhnt.

Als wir endlich schlafen wollen, beginnt nicht weit von uns ein Tanz der jungen Mädchen und Burschen. Zunächst nur zaghaftes Klopfen auf Blechtrommeln, dann vereinigt es sich mit anderem zum lauten Tam-Tam. Erst bin ich über die Störung verärgert, dann gehe ich hin, neugierig geworden. Ein halber Mond liegt auf dem Rücken, irrlichternde Taschenlampen beleuchten einige Mädchen, die sich jetzt eingehakt im Takt der Trommeln wiegen, mit hohen, jauchzenden Trillern singen.

In der Frühe weckt mich der Sturm. Er zerrt an meiner braunen Schlafsackhülle, heult und pfeift. Es ist ein grauer, übler, bitter kalter Morgen. Sonntag in Arrigui. Sonst scheren mich die Wochentage wenig. Heute wirkt dieser Tag noch deprimierender, weil Sonntag ist. Alles ist mit Sand überschüttet. Nur gut, daß ich meine Tasche mit den Fotoapparaten gestern noch in eine Plastikhülle wickelte. Die Männer trinken frierend ihren Tee.

Ich flüchte mich in einen der nahen Gärten hinter der Düne, klettere über den niedrigen Zaun aus Dornengestrüpp. Hier ist es fast windstill. Fliegen haben diesen Platz schon für sich reserviert – Myriaden von Fliegen, die mich bald wieder in den Sturm zurücktreiben. Die Männer kauern sich an das Gepäck, den Kopf zwischen den Armen. Nur Khada näht ungerührt mit einer überdimensionalen Nadel Strohmatten für die gekauften Datteln zusammen.

Ein furchtbarer Sonntagmorgen. Zum ersten Mal sehne ich mich nach Deutschland zurück. Zu Hause werden Freunde jetzt am gedeckten Frühstückstisch sitzen, Kaffee eingießen, knusprige Brötchen aufschneiden, Musik hören und die Wochenendausgabe der Zeitung lesen. Ich kämpfe mich zum Haus des Lehrers. Kein Mensch ist zu sehen, nur zwei einsame Esel stehen wie Denkmäler im Sand. Der Sturm kommt jetzt so stark von der Seite, daß er mich beim Gehen fast umwirft.

Im Halbdunkel eines großen Lehmhauses sitzt der Lehrer mit seinem Kollegen auf abgewetzten, mit Plastikschnüren bespannten Stahlsesseln. Ein kleines Regal mit Schulheften vervollständigt die Einrichtung. Ich hole mein Gastgeschenk aus der Tasche, eine halbe Dose Pulverkaffee. Er wird gleich verbraucht.

Der Lehrer versucht erfolglos, einen Sender an seinem Radio einzustellen. Wir trinken Kaffee. Langsam erwachen meine Lebensgeister.

»Ist es nicht hart, so weit vom Heimatort weg zu leben?«, will ich vom »Directeur« wissen.

»Es ist wichtig, daß wir gerade in so abgelegenen Gegenden unterrichten, um das Bildungsniveau der Bevölkerung anzuheben«, erklärt er mit wichtiger Miene. Selbst hier im dunklen Zimmer trägt er dabei seine Sonnenbrille.

»Wir bauen an einer Entwicklungsgesellschaft!«

»Was bedeutet das?«

»Die Kinder werden auch in praktischen Dingen unterwiesen, zum Beispiel Gartenbau.« – Ich bin gespannt.

Grelles Licht kommt von draußen, der dünne Vorhang weht knatternd in der Türöffnung, Schwaden von Sand treiben mit dem dritten Kollegen herein. Er trägt einen dicken Skipullover mit Schneesternen; ein offener, junger Mann mit riesigen vorstehenden Zähnen und fürchterlichem Silberblick, der im Nachbarort Schimmedru arbeitet: »Ich unterrichte diese Dummköpfe in einer Hütte aus Palmenblättern. Am Wochenende ist hier der Hund begraben, dann besuchen wir uns. Aber eigentlich ist hier ja nie was los.«

Erst jetzt läßt sich die Frau des »Direktors« sehen – zart, hübsch, auch Hausa wie die übrigen; mit schönen, handgewebten Stoffen bekleidet, die sie um ihren Körper drapiert hat. Sie bringt uns Essen, das sie in der Küche aus Lehm und Palmwedeln auf drei Steinen über dem Feuer zubereitet hat: Reis mit Sauce; schneeweißer Reis aus Libyen. Der Lehrer aus Schimmedru steckt sich genüßlich eine Filterzigarette an; auf der Packung prangen arabische Schriftzeichen. »Die kommen auch aus Libyen«, sagt er zu mir, während sein linkes Auge zur Tür schielt, »ausgewiesene

Schulklasse von Arrigui

nigrische Gastarbeiter brachten sie mit, spottbillig wie alles dort. Offiziell haben wir ja keine Beziehungen mehr mit Libyen, aber die Grenze ist nicht sehr weit, und die Wüste groß ... Gaddafi ist doch nicht so schlecht.« Alle lachen. Wir trinken den letzten Kaffee.

»Es gibt hier auch Eier«, sagt der Schulleiter beiläufig. Dann muß es auch Hühner geben, denke ich, und beim Gedanken an einen Braten läuft mir wohl sichtlich das Wasser im Mund zusammen. »Jusufu!!« brüllt der »Directeur« nach draußen. Es klopft zaghaft, ein schüchterner Junge kommt rein, er muß die ganze Zeit schon vor der Tür auf Befehle gewartet haben. »Suche Eier, soviel wie möglich, suche Hühner im ganzen Dorf, verstehst du? Und sag den anderen auch Bescheid!«

Nachmittags. Der Sturm hat genauso plötzlich aufgehört, wie er am Morgen begann. Wir setzen uns auf den Nylonstühlen vor die Tür, beobachten Frauen und Mädchen, die zum Brunnen gehen. Ein würdiger Alter grüßt uns, wünscht Frieden. Wir grüßen zurück. Tauben picken im Sand. Mein Blick wandert über die Häuser, weiter nach links zur Steilwand, die Konturen und Farben bekommt.

Es ist wieder lebenswert in Arrigui

Der Junge erscheint mit einem Korb, aus dem heraus es verdächtig gurrt. Zwei winzige Tauben sitzen drin. »Sind das Tauben oder Hühner – *poulets ou pigeons?*«, schreit der Lehrer. »*Pigeons*«, gibt der Junge kleinlaut und zitternd vor Angst zur Antwort. »Ich habe gesagt: Hüüühner! Verschwinde und suche Hühner!«

Lieber hätte ich auf Eier und Braten verzichtet, als die Kinder hier so herumhetzen zu lassen. Für den »Directeur« ist auch das Pädagogik: »Ich sage immer wieder: man muß den Kindern eine praktische Erziehung geben.« Er raucht selbstzufrieden eine libysche Zigarette: »Neulich habe ich die ganze Klasse in meinen Garten geschickt, um Pflanzungen anzulegen. Oft sammeln sie Holz.« Jetzt weiß ich auch, woher die hoch aufgetürmten Reisigbündel in seinem Hof stammen. Ständig stehen draußen ein paar Kinder, um seine Befehle entgegenzunehmen.

Der Junge ist wieder da. In der einen Hand hält er jetzt magere, nach Luft hechelnde Hühner. Weil der Hahn so schön ist, entscheide ich mich für die Hühner. Ein zweiter Junge bringt fünf winzige Eier in einer sandgefüllten Blechschüssel. Das Geschäft ist perfekt, ich kann auch nicht mehr zurück. »Meine Frau wird das schon machen«, sagt der Schulleiter liebenswürdig, »sie kocht sehr gut. Hol' Wasser und rupf' gleich die beiden Hühner!« herrscht er den Schüler an.

Bei sinkender Sonne gehe ich über Sanddünen zum Felsband hinter dem Dorf; bald wird es eine mühsame Kletterei über morsche, verwitterte Steine. Oben ein wüstes Plateau. Dahinter liegen menschenleere, noch nie betretene Dünengebiete in Richtung des Tschad. Unter mir verschwindet die Sonne jetzt hinter dem Horizont. Die meeresähnliche flache Weite der Ténéré leuchtet bläulich.

Palmen stehen licht und weit im hellen Sand. Das weltferne Dorf mit seinen abgesteckten Rechtecken aus Palmwedeln erstrahlt noch einen Augenblick lang im letzten Sonnenlicht. Ein paar Menschen schlurfen durch den Sand, es ist ruhig und friedlich. Irgendwo schreit ein Esel. Dahinter glänzen matt zwei

Natronseen mit schilfbewachsenen Ufern – offene Wasserflächen direkt am Rand der Ténéré. An einem dieser Seen und weiter hinten in Achénouma brechen die Leute rötlich auskristallisiertes Natronsalz heraus, das bröckchenweise zusammen mit Tabak gekaut wird.

Bis zum Ende des 19. Jahrhunderts waren diese gottverlassenen Oasen noch wichtige, vitale Eckpfeiler der sogenannten Bornu-Straße, Karawanenverbindung zwischen Tripolis und dem Tschadsee. Schon in den ersten vier christlichen Jahrhunderten bauten Römer ihren nördlichen Teil aus und sicherten sie nach Süden hin mit Kastellen militärisch ab. Später wurden über den Bornu-Weg in beiden Richtungen Waren transportiert – Schießpulver, Tuch, Glasperlen von Norden; Elfenbein, Gold, Straußenfedern, vor allem Sklaven aus dem Süden: der Ausverkauf Afrikas begann schon im Mittelalter.

Im 19. Jahrhundert zogen Generationen wagemutiger Entdecker über die Bornu-Straße nach Süden, die meisten kamen nicht mehr zurück: Hornemann als erster Europäer 1800, die Engländer Denham, Clapperton und Oudney zur Erforschung des Tschadsees 1823 – nur Clapperton überlebte –, Heinrich Barth 1850, fast 6 Jahre später auf gleichem Wege wieder zurück; Ende 1866 Gerhard Rohlfs, darauf Gustav Nachtigal. Rohlfs notierte: *»Überall sieht man gebleichte Menschenknochen … man braucht nur diesen Gerippen zu folgen, dann kann man den Weg nach Bornu nicht verfehlen«.*

1870 schrieb Nachtigal nach seiner zweiten großen Reise, im Auftrag Kaiser Wilhelms des Ersten mit Geschenken wie Harmonium, Plüschsessel und Pendeluhr für den König von Bornu ausgestattet:

»So sind die Einwohner beständig unterwegs nach den beiden Endpunkten der Straße, in deren Mitte sie wohnen, vermitteln einen Handel von Sudân-Producten, die ihnen die Bornû-Karawanen zuführen, nach Ghât und unterhalten einen regen Verkehr mit Agades. Alles, was sie an europäischen Waaren bedürfen, kommt ihnen von Fezzân zu: Kattune, baares Geld, Schmuck, Essenzen, Kurzwaaren, etc.«.

Die Tage des Sklavenhandels waren damals schon gezählt. Kolonisation und der schnellere Schiffsweg versetzten der Bornu-Straße den Todesstoß. Heute hat Niger Probleme mit Libyen, die Grenze ist seit Jahren offiziell geschlossen, einst blühender Handel nun auf gelegentlichen Schmuggel oder Deckung von privatem Bedarf geschrumpft. Der Kaouar ist nun eine weltvergessene Region, nur zu erreichen über das Sandmeer der Ténéré. Dort leuchtet jetzt der Himmel in purpurnen Streifen.

Diesmal beginnt der Sturm schon früher, reißt mich brutal aus dem Tiefschlaf. Er zerrt und zieht an meinem Schlafsack, ich versuche ihn vergeblich zu ignorieren. Nach Mitternacht rolle ich alles zusammen und flüchte mich in den Windschatten des Palmengartens. Fingerlange, nadelspitze Dornen lauern dort tückisch im Sand.

Die Nacht gebärt einen neuen, grauenhaften Tag. Den ganzen Vormittag lang wieder die gleiche Trostlosigkeit wie gestern: Kälte, Sturm, schutzloses Ausgeliefertsein. Die Menschen hier, so arm wie sie sind, haben wenigstens ihr Haus. Wir lagern abseits im Sand, als einzige Deckung nur die aufgestapelten Säcke und Matten.

Ich flüchte mich wieder ins Haus des Lehrers, der jetzt unterrichtet. Seine Frau bringt warme Hirsesauce mit Milch und viel Zucker, erzählt mir von ihrem Heimatort Dogondoutchi. Sie strahlt, als ich ihr erzähle, daß ich ihn kenne. Mittags gibt es die beiden Hühnchen als Ragout mit libyschem Reis. Es rumort bald in meinem entwöhnten Magen. Der Sturm scheint im Zwölf-Stunden-Rhythmus zu toben; jetzt ist es wieder ruhig.

Am Nachmittag Schulbesuch mit dem »Directeur«. Ein Lehmhaus mit angebautem, überdachten Palmwedel-Klassenraum. Sein Kollege ist nebenan, der Schulleiter unterrichtet heute Rechtschreibung. 12 Kinder springen von ihren Schulbänken im Sand, als wir kommen: »*Bonjour, Messieurs les professeurs.*«

Der junge Lehrer malt eine geschwungene Linie mit einem Haken in die Luft: »Was ist das?« Jeder möchte antworten, eifriges Fingerschnipsen. »Richtig, es ist ein b, und so wird es geschrieben. Wer kann dieses kleine b zeichnen?« Ein Mädchen mit zerrissenem Kleid kommt zaghaft nach vorn, malt ein winziges, kaum sichtbares b, das nach links abkippt. Die anderen Kinder lachen, auch der Lehrer grinst zum ersten Mal. »Wer kann es besser?« Ein Junge macht es dann ganz gut. Jetzt, beim Unterricht läßt er sich Zeit, ist freundlich zu den kleinen Kanouri.

»Warum ist der Unterricht auf Französisch?«, will ich wissen, »die Kinder verstehen doch kaum etwas.« »Das macht nichts, sie werden es lernen, sie müssen es lernen. Französisch ist unsere Nationalsprache, sie werden es begreifen.« Er selbst spricht kein Wort Kanouri, interessiert sich auch nicht für die Kultur der Menschen hier, empfindet seinen Dienst als Strafversetzung.

An unserem Lagerplatz ist auch heute Nachmittag wieder viel los. Es gibt mehr Zaungäste als Verkäufer. Ältere Männer kommen in ihrem schönsten Gewand angeritten, einer gar auf einem mageren Gaul, der hier als Statussymbol gilt und wohl mit dem Lastwagen herangeschafft wurde. Khada ist jetzt in seinem Element. Seine gestrige Kritik hat gewirkt, die meisten Frauen bringen Datteln bester Qualität.

Geduldiges Abfüllen in einen kleinen, schön geflochtenen Korb. Anhäufen von Datteln, die wieder herunterfallen. Neue Versuche, möglichst viel draufzupacken, dann Ausschütten auf eine blaue Plane. Die alte, listige Verkäuferin paßt auf wie ein Luchs, verfolgt jede von Khadas Handbewegungen mit gespannter Aufmerksamkeit – als gelte es, einen Betrug aufzudecken.

Nebenan ist Ibrahim gerade dabei, Datteln gegen getrocknete Tomaten aus seinem Garten zu tauschen. Sie sind hier sehr wertvoll. Es gibt zwar

Khada füllt Datteln in eine Bastmatte, die dann vernäht wird

viele Datteln, aber kaum Gärten; der Boden ist größtenteils für Gartenanbau zu versalzen. So tauscht Ibrahim eine Schüssel Tomaten gegen zehn Schüsseln Datteln. Seine Handelspartnerin probiert nun umgekehrt mit großer Geduld, einen neuen Rekord im Auftürmen von getrockneten Tomaten aufzustellen. Weil die sich leichter als Datteln stapeln lassen, zieht Ibrahim seinen *tagelmust* weiter ins Gesicht, um seine Verärgerung nicht zu zeigen.

Bei Jakuba und Khada zählen Frauen gerade ihr Geld, bauen die Münzen zu kleinen Türmchen auf, betasten ehrfurchtsvoll Tausend-Franc-Billets. Solch ein verknitterter Schein von umgerechnet noch nicht einmal sieben Mark bedeutet hier viel. Man wird nur schwer mit ihm bezahlen können, weil es meist an Wechselgeld fehlt. Die Frauen vergleichen, prüfen, betasten immer wieder das Geld, stolz und mißtrauisch zugleich. Beide Seiten trauen einander wenig, können sich nur auf Hausa verständigen, und das beherrschen die Frauen kaum. Obwohl die Männer sich immer wieder über die Kanouri und Tubu lustig machen: »Ihre Frauen sind wie ihre Kamele – sie tragen einen Ring in der Nase und schimpfen oft. Die Kanouris haben ihr Herz auf der Zunge, und das ist nicht gut.« So bereitet hier allen das Handeln Freude. Im Süden wird es dann für die Kel Ewey noch besser sein: dort haben sie meist feste Handelspartner – ausschließlich Männer, bei denen sie nicht selten wohnen und mit denen sie Hausa sprechen, das die Kel Ewey meist gut beherrschen.

Kanouri-Mädchen

Die Dörfler hier betrachten uns Fremde mit Respekt, manchmal auch mit abwehrendem Unverständnis. Ihnen ist es unheimlich, wie jemand eine solche Distanz durch erbarmungslose Wüste hinter sich bringen kann. Wir haben nur kurz wie Seefahrer angelegt, um bald wieder abzureisen.

Die Frauen, auch die meisten Männer hier, sind noch nie durch die trennende Ténéré gekommen. Distanzen bedeuten ihnen etwas anderes als den Kel Ewey. Das vierzig Kilometer entfernte Bilma ist für viele hier weit – oft so weit, daß sie es nicht kennen.

Abends leuchten Scheinwerfer eines Autos aus Süden auf. Es kommt langsam näher, mahlt sich durch den Sand: ein Militär-Landrover. Ich ahne nichts Gutes. Er fährt dicht heran, grelles Licht streift uns kurz, dann zieht der Landrover weiter seine Spur über die Düne nach Achénouma. Doch das Fahrzeug kehrt nach einer Stunde zurück. Und es hält. Ich bleibe beim Gepäck. Zwei Uniformierte verhandeln mit Khada und Arali.

»Du sollst kommen!« ruft er rüber. Also hin zu den Soldaten. Der eine im Khaki-Dreß, sein Kollege mit gefleckten Kampfanzug und spitzen Cowboystiefeln. Skepsis steht in ihren Gesichtern. Sie studieren eingehend meinen Paß mit den vielen Stempeln. Der Jüngere im Kampfanzug vergleicht mehrmals das Foto mit mir, bittet mich, näher in den Lichtkegel der Taschenlampe zu kommen, schaut wieder fassungslos und kopfschüttelnd auf das Paßbild. Offenbar muß ich in den letzten Wochen wirklich gealtert sein.

»Sind sie das?« fragt er überflüssigerweise, sein breites Silberarmband klirrt gegen die Karosserie des Landrovers; Licht streift die Pistole im Lederhalfter.

Meine Bemerkung »Man sieht nach der Karawane nicht jünger aus« heitert sie nicht auf, im Gegenteil: die beiden werden immer unfreundlicher. Das hier reißt mich noch mehr aus der Karawanenstimmung als Nachrichten aus Aralis Radio. So entschließe ich mich, getreu der alten Militär-Regel »Angriff ist die beste Verteidigung«, zur diplomatischen Attacke:

»Übrigens, Sidi Koutoubi hat diese Tour unterstützt. Er ist ein guter Bekannter von mir«, sage ich beiläufig. Die beiden nehmen sichtlich Haltung an, als sie den Namen hören. Ihre Gesichter hellen sich binnen Sekunden auf: »Oberstleutnant Sidi Koutoubi ist ein wichtiger Mann. Er war jahrelang Kommandant in Dirkou und Chirfa.«

»Das brauchen Sie mir als seinem Freund nicht zu erklären«, antworte ich dreist, durch die Wirkung seines Namens mutig geworden. Wer sich hier auf eine einflußreiche Person der Regierung berufen kann, kommt weiter als mit vielen Papieren.

Beide verwenden nun keine Mühe mehr damit, das Paßbild weiterhin mit dem mageren, stoppelbärtigen Original zu vergleichen.

»Sie müssen sich in Dirkou beim Militär melden«, sagt der mit dem Khaki-Anzug fast entschuldigend, »es ist eine reine Routinesache. Und wenn sie in Bilma sind – besuchen sie uns. Was sie hier tun, ist bewundernswert. Wir haben schon viel Mühe, mit dem Auto durch die Ténéré zu fahren. Bei Allah, ich würde keine zwei Kilometer auf einem Kamel reiten können.«

Sie geben mir nun achtungsvoll die Hand und verschwinden in einer Wolke schlechten Diesels.

Am nächsten Tag wird der Abmarsch vorbereitet. Die jungen Leute, Efes und der schlaksige Ofagym, sollen beim Gepäck bleiben und mit dem Großteil der hiergelassenen Kamele Futter suchen, während wir mit wenigen Tieren nach Bilma gehen, um Salz zu holen. Nach einigen Tagen würden wir dann wieder zurück sein.

Es herrscht Winterschlußverkauf-Stimmung. Khada nutzt noch ein günstiges Angebot, schüttet Datteln in seine letzte zusammengerollte Bastmatte, vernäht das wurstförmige Gebilde mit der großen Nadel. Frauen versuchen, ihre letzte Chance wahrzunehmen. Jakuba werden jetzt 12 Maß Datteln für ein Maß Tomaten geboten, und er versucht nach dem alten Spiel große Berge auf die Schüssel zu häufen. »Immer ist Jakuba der letzte«, brummt Khada. Aber wir sind noch lange nicht aufbruchbereit.

Ich spüre seit Tagen die Müdigkeit in allen Fasern. Nach den Strapazen verlangt mein Körper nach Ruhe und Erholung. Er bekommt sie nicht. Ich brauche Schlaf und werde nachts vom Sturm geweckt. Für eine Weile gehe ich noch zum Palmengarten gegenüber. Die Sonne glitzert angenehm gedämpft durch das zarte Filigran der Palmwedel. Graue Tauben sitzen jetzt gurrend auf den Zweigen. Nun kommen wieder lästige Fliegen, manchmal auch Kinder, die selbst hier schon nach einem »cadeau« verlangen, einem Geschenk. Ich sehne mich trotz aller Strapazen nach der Wüste, den friedlichen, ineinander verwobenen Tagen der Karawane.

»*Il y a trop des épines*«, sagt jemand hinter mir. Schon wieder eine Störung, denke ich verärgert. Den Versuch zu lesen habe ich schon seit Tagen aufgegeben. Vor mir steht Kosso, Oasenbauer und Schatzgräber aus dem Nachbardorf Achénouma. Ich hatte vorgehabt, noch über die Düne dorthin zu gehen, aber fühlte mich zu schwach. Selbst am See war ich noch nicht.

»Wie hast du mich hier gefunden?«

»Ganz einfach. Die letzten Karawanenleute erzählten mir, daß bald ein Europäer kommt. Und weil du mir im letzten Jahr von diesem Plan erzählt hast, konnte es niemand anders sein. Außerdem kenne ich Khada ganz gut.«

»Und sonst – was gibt es Neues hier?«

»Ich war in Libyen, in Sebha, zum Einkaufen. Mein Nachbar und ich, mit zwei Kamelen. Jetzt habe ich auch schöne Teppiche an den Wänden, du mußt sie dir mal ansehen. Wir konnten vieles gegen Datteln tauschen. Einen Monat waren wir unterwegs.«

Nach Sebha sind es mindestens 700 Kilometer durch gnadenlose Trümmerwüste entlang der alten Bornu-Straße, vorbei am Bir Meschru, dem »Brunnen der Gebeine«, und dem wüsten Tümmo-Massiv, an der Grenze zwischen Niger und Libyen. Insgesamt zwanzig Tage Ritt und Marsch, um ein wenig einzukaufen … wahrscheinlich hängen jetzt auch in seinem Lehmhaus Teppiche mit einem spanischen Stierkämpfer oder von Rehen im Winterwald. Sie zieren die Heime der »Upper Class« hier im Kaouar.

»Hast du den Schatz deiner Vorfahren gefunden?«

»Die Mauer …«, klagt Kosso, »sie ist im Weg. Aber bald ist mein Sohn groß und stark genug, nächstes Jahr werde ich ihn einweihen. Dann machen wir gemeinsam weiter. Ich bin mir sicher, daß die alten Kanouri hier ihren Schmuck vergraben haben, bevor sie Achénouma ganz verließen, aus Angst vor den Tubu und Tuareg …«

Salzkarawanen-Kamele vor der »falaise« (Steilmauer) bei Dirkou

»In spätestens zwei Jahren bin ich wieder mit dem Auto hier, dann helfe ich dir«, verspreche ich. Wir gehen Hand in Hand zurück zum Karawanenplatz. Dort ist irgendwas passiert; Khada schimpft vor sich hin, verrichtet wütend die letzten Handgriffe, bricht mit sechs seiner Kamele auf. Die Lasten meines Kamels waren schon vorbereitet, das Gepäck in Ordnung. Es ist ein fliegender Start, und ich muß mich von Kosso in unüblicher Eile verabschieden.

Wir quälen uns bei größter Mittagshitze durch den weichen Sand nach Süden, mit 22 der 49 Kamele. Außenseiter Bela geht ganz hinten. Er hat sich geweigert, Wasser mitzunehmen.

»Wir können mit unseren sechs Tieren und der Ladung nicht viel Wasser tragen. Bela ißt mit uns, doch kümmert sich nicht um andere«, sagt Khada erbost. Es ist der endgültige Bruch zwischen den beiden.

Es wird ein übler Tag. Kein Lüftchen regt sich, Fliegenschwärme summen lästig nah um uns herum. Dazu ist es schwül, mein Hemd klebt feucht am Körper. Für Sturm und Hitze ist diese Gegend schon etwas länger berühmt.

Gustav Nachtigal schrieb 1870:

»Der anhaltend östliche Wüstenwind machte mir bei dem dürftigen Schatten meines Zeltes den Aufenthalt zu Asche-numma äußerst peinvoll. Der Wind schien einem glühenden Ofen zu entströmen; das Quecksilber des Thermometers erreich-te im gelüfteten Zelte fast 50 °C; wie gelähmt lag ich in stummer Resignation auf fast paradisischem Costüme da, während die arme Windhündin verzweiflungsvoll Löcher in den Boden kratz-te, ohne Kühlung zufinden«.

Dirkou erreichen wir nach etwas über zwei Stunden mühseligen Gehens. Hier gibt es rissige, aufgeplatzte Erde, dunkel wie frucht-barer Ackerboden. Sie ist unbrauchbar, versalzen. Das Wasser steht so niedrig, daß es immer wieder feuchte, matschige Stellen gibt; in handgegrabenen Löchern schimmert es klar und rein.

Vor uns flimmern im Dunst ein paar weißgekalkte Häuser: das Militärlager von Dirkou. Ich zücke meinen Paß, laufe mit Arali dorthin, während die Karawane weiterzieht. Kein Mensch ist zu sehen. Ein jämmerlich dürrer Hund trollt sich davon. Zwei Schrottwagen der letzten Rallye stehen herum. Jemand in zer-schlissener Uniformjacke zeigt müde auf ein Gebäude.

Dahinter ein Landstreifen für Transportflugzeuge, Stachel-drahtschlingen, die sich in der Hitze verlieren. Auch die Baracke ist leer, offenbar dient sie als Kantine: lange Bänke, ein paar Eimer. Der Ort wirkt gespenstisch, bedrohlich, ausgestorben. Wir lassen ihn hinter uns, holen keuchend die Karawane ein. Die Sonne häm-mert aggressive, scharfe Hitzewellen durch meinen *tagelmust*.

Der alte Ortskern von Dirkou scheint nur noch das Skelett einer bewohnten Stadt zu sein: oft doppelstöckige Lehmhäuser mit verschachtelten Innenhöfen und Terrassen, eng wie Bienen-waben zusammengebaut; eine der letzten mittelalterlichen Sahara-Oasen wie die Salinenstadt Fachi oder der Geisterort Djado. Davon ist das alte Dirkou nicht weit entfernt. Nur einen Alten sehe ich regungslos vor seinem Haus sitzen, wie eine seit Jahrhunderten vergessene Mumie.

Mein Sitzplatz oben auf dem Kamel ist zu hart gepolstert, eine Sattelstange ist nach vorn gerutscht, schnürt meinen Oberschenkel ab; ich springe wieder hinunter, gehe humpelnd weiter. Der Sand ist noch immer weich und tief. Nach einem Toilettengang bleibe ich zurück. Da passiert etwas Unerwartetes.

Mein Körper gehorcht nicht mehr den Befehlen vom Kopf. Die Beine weigern sich, schneller zu gehen. Ich hole nicht auf, spüre lähmende Müdigkeit. Seit dem frühen Morgen habe ich außer etwas Hirsebrei und ein paar Datteln nichts mehr gegessen. Der geschwächte Körper beginnt zu streiken, einige Teile funktionieren nicht mehr. Mit Schaudern denke ich jetzt an unseren langen Rückweg durch die Ténéré.

Den ganzen Nachmittag über gibt es nichts zu trinken. Erst kurz vor Sonnenuntergang hält Khada an einem Wasserloch. Es ist eine grünliche Brühe, die fürchterlich schmeckt. Warum füllen sie damit ihre Lederhäute? denke ich wütend. Warum haben sie nicht früher gehalten? Überall gab es klares, gutes Wasser. Oder war es salzhaltig? Ich habe keine Kraft mehr, irgendetwas abzuwägen, kippe mit Todesverachtung etwas von dem Zeug in mich hinein. Bald darauf ein anderes Wasserloch. Kinder mit Blecheimern, die mich entgeistert ansehen, einige rufen »nassara«, Weißer. Das Wasser hier ist frisch und klar, ich trinke und fülle meinen Lederbeutel. Die anderen ziehen ungerührt weiter.

Unser Rastplatz paßt sich dem miesen Wasser bestens an: buckliger, harter und zerrissener Boden, eine lehmverkrustete Kraterlandschaft am Rand der Wüste. Wir liegen im Dreck. Später verwandelt das letzte Licht selbst diesen Flecken in ein Märchenland: die *falaise* leuchtet blau und purpurn. Unsere Kamele tragen Decken aus Silber und Bronze, als würde gleich ein Fest beginnen. Sie weiden an Sträuchern mit langen, biegsamen Dornen, drehen die stachligen Zweige wie eine heiße Kartoffel im gepanzerten Maul, ehe sie knirschend zermahlen werden. Die Luft schmeichelt jetzt samtweich, duftet nach Kräutern, läßt den heißen Tag vergessen. Aber sonst ist hier alles ganz und gar beschissen.

Bela spielt jetzt den tödlich Gekränkten. Nachdem Khada ihm heute morgen zu Recht Vorwürfe wegen des Wassers gemacht hatte, baut er sein Lager mindestens zweihundert Meter weiter weg. Und ich bin krank, zittere in der milden Luft wie Espenlaub, sitze da mit Pullover, Mütze und Jacke. Schon um 19 Uhr krieche ich in den Schlafsack. Malaria? Ich glaube, nur Erschöpfung. Es ist der 23. Tag nach dem Verlassen von Timia.

Noch beim Einschlafen werde ich wieder gestört. Zunächst sind es nur schemenhafte Umrisse von Kamelen in der Dunkelheit, dann kommen Fremde, um hier ihre Kamele weiden zu lassen. Zum zweiten Mal hasse ich die Karawane: Selbst auf diesem elenden Platz, zwischen Dornen und Kamelmist, finde ich keine Ruhe. Mit der Taschenlampe gebe ich Zeichen, es kommt ein »salaam aleikum«, sie ziehen weiter.

Ich träume von einem großen, gemütlichen Haus. Im offenen Kamin flackert Feuer, auf dem Tisch stehen Gebäck und Teegeschirr. Herbstblumen duften angenehm, an den Wänden stehen lange Bücherregale. Der Hausherr ist Siegfried Lenz.

Obwohl ich seit mindestens zehn Jahren nichts mehr von ihm gelesen habe, ihm nie begegnet bin, träume ich hier auf den Salzböden vom Dichter in seinem Arbeitszimmer: Oben im Dachgeschoß erzählt er mir pfeiferauchend von der Fron, auch Freude des Schreibens. Aus dem Fenster blickend, sehe ich eine norddeutsche, grüne Landschaft mit Wasser und schwarz-weißen Kühen vor regenverhangenem Horizont.

Es blieb mein klarster und schönster Traum während dieser Reise. Ein Ersatz vielleicht für das, was ich hier vermisse: Anregungen und gute Gespräche, Privatsphäre und etwas mehr Grün.

Das Verhältnis mit Arali hat sich auf ein sachliches, manchmal eisig-höfliches Arbeitsklima reduziert. Wenigstens geht es mir wieder besser. Nach acht Stunden Schlaf sind die alten, noch gebliebenen Kräfte zurückgekehrt. Die Kälte ist an diesem Morgen keine Fiebertäuschung. Während die anderen noch ihre Kamele holen, hocke ich mit Handschuhen im Dreck und lese eine halbe Stunde im Buch von St. Exupéry, tanke etwas Kraft für den neuen Tag. Nach der Morgenkälte wird es ohne Übergang heiß.

Jetzt beginnen die längsten vier Stunden der bisherigen Reise: stumpfsinniges Leiden, endloses Dahindämmern. Die Sonne schlägt grausam auf uns herab, zieht ihre Feuerspur von oben links nach oben rechts. Es scheint, als wolle sie nie mehr untergehen. Ich esse eine der letzten guten, bernsteinfarbenen Datteln aus Arrigui, spüle das heiß gewordene Wasser aus dem Lederbeutel hinterher. Das Sitzen auf dem Kamelrücken wird wieder zur Qual. Die harten Tritte gehen bis unter die Schädeldecke. Die großen Tiere mühen sich durch tiefen, weichen Sand. Ich halte noch eine Stunde oben aus. Nicht schon wieder laufen, nicht wieder das mühsame Stapfen im Sand, halb besinnungslos.

Oben zeichnet ein Flugzeug Silberspuren in den Himmel. Es zieht unbeirrbar seine Bahn nach Norden, in Richtung Europa. Die Kondensstreifen stehen noch lange im tiefen Blau der Stratosphäre. Vielleicht bekommen die Gäste gerade ihr Essen und kühle Getränke serviert. Nur wenige werden manchmal gelangweilt aus dem Fenster blicken. Kaum jemand wird wissen, daß der winzige grüne Fleck jetzt unter ihnen Bilma ist. Und niemand dort kann ermessen, wie man sich hier vorwärts quält.

Ich empfinde nichts beim Anblick des Jets. Er ist zu hoch, zu schnell, kommt aus einer anderen Welt.

Plötzlich ruft Khada in die Stille: »Bilma«. Hinter einer Bodenwelle die Linie des Palmenhaines, erste Lehmhäuser an der hitzeverzerrten Steilwand. Schon nähern wir uns dem grauen Schutt der Salzgruben von Kalala. Noch immer rechne ich damit, daß sich alles wieder in flimmernder Luft auflöst.

Im letzten Jahr bin ich mit dem Landrover von Fachi aus der Ténéré hier angekommen. Bilma erschien mir als elendes Nest mit halbverfallenen, armseligen Häusern aus Salztonziegeln – und das ist es auch. Aber jetzt reiten wir in eine große Stadt voller Wunder und Verlockungen, die tausend Schätze bereithält. Einige der kleinen Läden werde ich auf der Suche nach Milchpulver und Eßbarem durchstöbern, Brot kaufen, das der Bäcker hier in Form französischer *baguettes* macht. Am rauschenden Wasser der Quelle vor den Gärten werde ich sitzen, und ein Telegramm mit der Nachricht meiner Ankunft aufgeben.

Die weichen Kamelsohlen tasten sich vorsichtig an den Hügeln der Salinenstadt vorbei. Salzige, aufgesprungene Lehmschollen klirren tönern, zerspringen mit hellem Knacken. Die Gegend wirkt sinnlos zerstört, wie durch Bombenkrater aufgerissen und vernarbt. Schmale Pfade führen zu einfachen Unterkünften aus Salzerde, andere über Schuttberge hinunter zu den Salzbecken.

Hier vor den Salinen lagern im harten Licht der hochstehenden Sonne mindestens zweihundert Kamele verschiedener Karawanen. Dann müssen wir an einem Kamel vorbei, das gerade geschlachtet worden ist. Ein entsetzlicher Anblick. Ich habe Kamele liebgewonnen, jetzt überkommt mich ein Würgen: dem

Teil der Salinen von Bilma

noch sitzenden Kadaver wurde die ganze Haut abgezogen, zwei Männer zerhacken mit Beilen den fliegenumschwirrten Fleischberg. Blut sickert in den Sand, Därme quellen heraus, während der Kopf noch unversehrt am Körper sitzt.

Das gräßliche Hacken der beiden Schlachter ist hinter uns noch zu hören, als wir direkt neben einigen Schutthügeln anhalten und abladen. Hier kennt Khada sich besser aus als in Arrigui, hat bewährte Handelspartner, die ihm Salz verkaufen. Davon wird er dieses Mal nur wenig abnehmen. Überall sind Gruppen von Kamelen, liegen gestapelte Salzkegel, reparieren Männer Säcke und Wasserhäute, prüfen Kunden aus Bilma gelassen und sachkundig mitgebrachte Waren der Tuareg: Getreide, Stoffe, Zuckerhüte.

Obwohl ich die Salinen schon kenne, ziehen sie mich trotz der Hitze magisch an. Und sie sind nicht so weit entfernt wie Kramladen, Quelle und Post drunten im Ort, von dem ich eben noch träumte. Das kann warten bis morgen. Wenn man das Paradies in erreichbarer, sicherer Nähe weiß, hat es schon wieder viel von jenem Glanz verloren, den ihm das Träumen verleiht.

Über knirschende Pfade und einen sonnengebackenen Sand-
hügel irre ich durch ein bizarres Labyrinth, blicke tief nach unten
in ovale Salzbecken. Der absurde Malkasten leuchtet in zitronen-
gelb, zartviolett und rostrot, umgeben von auskristallisierten,
grellweißen Salzrändern, die in den Augen schmerzen.

Es scheint, als hätten sich riesige Insekten so tief nach unten in
den Boden gegraben und den Platz schon lange wieder verlassen.
Die Luft ist bitter und reizt meine Schleimhäute, scheint sich
durch die stehende, glühende Hitze zu verflüssigen. Kein Laut
dringt in dieses wundersame Reich des Salzes, niemand ist zu
sehen. Ich fühle mich verlassener als in der Ténéré.

Das Karawanenlager ist nun durch andere Salztonhügel ver-
deckt. Vor mir sehe ich einen Streifen greller Sandwüste. Plötzlich
fahre ich mit eisigem Schrecken zusammen, so unerwartet ist die
Begegnung mit einem menschlichen Wesen: aus einem der
Unterstände mit gestapelten Salzkegeln kommt ein zahnloser
Alter wie die Spinne aus ihrem Bau. Seine Hand zuckt krallig nach
vorn: »cadeau, cadeau.« Er folgt mir, endlos nur dies eine bet-
telnde Wort nach einem Geschenk wiederholend. Nur mit einer
Münze kann ich ihn abschütteln, diesem entwürdigenden
Schauspiel ein Ende bereiten.

In einem anderen Trichter wird gerade dunkelbraun schim-
mernde Salzlauge von einem jungen Mann besprengt. Mit einer
Kalebassenhälfte schüttet er in weitem Bogen Wasser auf die
dünne Salzkruste, die sich dann setzt. Nach ungefähr zwei
Wochen wird das weiße, gute beza-Salz »reif« sein. Bis zu den
Knien steht hinten ein Arbeiter im gelbem Salzschlamm, kratzt
das beza-Salz mit einer Schaufel heraus. Es wird als Speisesalz
verwendet. Das darunter liegende erdige, graue und harte kow-
Salz muß mit Stangen herausgebrochen und später zertrümmert
werden. Erst im Herbst, kurz bevor die ersten Karawanen eintref-
fen, werden daraus kindgroße, fast 23 Kilogramm schwere kantus in ausgehöhlten Palmstämmen geformt und gestürzt – so,
wie Kinder mit der Form einen Kuchen backen. Kantus ähneln
großen Zuckerhüten, die kleinen fotchi wirken wie runde
Brotfladen. Frauen stellen sie her, während die Arbeit an kantus

reine Männersache ist. Noch werden in Bilma etwa 2000 Tonnen Salz jährlich produziert, wegen des letzten Viehsterbens und fehlender Karawanen mit rückläufiger Tendenz. 1000 Tonnen produziert die zweite große Salinenstadt Fachi, 170 Kilometer westlich von Bilma, in vollkommener Isolation der Ténéré.

Später entdecke ich einen schönen Schlafplatz auf einer ebenen Terrasse am Rande unseres Lagerplatzes: eine große Hütte aus getrocknetem Salzschlamm. Die Tür aus Palmstämmen ist mit einem riesigen Vorhängeschloß gesichert, drinnen stehen gestapelte *kantus*. Sicherlich gibt es diese Form von Mißtrauen und Absichern des Besitzes noch nicht lange hier in Bilma.

Aus dem frühen Schlafen wird nichts. Eine Gruppe von Bilma-Teenagern kommt lärmend zum Karawanenplatz, auf dem schon Ruhe eingekehrt ist; nur einige Feuer flackern noch, Unterhaltungen der Männer dringen gedämpft zu mir herauf. Die jungen Leute entfachen ein Feuer mit etwas Stroh. Es sprüht Funken, fast wie Wunderkerzen. Sie unterhalten sich laut und störend, ziehen weiter in die Salinen. Ihr Lachen hallt hohl und schrill aus den Salzbehausungen.

Die Karawanenleute haben sich direkt neben die wiederkäuenden Kamele in ihre dünnen Decken gerollt. Ich lege mich nun auch dazu.

Nach kurzem Schlaf werden wir wieder geweckt: nachts um eins kommen drei Mädchen mit Körben, um jetzt Kamelmist zu sammeln. Sie unterhalten sich laut, die hohen Stimmen direkt neben uns schneiden sich ins Hirn. Khada scheucht sie mit barschen Hausa-Worten wieder weg. Die Ruhe ist nur kurz, dann sammelt ein Mädchen direkt neben meinem Schlafplatz Kamelkot, plappert mit der hundert Meter entfernten Freundin.

In hilfloser Wut fahre ich hoch, leuchte mit der Taschenlampe. Das Mädchen läuft weg, kommt lachend wieder zurück. Es ist halb drei. Jetzt beginnt ein Tuareg aus dem Nebenlager mit dem Hirsestampfen, ein lautes Tak-Tak, das mich nicht schlafen läßt. Als er fertig ist, nähern sich andere Mädchen.

Ich nehme fluchend Matte und Schlafsack, flüchte mich in Richtung Wüste hinter eine Gruppe stachliger Dum-Palmen.

Noch bis hierher ist das Brabbeln der Mädchen zu hören. An anderen Stellen lodern nun große Feuer. Kalala schläft nicht.

Morgens löffle ich nach drei Stunden Schlaf übermüdet meinen Hirsebrei. Schon sind wieder Mist-Sammlerinnen da. Sie beobachten zunächst ruhig und gespannt jede meiner Bewegungen: einen *nassara* im Gewand der Tuareg haben sie hier noch nie gesehen. Ich bin die große Attraktion, fühle mich als Affe im Zoo.

Kamelkot sammelnde Mädchen-»Gang«, Bilma

Eigentlich sind sie lieb und hübsch, tragen mit Anmut und Würde bestickte, bonbonfarbene Blusen, schöne Kopftücher und Röcke mit grellbunten Ranken und Blüten – Farbe als Möglichkeit des Widerstandes gegen das Leben in einer Wüste mit unmenschlichen Dimensionen.

Bald werden sie mutiger. Meistens naiv, manchmal auch fordernd, kommen nun Bitten nach einem *cadeau*, mit denen mich schon der Alte auf meinem Rundgang über den Lagerplatz nervte. Am Tümpel, wo ich mich zwischen Kamelen mit dreckigem Wasser wasche: *cadeau*.

Als ich mittags erschöpft im schmalen Schatten auf der Salzterrasse fest eingeschlafen bin, zupft mich jemand entschlossen am Ärmel: Zwei Mädchen stehen mit aufgehaltener Hand über mir: *cadeau, cadeau.* Ich bin zu müde um noch wütend zu werden – fühle nur dumpfe Resignation.

Am Nachmittag gehe ich mit Arali die zwei oder drei Kilometer nach Bilma. Er scheint es plötzlich sehr eilig zu haben, ist offenbar aus unerfindlichen Gründen wieder beleidigt, läßt mich wie einen Deppen hinterhertrotten. Ich lasse ihn ziehen. Die Stadt zeigt sich zunächst von ihrer häßlichen Seite. Auf einem großen Platz am Rand von Bilma liegen Abfälle, Konservendosen, Fäkalien; ein verendeter Esel stinkt zum Himmel. Dahinter spielen Kinder in sandigen Gassen vor hingeduckten, halb zugewehten Lehmhäusern. Es hat sich offenbar außer den Konservendosen seit dem Besuch von Gerhard Rohlfs nicht viel geändert, der Anfang des Jahres 1867 über Bilma urteilte:

»Die Stadt ist mit einer Mauer umgeben, im Innern aber einer der schmutzigsten Orte, die ich je gesehen habe. Die niedrigen, unregelmäßigen Häuser aus kotigen Salzklumpen machen den widerwärtigsten Eindruck«.

Es gibt sogar einen mit Steinen markierten Kreisverkehr, aber keine Autos. Vor Salzlehmhäusern sitzen würdige Männer und grüßen freundlich. Hinter einer offenen Tür entdecke ich roh gezimmerte Regale; im dunklen Innern hockt ein Mann an seiner alten chinesischen Nähmaschine: eine der drei »Boutiquen« von Bilma. Der große Moment, den ich mir während langer Stunden ausmalte, ist gekommen: Vor mir sind bunte Packungen mit Keksen und Ölsardinen aufgebaut, sogar Dosen mit Ananas in Scheiben, Milchpulver und das übliche saharische Standardsortiment Stoffe, Tee, Zucker.

Der Händler führt auch kleine, klebrig zusammengebackene Brote. Ich ordere eine Büchse Ölsardinen zum sofortigen Verzehr, schlinge noch warme, viel zu süße Ananas aus Formosa hinterher. Dies also ist der eine Teil des erträumten Paradieses. Beim Weiterstapfen durch den tiefen Sand der »Hauptstraße« bekomme ich Magenschmerzen.

Weiter zum weißen Fort, über dessen romantisch wirkenden Zinnen seit anno 1909 die französische Trikolore weht – militärischer Eckpfeiler eines Kolonialreiches von Senegal bis nach Zentralafrika, wichtige Kontrollstation nach der gewaltsamen »Pazifizierung« der Sahara. Nur deshalb ist Bilma noch auf den meisten Globen und Atlanten zu finden; Zeugnis französischen Größenwahns und Relikt vergangener strategischer Bedeutung. Seit Nigers Unabhängigkeit 1960 wachen nun landeseigene schwarze Gendarmen in diesem entfernten Außenposten staatlicher Autorität; nur Dirkou, Chirfa, Dao Timni und Madama hoch oben im Plateau von Djado sind noch einsamer.

Drei junge Polizisten sitzen plaudernd im Schatten auf der Balustrade; schlank, in adrettem Khaki, mit modischen Sonnenbrillen. Sie schicken mich freundlich ins Innere zum Kommandanten. Wieder schleicht sich das unangenehme Gefühl ein, dieser Herrschaft im Sand ausgeliefert zu sein. Er könnte nur einen nachteiligen Funkspruch empfangen haben, und die Karawane wäre für mich wieder gelaufen. Dann würde wohl selbst der magische Name von Sidi Koutoubi nicht mehr weiterhelfen.

Hinter den dicken Mauern rauscht aus dem Inneren ein Funkgerät. Ich versuche, meine Augen nach der Lichtflut draußen an die Dunkelheit zu gewöhnen. »Kommen Sie näher«, hallt es aus einer Ecke.

Jetzt erkenne ich eine schemenhafte Gestalt, krame meinen Paß und die Papiere aus Niamey hervor. Schweigen. Aufmerksame Kontrolle. Meine Beklemmung angesichts möglicher Willkür und tatsächlicher Allmacht, die der Kommandant eines isolierten Außenpostens hat. Ich blicke in ein junges, offenes Gesicht. »Sie gehen also 500 Kilometer wieder zurück?«

»Ja, so ist es geplant. Der Salzkauf wird morgen abgeschlossen sein. Wir ziehen nach Arrigui, dann gemeinsam über Achégour wieder nach Timia.« Stille. Mein hörbares Herzklopfen.

»Ich wünsche Ihnen viel Glück, vor allem Gesundheit. Daß Sie Courage haben, zeigten Sie schon durch den Hinweg … gern hätte ich Sie für morgen zum Essen eingeladen, aber dann zieht die Karawane ja schon weiter …«

Er drückt mir herzlich die Hand. Ich atme hörbar auf. Draußen lassen einige blaugekleidete Sträflinge vor dem Fort für eine Weile ihre Schaufeln fallen, mit denen sie in üblich sinnloser Beschäftigungstherapie eine Wanderdüne beseitigen sollen; der Soldat als »Bewacher« hält im Schatten ein Nickerchen, das Gewehr neben sich gelegt. Was soll's? Weglaufen können die Gefangenen ja nicht – es sei denn, in den Verdurstungstod.

Die Ténéré scheint seltsam fern, als ich dem Rauschen folge. Hier am Rand der Gärten und Palmen schießt ein meterdicker Strahl klares Wasser aus dem Sand, verläuft in Bewässerungskanäle der Gärten, versickert zum großen Teil ungenutzt.

Als ich meinen erhitzten Kopf eintauchen will, bewegt sich etwas unter der Wasseroberfläche – silbrige, kleine Fische. Ich muß zweimal hinschauen: Fische in einem Wüstensee, der erst seit drei Jahren existiert, als eine Blase fossilen Wassers angebohrt wurde. Vittorio erzählte mir schon in Agadez davon, ich konnte nur milde lächeln: wieder einer dieser albernen Sahara-Witze. Jetzt glaube ich sogar seine Erklärung. Die Fische entstanden aus klebrigem Laich, durch rastende Wasservögel in deren Gefieder hierher gebracht. Vielleicht war es nur ein Vogel, der sich hier Laich aus Europa, wahrscheinlicher vom feuchten Afrika vor seinem Weiterflug nach Norden aus den Federn spülte ... und die Fische vermehrten sich.

Halb verdeckt vom Sand gibt es an Bilmas »Hauptstraße« die Ruine eines Kolonialgebäudes aus den 20er Jahren, POSTES steht noch an der verwitterten Fassade. Die jetzige Post daneben sieht kaum vertrauenserweckender aus. Hinter dem winzigen, vergitterten Fenster sitzt ein Beamter mit bestickter Kappe. Bei der Bitte nach einem Telegramm schaut er skeptisch. Ich fühle mich plötzlich wieder schwach, muß mich an den Stäben festhalten und sage, wie ich hergekommen bin. Erstaunter Blick, dann eine Vergünstigung: »Normalerweise ist ein Betreten der Diensträume Außenstehenden streng verboten. Aber in diesem besonderen Fall dürfen Sie eintreten.«

Der Raum wirkt wie ein altertümliches Büro, in dem seit Jahrzehnten nicht mehr gearbeitet wurde. Im dämmrigen Halbdunkel liegen Papiere und Akten auf der Erde, Blechregale an Gitterfenstern quellen über mit vergilbten Formularen und Briefen, auf deren Zustellung die Empfänger sicher schon seit Jahren warten. Ein Kollege schläft am wackligen Blechtisch, den Kopf auf den Armen.

Mit wichtiger Mine vermerkt der Mann »expéditeur« und »destinataire« auf zwei rosa Zettel, die er von der Erde aufhebt: »Schreiben Sie den Text in zwei Ausfertigungen.« Das Geld scheint zum Fenster rausgeschmissen. Das Telegramm wird meine Mutter nie erreichen, der Beamte das Geld vertrinken, doch ich texte gleichgültig und müde: GESUND BILMA ANKUNFT TIMIA CA. 20 NOVEMBER.

Der Assistent erwacht mißmutig, schlurft mit den Zetteln hinaus zu einem Gebäude. Von dort werden Telegramme weitergeleitet – erst 600 Kilometer nach Agadez, dann 1000 Kilometer über Niamey bis Paris, und zum Rest der Welt. Theoretisch. »Sie haben Glück, es ist gerade Sendezeit«, beruhigt mich der nigrische Postler.

Das Telegramm ist zwei Tage später tatsächlich in Bremen angekommen.

Die bürokratischen und organisatorischen Barrieren sind also genommen, und der Tag ist bald zu Ende. Ich stapfe weiter, schaue im zweiten Laden vorbei, bewundere das zusätzliche Angebot an drei Paar Turnschuhen und »Camping-Gaz«, trinke eine warme Orangenlimo aus der Dose – ebenso wie Kekse mit »Fruchtfüllung« aus Nigeria. Schon allein wegen der Verpackung hätte ich sie gekauft: auf glänzendem Papier locken reife Erdbeeren und gelbsaure Zitronen mit kühlen Wassertropfen. Eine Dose »Schoko-Power-Drink«, Milchpulver aus Algerien und zehn Dosen marokkanischer Ölsardinen vervollständigen den Einkauf. Mein kleiner Tagesrucksack ist prall gefüllt.

Nun fehlt nur noch Brot. Die anderen werden sich darüber freuen. Außer Arali ist keiner von ihnen in den Ort gekommen. Was sollen sie auch hier? Ihr weniges Geld brauchen sie dringend zum Salzkauf, nicht für Kekse oder Weißbrot. Auf der Suche nach dem Bäcker gehe ich durch schmale, schon im Schattendunkel liegende Gassen.

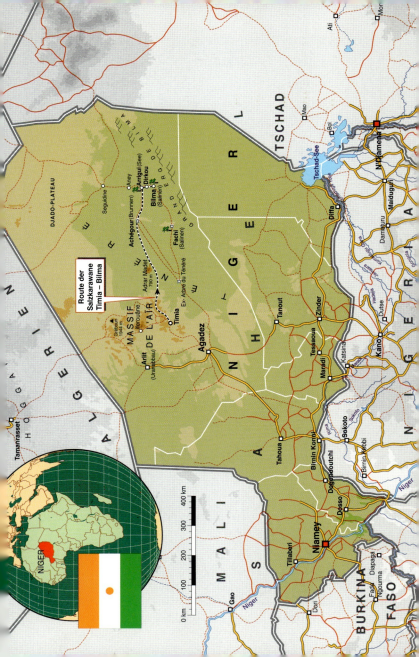

Minarett der mittelalterlichen Moschee in Agadez (1999)

Treffpunkt von Bauern, Händlern und Nomaden:
Auf dem Markt von Agadez (1999)

Hausa-Händlerin auf dem Markt von Tanout, südlich Agadez (1999)

Quelle in der Basaltschlucht, die »Cascade« von Timia (2000)

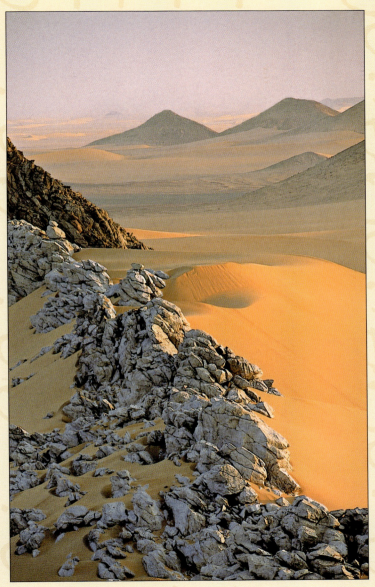

Touristenattraktion: Die »Blauen Berge« am Ostrand des Aïr (1999)

Kel Ewey-Tuareg in der Oase Timia im modernen »Hausa«-Look (2000)

Kel Ewey-Junge in einem »Campement« im Aïr –
oft hüten Kinder hier wochenlang allein Kamele und Ziegen (1999)

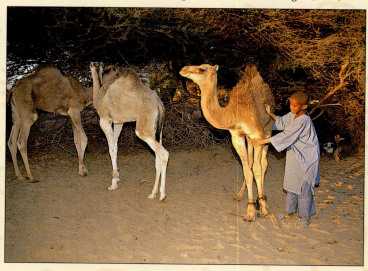

Das frisch geschnittene Futtergras alemos wird transportiert

Unsere Karawane zieht in die Ténéré – »das Land da draußen ...«

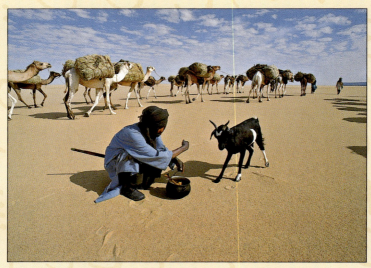

Die Ziege läuft unermüdlich mit und bekommt einen Rest Hirsebrei

Morgens um viertel nach sechs, 5 Grad: mittags werden es 35 Grad mehr sein

Tagelang die gleiche Leere …

… nur das Licht ändert sich

In den Salinen von Kalala, Bilma

Salz-»Kuchen« fotchi in Kalala, Bilma (1999)

Mut zur Farbe: Kanouri-Frauen in Bilma (2000)

Am See von Arrigui

Der lange Weg zurück – 500 Kilometer und kein Ende

Rufe versteckter Stimmen eilen mir voraus, verborgene, doch spürbare Augenpaare beobachten mich durch Ritzen der dicken, palisadenartigen Türen aus Palmenstämmen; ein dreistes Mädchen ruft »*nassara – cadeau*«, von ihren kichernden Freundinnen angefeuert, die durch stiebenden Sand mit klirrenden Ketten in einem dunklen Hauseingang verschwinden. Ich bin hier ein Fremder, werde es immer sein; die niedrigen Häuser wirken wie Festungen.

Uwe George verglich die isolierte 1000-Seelen-Gemeinde mit einem Galápagos für Menschen: »*Wer in solcher Abgeschiedenheit überlebt, hat sich schon fast zu einer anderen Art enwickelt.*« Es ist eine gleichsam »fossile Existenz« (Hans Ritter), neben Fachi einer der letzten mittelalterlichen Städte der Sahara.

Der Bäcker arbeitet in einem kleinen Haus. Das Brot ist alle, aber morgen, *bukran,* bedeutet er auf Arabisch. Morgen ziehen wir weiter, sage ich. Das macht nichts, ich solle Brote bestellen und bezahlen, morgen bringt er sie zum Karawanenplatz. Nach dem Experiment mit meinem Telegramm kann ich auch das noch probieren, gebe ihm Geld für 20 Brote. Durch meine Erschöpfung fühle ich allem gegenüber eine nie gekannte Gleichgültigkeit.

Auf meinem Rückweg zum Karawanenplatz wird es Nacht. Heute Nachmittag machte Bilma auf mich wie für Gerhard Rohlfs den »widerwärtigsten Eindruck«. Jetzt verwandeln letzte Lichtstrahlen den Ort in eine goldene Stadt. Hinter goldenen Mauern stehen goldene Minarette aus Lehm, in den Gassen sitzen die Alten mit ihren vergoldeten Gebetsketten, beim Gehen wirble ich Goldstaub auf. Dieses nie gesehene Licht versöhnt mich mit Bilma.

Aber nicht mit Arali. War er heute Nachmittag aus unerfindlichen Gründen stur und unhöflich vor mir im Eiltempo in den Ort gegangen, hatte jedes Gespräch abgewürgt, so sitzt er jetzt noch immer beleidigt am Feuer. Ich habe ihm seine *carte d'identité* mitgebracht, die er für eine Weile bei den Gendarmen lassen mußte, werfe sie ihm hin: »Du benimmst dich wie ein Kind«, sage ich. Diese Beleidigung sitzt.

Khadas Sohn Efes hätte Gespräche übersetzen können, mir wäre dann mancher Ärger erspart geblieben. Als sich Khada,

Fertig zum Verpacken: Salzkegel (kantu) – über 20 kg schwer –
und runde Salz-»Brote« (fotchi)

Jakuba und Ibrahim jetzt unterhalten, erklärt Efes mir den Inhalt in gutem Französisch.

Jakuba sagt zu Khada: »Wirklich, dieses Jahr ist es mit den Kanouri der Salinen schwierig. Besonders dieser Mousa ... er wollte meine Hirse nicht und sagte: Verkauf' die Hirse doch woanders, dann bezahle meine Salzbrote *fotchi* mit Geld ... Tanko kennt ihn schon lange, so habe ich knapp die Hälfte der 300 *fotchi* mit Hirse und trockenen Zwiebeln bezahlt, den Rest mit 30 Francs pro Salzbrot.«

»30 Francs? Das ist ein guter Preis«, meint Khada, »Ich habe 35 Francs bezahlen müssen.«

»Das geht noch«, schaltet sich Ibrahim ein, der auch 35 Francs berappen mußte, »nach der Pause im letzten Jahr gibt es jetzt Salzmangel im Süden. Ich glaube, wir können einen *fotchi* für mindestens 500 Francs verkaufen.«

Khada: »Auch die Datteln werden einiges abwerfen, weil die Ernten in Timia und anderswo schlecht ausgefallen sind. Also sind Datteln jetzt auch bei den Hausa knapp. Hirse dagegen gibt es reichlich, und wir werden dort unten nicht mehr als 150 Francs für ein Maß bezahlen. Ich schlage vor, daß wir nicht lange in Timia bleiben, und sehr bald weiterziehen.«

»Ja, es ist nicht einfach, du mußt sowieso ständig auf der Hut sein. Und außerdem gibt es Viehdiebe«, läßt Jakuba wieder verlauten.

Khada beruhigt ihn: »Weil nach dem Regen nun auch bei uns im Aïr wieder *alemos* gewachsen ist, brauchen wir in diesem Jahr nicht so lange im Süden bleiben. Ihr wißt noch, wie es in den letzten drei Jahren der Dürre war: viele von uns mußten das ganze Jahr im Süden bleiben, um ihre Kamele durchzubringen, und niemand kam vor Ablauf von zehn Monaten nach Timia zurück. Es ist wirklich nicht normal, so lange von der Familie getrennt zu sein. Sonst sind wir vom Dezember bis zum Beginn der Regenzeit im Juni bei den Hausa, und das ist schon lange genug.«

Khadas letzte Überlegungen voller Optimismus täuschen nicht darüber hinweg, daß sich für die Karawaniers seit mindestens zehn Jahren Entscheidendes zu ihrem Nachteil geändert hat. Es

*Khada verpackt Salz-»Brote«
für den Transport*

sind nicht die vier Lkw, von der UNO geliefert und subventioniert, die zum Salztransport eingesetzt werden sollten, und dadurch den Karawanenhandel noch mehr geschwächt hätten; auf Anordnung eines vernünftigen Beamten im fernen Niamey wurde dann diese Idee fallengelassen. Es ist auch nicht die Dürre. Wirkliche Probleme sind daraus entstanden, daß die Salinenstädte nun vom nigrischen Staat und ausländischen Organisationen mit subventioniertem Getreide versorgt werden und nicht mehr ausschließlich durch Karawanen. Daran liegt es, daß die »Kanouri am liebsten nur noch Geld wollen«, wie die Männer klagen. Schon 1977 traf der Schweizer Wüsten-Kenner René Gardi im Niemandsland zwischen Bilma und dem Tschadsee kleine Karawanen, die Hirse nach Süden brachten – nicht Salz oder Datteln.

Gardi: *»Sie waren vier Wochen lang unterwegs, um im Salinenland ein paar Säcke Hirse zu kaufen, die man mehr als tausend Kilometer weit mit Lastwagen dorthin gebracht hatte ... sie erfuhren, daß man dort subventionierte Hirse pro Sack ein paar Franken billiger verkaufte als im Süden. Nichts könnte drastischer beweisen, wie stark die alten Handelsgewohnheiten gestört waren«.*

Es ist auch nicht so, daß die Viehzüchter im Süden das Bilma-Salz nicht mehr wollen. Salz aus der Sahara gilt noch immer als »kraftvoll«; die *kantus* liefern den Tieren durch den Erdanteil auch wichtige Mineralien; flaues Industriesalz kann damit nicht konkurrieren. Um die Zukunft bestehen zu können, werden die Karawanenleute mehr Gartenprodukte – getrocknete Tomaten, Zwiebeln – mitbringen und verdientes Geld aus dem Süden zum Kauf von Datteln und Salz horten müssen.

In dieser Nacht versuche ich erst gar nicht, hier zu schlafen, verziehe mich mindestens zwei Kilometer weit in Richtung der offenen Wüste. Selbst hier höre ich noch die hohen Stimmen der anrückenden Mädchen-Truppen. Am nächsten Morgen sind deshalb alle übernächtigt. Wie erwartet, hat Arali nach unserem gestrigen Zusammenprall wieder gute Laune. Doch durch die Mädchen sind auch seine Nerven zum Zerreißen gespannt. Wieder stehen zwei da: *cadeau, cadeau.* Als sie an meinem Gepäck herumgrabschen wollen, nimmt Arali einen Kamelstrick, läuft wutentbrannt hinter den beiden her. Zum ersten Mal ist das keine kokette Flucht, sondern Panik. Wir haben für eine Weile Ruhe.

Gestern sah ich am Nachmittag vier Rangerover von »Temet Voyages« in Bilma einfahren, später ein Touristen-Pärchen: er in Shorts, die Kamera mit Teleobjektiv schußbereit vor dem Bauch, sie im sandfarbenen Freizeit-Look. Auch Reisen werden konsumiert, die Sahara »gemacht«, vorgefertigte »Abenteuer« durchgezogen. Diese Touristen haben die aufgehaltenen Hände, das *cadeau*-Geschrei auf dem Gewissen. In dieser kleinen Oase zwischen Sand und Salz werden Touristen nicht absorbiert. Hier hat jedes Foto, jede Staubwolke von Geländewagen Konsequenzen. Und auch ich.

An diesem Vormittag verlassen wir die Salzoase. Es gibt noch ein herzliches *arigilian*, den Wiedersehensgruß zwischen Khada und Salzhändlern, die er schon lange kennt. Wir führen die Kamele wieder über die Salzschollen, beginnen unseren knapp vierzig Kilometer langen Rückweg durch tiefen Sand nach Arrigui. Als Bilma hinter den letzten Schuttbergen aus meinem Blickfeld verschwindet, erscheint mit wehendem weißen Gewand ein atemloser Reiter auf seinem Esel. Es ist der Bäcker mit den versprochenen Broten.

Das versöhnt mich noch mehr mit Bilma als der goldene Sonnenuntergang.

Es ist nicht so heiß wie auf dem Hinweg. Wir ziehen friedlich und gut gelaunt entlang der verwitterten Felswand nach Arrigui. Zwei ruhige Tage ohne Streit und Belästigungen, angenehm warm wie bei uns im Hochsommer, mit milden Abenden und leichtem Wind, der Duft von Frische und Kräutern mit sich bringt. Nachts ist es wunderbar ruhig. Auch die Geister zwischen Bilma und Dirkou scheinen zu schlafen. Kein Kamel wirft seine Ladung ab.

In Arrigui blieb alles in Ordnung. Nichts fehlt, die beiden jungen Leute sitzen im Schatten des Gepäcks. Khada würdigt Efes keines Blickes. Er fährt ihn später nur unwirsch an, warum er hier nicht mehr Futtergras für die Tiere gesammelt hat.

Der Lehrersfrau bringe ich zwei Dosen Milch und Nescafé von meinem Ausflug in die große weite Welt. Abends die Erprobung meiner Kochkünste: es gibt in Dirkou erstandenen spanischen Reis in holländischer Dosenmilch, mit Zucker und mitgebrachtem Zimt überstreut: Milchreis nach Art des Hauses. Khada ißt es nur widerwillig und aus Höflichkeit, obwohl er sonst gern Süßes mag. »Eßt ihr das immer in Deutschland?«, fragt er skeptisch. »Manchmal.«

»Dann bleibe ich doch lieber bei meinem Hirsebrei *eshink.*«

Um Mitternacht wieder Erwachen durch den Sturm. Hinüberretten in den Palmengarten. Morgens döse ich noch wohlig in der schützenden Hülle meines Biwaksacks. Sobald ich ihn öffne, weht feiner Sand herein, werde ich von Fliegen umschwirrt. Die Palmwedel rauschen wie die Brandung des Meeres.

Dieses Mal will ich mir die Laune nicht ganz verderben lassen. Kinder brachten drei winzige Eier, das gibt ein Miniatur-Omelett. Es ist wieder Sonntag. Der Sand knirscht beim Essen zwischen den Zähnen, ein Rest von Milchreis ist sandbedeckt, aber ich schaufle ihn in mich hinein, genieße den Zimtgeschmack. Der Sturm greift uns aggressiv von der Seite an. Als Windschutz haben wir nur noch einen Strohballen – so gut wie nichts.

Stärker noch als alle körperlichen Anstrengungen spüre ich seelischen Streß. Seit zwei Wochen bin ich nur einmal kurz zum Lesen gekommen, frierend auf rissigem Boden. Ich habe keinen Platz für mich, kann mit niemandem über meine Probleme sprechen, nur Beobachtungen und Gedanken in ein kleines Tonbandgerät krächzen – und beim Sturm geht selbst das nicht.

Was mich noch mehr deprimiert: ich kann Freude und Schönheit mit keinem anderen teilen. Weil das selten genug vorkommt, ist es doppelt intensiv. So wie jetzt am See von Arrigui. Als schreckliches Paradies ist er mir in Erinnerung; blaues, sich kräuselndes Wasser am Rand der Ténéré, verseucht von Myriaden winziger Stechmücken, in den Sand geprägten Schlangenspuren.

Der Boden ist hart, bald federnd. Es kommen unbekannte, knorrige Bäume, Pfade führen in kühlen Schatten. Plötzlich steht Schilf vor mir, das sich leise im Wind wiegt, Frösche quaken, ein Junge im zerrissenen Pullover wartet mit seiner Lanze im Tümpel auf Fische.

Es ist eine unwirklich schöne Szenerie. Eine viertel Kopfdrehung nach rechts beginnt die brutale, leere Horizontlinie der Ténéré. Vor mir spiegeln sich Palmen der anderen Uferseite im dunkelblauen Wasser. Stelzvögel mit zerbrechlich wirkenden langen Beinen staken gravitätisch ans Ufer, fliegen zögernd auf. Es gibt diesmal keine Stechmücken. Ich kann mich nur schwer von diesem Anblick losreißen.

Dann geht alles ganz schnell. Unsere Karawane formiert sich zum Aufbruch. Die Lederbeutel und Bastmatten mit Datteln liegen noch am Boden, dazu zentnerschwere, verschnürte Pakete mit Salz, Kochgerät, Mörser und ein Ballen stacheliges Futtergras, das Efes hier gesammelt hat.

Arali ist nervös, übereifrig beim Aufladen. Er sucht den Gummistrick, mit dem meine Kameratasche befestigt wird, während ich mein Kamel mit den übrigen Sachen belade. Offenbar haben Kinder den Strick gestohlen.

»Warum hast du nicht aufgepaßt? Immer vergißt du deine Sachen!«

»Was habe ich sonst vergessen? Sag's mir!« Arali weiß keine Antwort. Ich merke, daß nach den Tagen in Bilma meine ruhige, gelassene Wüstenstimmung verflogen ist.

Wir verlassen die schützende Oase, gehen am Nachmittag wieder hinaus in die schweigende Welt des Sandes. Ich genieße die Ruhe und Sauberkeit. Es gibt keine Fliegen mehr, keine Dornen, keine nervenden Mädchen.

Ich drehe mich erst nach zwei Stunden um, als die Sonne vor uns wegsackt: von Arrigui ist nur noch schwach der Palmenhain zu sehen. Jakuba deutet nach vorn und spricht schon von seinem *arion*, dem Haus, von Frau und Kindern im Aïr. Ibrahim läßt wieder einen lauten Freudenjauchzer los. Kein Zweifel: wir gehen zurück, und das Schlimmste liegt schon hinter uns.

Arali bringt mir freundlich Tee, spielt wieder die freundlich-besorgte Rolle des guten Freundes, doch ich drücke ihm mein zweites Tonband in die Hand: »Ganz einfach: Aufnahme rot, da unten Stop. Wenn du interessante Gespräche hörst, wirst du sie selbständig übersetzen. Ich möchte nichts weiter, als daß du korrekt deine Arbeit machst.« Arali nickt beleidigt.

Ich werde nun auf dem langen Rückweg ziemlich allein sein, denke ich beim zügigen Gehen über harte Sandrippen. Oder – eigentlich nicht. Weil ich mich weniger auf Arali stützen kann, werde ich noch mehr mit den anderen Kontakt haben; außerdem ist Efes mitteilsamer und zugänglicher geworden.

Ich ahne noch nicht, wie hart dieser Rückweg für uns wird.

500 KILOMETER OHNE ENDE

>Montag, 11. November: 10 Stunden gelaufen, sieben Stunden geritten. Bis mittags hohe Sanddünen. Passage gesucht. Am Nachmittag passieren wir verwitterte Hügel von Ifacraman. Dort deponiertes alemos aufgeladen.<

Wir erwachen in goldgelben Dünen, sind schnell auf den Beinen. Ich weiß nicht, wie lange wir gestern noch gelaufen sind; sicher fast bis Mitternacht.

Es gibt etwas zu sehen, die Welt ist hier nicht leer, sondern durch Dünen verbaut; ganze Sandgebirge mit wunderbaren, weiblich-weich fließenden Formen. Wir gehen in einem breiten Tal zwischen zwei langen Dünenrücken. Es wird enger, die aufgefächerte Karawane zieht sich zusammen. Efes läuft voran, um nach einer Passage zu suchen. Jetzt taucht er wieder auf, winkt uns nach links ein. Die breite Schneise endet hier in einer keilförmigen Sackgasse. Mühsam windet sich die Kamelreihe in Serpentinen die weichen Dünen hinauf, tief sacken die schwerbeladenen Tiere beim Abstieg in den Sand.

Vor uns liegen gestaffelte Sandberge bis zum Horizont. Khada hat diesen schwierigen Weg durch die Dünen gewählt, weil er uns in der direktesten Linie zum Brunnen von Achénouma führt. Er berichtet mir beim mühsamen Gehen durch den Sand von einem verwirrten *madugu* – »das gibt es nur ganz selten« –, der vom richtigen Kurs abkam:

»Es war Mamar aus Timia, er lebt noch. Die Geschichte hat sich vor zwölf Jahren zugetragen. Noch vor Achégour verliefen sie sich auf dem Heimweg. Das Wasser war knapp und ging bald zur Neige. Am dritten Tag starb zunächst ein Junge, kurz darauf ein Alter. Mamar war allein. Er band sich auf dem Leitkamel fest und ließ sich halb verdurstet ins Aïr zurücktragen. Kamele haben einen guten Orientierungssinn. Kel Ewey fanden ihn einen Tag später ohnmächtig am Adrar Madet. So konnte er sich retten.«

Ich bin von den Formen der Dünen begeistert, spüre meine Müdigkeit nicht. Für jedes Foto muß ich durch den Sand voraus-

Efes beim Abendgebet zu Beginn des Rückwegs

laufen, manchmal Dünen erklettern, noch bevor die Karawane vorbeizieht und ich wieder hinterher keuche. Irgendwann sacken dann meine Beine einfach weg, ich erklettere das Kamel. Mittlerweile kann ich mich beim Reiten besser entspannen, sitze dort nun mit verschränkten Beinen, fange mit wiegendem Oberkörper das harte Schaukeln des Tieres auf. Es ist fast gemütlich: hinter mir, fast wie eine Lehne, der kleine Rucksack mit ein paar schnell greifbaren Schreibsachen und der Tagesration luxuriöser Sonderverpflegung: Datteln, Keksen, Ölsardinen, Brot. An zusammengebundenen Salzbroten habe ich meine Kameratasche befestigt, auf der anderen Seite baumelt ein Hüftgurt mit Tonband und Kamera.

Der Nachmittag ist jetzt viel länger als noch vor 24 Stunden. Ich laufe im Schatten des Kamels, habe nichts anderes im Blick als häßliche Beine, tellergroße Füße, die nun unmerklich länger werdenden, verzerrten Schatten. Die fünfte Woche hat angefangen, seitdem wir mit den beiden Kamelen von Timia weggegangen sind. Kaum begonnene Gedanken verlaufen schon wieder im Sand, bevor ich sie weiterspinnen kann. Bilder von Freunden bleiben seltsam oberflächlich und matt. Gedanken an meine Wohnung in Freiburg enden schon im Ansatz – nichts mehr ist greifbar. Nur unser Ziel, Timia, erscheint klar in meinem Kopf: die Siedlung mit vielen Kindern, von denen ich jetzt einige deutlich vor mir sehe, das Haus von Pit und Wasser, das wie durch ein Wunder klar aus der Leitung kommt.

Ifacraman kündigt sich an, ein lebloses Riff im Ozean. Meine Phantasie gaukelt mir Palmen und Wasser dort am linsenförmig verzerrten Hügel vor, aber es gibt nur Sand und schwarze Felstrümmer. Wir gehen eine Zeitlang genau auf unseren zehn Tage alten Spuren des Hinwegs; sogar Abdrücke der mitgelaufenen Ziege sind noch deutlich zu erkennen.

Dann wird es wieder schön. Schatten fließen langsam in die Vertiefungen der Sandrippen; der Sand strahlt jetzt wie heller Bernstein. Die Wüste bekommt noch für eine Weile Farben, bevor sie im Dunkel der Nacht versinkt. Heute holt Arali Kohle hervor, zieht etwas Stroh aus dem letzten Ballen. Efes kommt mit dem Zuckerbeutel auf seinem Kopf. Sie bleiben kurz zurück, entfachen das Stroh; bald schon glüht die Holzkohle. »It's teatime«, ruft Arali. Auf dem Hinweg fragte er mich nach dem englischen Ausdruck. Schon nach einem Schluck des klebrigen, starken Gebräus bilde ich mir ein, daß meine Kräfte wiederkehren.

Wir folgen der guten alten britischen Tradition, Gebäck zum Tee zu essen: ich reiche nigerianische Kekse mit einer roten süßen Füllung, die Erdbeergeschmack haben sollte. *Strawberry fields forever …* der alte Beatles-Song geht mir noch im Kopf herum, als es schon dunkel ist.

Die Felstrümmer von Ifacraman. Plötzlich halten wir, zwei Kamele unserer Gruppe werden zur Seite geführt, drüben scheren Jakuba und Tanko aus: dort liegt *alemos,* zwei Ballen für jede Gruppe. Khada hat kein Tageslicht gebraucht, um es zu finden.

Den größten Teil dieser Ration werden die Tiere schon heute Nacht mampfen. Bei Achégour warten auf uns weitere Bündel – wenn sie noch niemand mitgenommen hat.

Ich sitze schaukelnd, frierend auf dem Kamel, seit zwei, vielleicht drei Stunden? Es ist ja egal. Nagendes Hungergefühl. Die Dose Ölsardinen hinter mir herausgekramt, dazu ein Rest schon steinhartes Brot aus Bilma. Abspringen, bevor ich hier einschlafe. Unter mir scharfkantige Steine. Zurückbleiben, mit dem Taschenmesser die Dose öffnen. Mit einem kleinen Metalllöffel rücke ich den Sardinen zu Leibe, knuspere Brot dazu. Die restliche Hälfte gebe ich dem immer hungrigen Efes: »Wenn du fertig bist, vergrabe bitte die Dose.« Er nickt etwas verständnislos.

Wieder sehen wir im Licht der schmalen Mondsichel Spuren vor uns, diesmal von anderen Karawanen. »Es gibt *madugus,* die solchen Spuren folgen, aber es sind keine, sie bringen ihre Leute in Gefahr. Wer weiß denn, wohin der Vorgänger gelaufen ist, ob er richtig ging?« Khada kann das nicht verstehen. Er zeigt mir jetzt Sterne, die nach Westen führen:

»Da vorn, das heißt *ajiz,* Vogel. So sieht das Sternbild auch aus: ein heller Stern in der Mitte, je zwei schwächere links und rechts. Du weißt ja, *shattahad,* das Einauge (die Plejaden) zeigten uns die Richtung nach Bilma, sie stiegen höher. *Ajiz* aber kommt von oben, senkt sich zum Horizont. Da hinten ist *erhad* (Venus), wir nennen ihn Wanderer der Nacht.«

Ich hole meinen kleinen Kompaß aus der Gürteltasche: der mittlere Stern von *ajiz* zeigt genau nach Westen. Wie dieses Sternbild bei uns heißt, weiß ich nicht. Sterne ergeben für mich hier keine Bilder. Sie funkeln aus der Unendlichkeit über unsere Einsamkeit.

»DIENSTAG? WIR ERREICHEN DEN BRUNNEN VON ACHÉGOUR BEI SONNEN-UNTERGANG. HEISS. HUNGER. DENKE STUNDENLANG AN ESSEN.«

Mein Gepäck ist heute nicht richtig austariert, ich drohe mit der ganzen Ladung herunterzufallen. Mit Efes schiebe ich alles wieder auf die andere Seite. Später ein neuer Versuch; das gleiche passiert, eine der verfluchten Packstangen schneidet sich in mein Bein. Abspringen, wieder gehen. Die Karawane hält nicht, und sie wird nicht deshalb halten, damit ich heute noch reiten kann.

Plötzlich taucht Achégour weit vor uns auf, verschwimmt wieder in heißer Luft. Eben gab es *eralé*-Sauce, an die ich mich noch immer nicht gewöhnen kann, zuvor den üblichen kalten Hirsebrei. Schon spüre ich wieder Hunger. Meine kleinen Fettpolster um Bauch und Hüften sind längst abgebaut, es geht an die Substanz. Ich teile mir mit Efes wieder eine Dose heißer Ölsardinen.

Nur am späten Nachmittag und am frühen Morgen gewinnt die leere Welt Konturen

Die Luft ist schlierig, fast kochend. Ein leichter Wind weht aus Osten. Von hinten ist er nutzlos. Manchmal versuche ich durch eine Kopfdrehung etwas von der Brise aufzufangen, spüre den salzigen Schweiß auf der Haut trocknen. Mein Kopf ist leer. Auch der Gedanke an klares Wasser in Timia – gestern noch so plastisch – sagt mir nichts mehr. Doch plötzlich hat sich in meinem ausgebrannten Kopf irgendein Kontakt geschlossen, und die Gedanken beginnen zu kreisen.

Ich denke jetzt an Essen.

Plastisch stehen Salate vor mir, Gemüse, Fleisch. Ich gehe durch einen überquellenden Supermarkt, packe Fruchtsäfte in den Einkaufswagen. Beim Wurststand entscheide ich mich für Rippchen, Pfeffersalami und gekochten Schinken. Noch etwas holländischen Gouda und einen Brathering von nebenan, Vollkornbrot und Salzbrezeln. Der Wagen ist bald voll, ich lasse mich nicht stören, kaufe noch Joghurt, Milch, Müsli, Mineralwasser, Schokolade und Kaffee.

Kaffee. Ich rieche den Duft frisch gebrühten Kaffees, von gebratenem Fleisch, kann dieses teuflische Karussell in meinem Kopf nicht abstellen. Jetzt bin ich in der »Sonne«, eines dieser gemütlichen badischen Gasthäuser mit vorzüglicher, französisch angehauchter Küche, sehe mich mit Christine essen; gieße noch etwas Rotweinsauce auf die Kroketten, schneide an zarten Hasenlendchen.

Verdammt nochmal, ich vermisse das gar nicht, ich will nur diesen Hunger stoppen. Etwas essen, Hirsebrei, Reis oder Couscous reinstopfen, dann ist es besser. Mein kleiner Rucksack ist leer bis auf einen Rest steinharten Brotes. Langsam zerbeiße ich es. Die Qual ist beendet.

Nach einer Woche oder einem Monat wird das Feuer wieder schwächer, kann ich meinen Kopf aus der Bandagierung lösen, doch nicht nach vorn schauen: Trotz dunkler Schutzgläser blendet die Sonne kurz vor ihrer heutigen Kapitulation noch einmal grell und schmerzhaft.

Weitergehen, Rille um Rille. Bei Sonnenuntergang überqueren wir das Trümmer-Plateau von Achégour, hinter dem Rastplatz und Brunnen liegen.

Kurzer Halt, Aufladen unserer zweiten Ration *alemos*. Ob das denn niemand stiehlt, will ich von Khada wissen. Er versteht nicht. Stehlen – *voler,* sage ich wieder zu Efes, der nochmals übersetzt. Stehlen? Daß also ein anderer Karawanier unser *alemos* wegnimmt? Khada ist allein bei diesem Gedanken empört: »Das gab es noch nie. Wenn jemand zu wenig *alemos* mitgenommen hat, würde er lieber seine Kamele stehen lassen als fremdes *alemos* angreifen!«

Die Sonne ist weg. Nur noch zwei blaßrosa Streifen stehen über dem Horizont. Unter uns dehnt sich die Ténéré wieder blaugrau wie ein Ozean. Über gläserne Steine gehen wir den Abhang der *falaise* hinunter zum Brunnen.

Überall liegen verstreut *alemos*-Reste anderer Karawanen. Es ist noch früh, wir können in Ruhe kochen. Zur versuchten Versöhnung offeriert Arali mir die kristallklaren Nachrichten der »DEUTSCHEN WELLE«. Heute stören sie mich weniger:

»Schneefälle haben den Alpenraum in eine Winterlandschaft verwandelt. In Südbayern wurden bis zu 30 Zentimeter Schneehöhe gemessen. Durch die winterlichen Verkehrsverhältnisse kam es auf den vereisten Straßen zu zahlreichen Unfällen. Die Tageshöchsttemperaturen liegen um den Gefrierpunkt. Nun wiederholen wir das Wichtigste in Schlagzeilen: New York. Die UN-Vollversammlung hat erneut den Rückzug aller fremden Truppen aus Afghanistan gefordert. Bonn. Mit einer der größten Paraden aller Waffengattungen haben die Feiern zum 30jährigen Bestehen der Bundeswehr auf dem Truppenübungsplatz von Bergen-Höhe ihren Höhepunkt erreicht. Tel Aviv. In Israel dauert die Regierungskrise an. Ministerpräsident Peres hat Handelsminister Sharon entlassen. Neu Delhi ...«

Unser Couscous hat heute besonders geschmeckt. Der Appetit auf Ölsardinen ist mir erstmal vergangen. Bela und Khada sprechen noch nicht miteinander, Bela hat sich zum Lager von Tanko und Ibrahim geschlagen. Ich suche erfolglos die beiden Wüstenmäuse, vielleicht sind sie umgezogen. Schon früh in den Schlafsack. Ein Stern verlöscht in langem Lichtschweif: Nachrichten aus der Ténéré.

»DRITTER TAG IN DER TÉNÉRÉ. GROSSE WÄSCHE AM BRUNNEN. BUMMELN. BEI GRÖSSTER HITZE WEITER. ICH ENTDECKE URALTE MUSCHELBÄNKE. HUNGER. ZUM ERSTEN MAL SCHWÄCHEANFALL.«

Ich erwache spät. Es ist hell, schon fast sieben. Nach zehn Stunden ungewohnt langem Schlaf fällt es schwer, die Augen offen zu halten. Müde, schlaff. Die Teekanne steht für mich auf der Glut. Die anderen tränken schon die Kamele, es bleibt Zeit zum gemütlichen Frühstücken. Ich verfeinere mein Müsli aus Hirse und Datteln wieder mit Milchpulver, bereite uns einen Kakao-Drink, setze eine Teekanne mit Wasser auf. Es gibt noch Kaffee für alle.

Am Brunnen steht ein Fremder, dessen Ankunft ich nicht bemerkte – unverschleiert, mit einer roten Kappe nach Art der Nordafrikaner. »*Salaam aleikum*« grüße ich höflich, er grüßt zurück.

Erst jetzt erkenne ich, daß es Tanko ist. Noch nie habe ich ihn ohne seinen *tagelmust* gesehen. Arali übersetzt – wieder freundlich, bereitwillig – mein Nichterkennen, Tanko biegt sich vor Lachen, die Geschichte macht gleich die Runde. Das ist etwas nach dem Geschmack der Kel Ewey …

Eine ausgiebige Dusche mit dem klaren Wasser von Achégour. Zögernd, nach Wochen, erwägen die Männer nun auch eine Körperwäsche. Efes bittet mich um Seife, dann folgt Khada. Er fragt nach meiner kleinen Schere, schneidet seinen spärlichen Bart an der Oberlippe ab. Schließlich kramt er im unergründlichen Lederbeutel, holt einen Kohlestift hervor, zieht sich vor dem Taschenspiegel Striche unter die Augen.

Ich sitze lange im Schatten vor der Basthütte, blicke auf die rastenden Kamele und weit in die grelle Leblosigkeit der Ténéré. Der einsame Rabe segelt tief und neugierig, jetzt heiser krächzend an mir vorbei – hat er die beiden Mäuse auf dem Gewissen? Wovon lebt er?

Nur ein hastiger Autofahrer, den Geländewagen mit Konserven, Sprit und Ersatzteilen vollgepackt, würde diesen Platz als trostlos bezeichnen. Für uns ist er eine lebenswichtige Insel, trotz der achtlos weggeworfenen Konservendosen ein Ort mit hartnäckig festgekralltem Leben, das es hier eigentlich gar nicht geben dürfte; die graue und scheinbar logische Theorie spräche dagegen. Jedes Grasbüschel hier gibt uns die Botschaft von Lebenswillen und Stärke.

Vielleicht ist es der schönste Effekt dieser Reise: daß ich jetzt nur noch wenig brauche, um zufrieden zu sein. Ich genieße den leichten Wind, den Luxus einer ruhigen Stunde im Schatten. Jetzt um elf Uhr ist es hier noch kühl, während draußen die Luft schon flimmert. Der Backofen wird aufgeheizt. Alle Farben sind aus der Ténéré verschwunden. Vor uns dehnt sich scheinbar endlos eine feindliche, fast weiße Fläche.

Umgrenzte Räume – selbst diese lächerliche Basthütte – vermitteln scheinbar Geborgenheit, Abschottung von der Weit. Ich fühlte mich eben durch die fünfzig Zentimeter Schatten von der Ténéré getrennt. Jetzt wird der Schatten so schmal, daß ich mich auf die Seite legen muß, um keinen Sonnenbrand zu bekommen. Die Männer beginnen mit dem Aufbruch. Es geht weiter. Etwas in mir wehrt sich dagegen. Ich zögere noch einige lange Minuten.

Die Sonne trifft mich wie ein Schlag. Der Himmel ist gnadenlos blau, der Sand weich wie Puderzucker. Zur heißesten Tageszeit ziehen wir los. Unser Leben ist wieder auf Gehen, Reiten, Gehen beschränkt, dem stummen, immer aussichtsloser erscheinenden Kampf gegen die Sonne, Gehen von einem Horizont zum anderen. Nur Leere, zweigeteilt in Stahlblau und grelles Gelb.

Der geistige Horizont erweitert und verengt sich, je nach Tageszeit, Hunger und Müdigkeit. Ich bin meistens hungrig und immer müde. Wir gehen weiter, doch selbst dieser Fort-Schritt bleibt bedeutungslos, statisch in der Leere. Wir sind außerhalb unserer Verantwortung. Das praktizierte Recht ist unser Recht. Die langen Tage sind unsere Tage. Es gibt kein Mitleid, keine Zärtlichkeit. Die Welt ist da draußen, irgendwo hinter dem Horizont. Daß wir uns in einem LAND befinden sollen, erscheint absurd. Die Freiheit wird nur vorgetäuscht durch den weiten Raum. In Wirklichkeit sind wir unfrei: abhängig vom richtigen Weg, von schrumpfenden *alemos*-Bündeln und knappem Wasser. Freiheit, Verwirklichung, Weite – wie Kaugummi strapaziere ich diese Wörter, bis sie hart und spröde werden.

Am späten Nachmittag ziehen rosa Wolkenfetzen wie Schiffe mit aufgeblähten Segeln über den Horizont des Meeres. Die Sonne hat wieder einmal verloren.

Als wir den ersehnten Tee trinken, brennt der Himmel in rotem Feuer. Die Sterne ziehen auf. Letzte Wärme strahlt in Wellen vom Sand zurück. Es wird kalt.

Verfluchte Holzstangen an den Flanken meines Kamels. Ein Teil von Khadas Dattelballen ist daran befestigt. Die Rundhölzer schneiden mir wieder in den linken Oberschenkel. Mein Bein schläft ein, ich lasse mich nach unten gleiten und falle vornüber.

Irgendwann an diesem Abend wird mir schwindlig. In der mondlosen Nacht sehe ich plötzlich Blitze vor meinen Augen, muß mich beim Gehen einige Minuten an Stricken der Kamelladung festhalten, während sich meine Beine scheinbar getrennt und weit entfernt vom Körper mechanisch weiterbewegen. Sie brauchen offenbar keinen Befehl mehr vom Kopf. Gehen wie im Rausch, immer weiter gehen, nur die Richtung, das Durchkommen als Ziel.

Arali hat einen alten Autoreifen entdeckt, rollt ihn eine Weile lang neben der Karawane her. Es wirkt so skurril, daß ich langsam an meinem Verstand zweifle.

Arali hat einen Reifen entdeckt

Die halbe Ohnmacht ist bald überwunden. Jetzt quält mich wieder Hunger. In Gedanken beschäftige ich mich damit, die rustikale Speisekarte meiner Stammkneipe »Adlerburg« oben auf dem Schönberg bei Freiburg durchzugehen. Bei Kerzenlicht sitze ich in einem der alten Plüschsessel, wie oft als einziger Gast, und wähle zunächst beim Bier ein Pilz-Omelett. Christel mag es gar nicht gern zubereiten, aber es wird trotzdem bestellt, lache ich in mich hinein. Noch immer hungrig, ordere ich jetzt ein Kotelett mit Bratkartoffeln, während Sepp mir ein »Viertele« trockenen Gutedel einschenkt. Dazu noch ein Käsebrot. Der ähnliche Film wie gestern, nur noch schöner und grausamer. Als es vorbei ist, bleibt vom Traum nur noch der Sessel im Kerzenlicht. Ich sehne mich nach Statik: nur sitzen und denken. Stehenbleiben dürfen würde schon genügen; den schmerzenden, müden Körper zur Ruhe kommen lassen. Und doch würde ich die satte Bequemlichkeit schon bald wieder hassen. Das Unterwegssein ist zur Droge geworden. Ich weiß auch, daß meine Reisen extremer, gefährlicher und länger werden müssen, um Freiheit zu gewinnen, Fremdes zu entschlüsseln.

Wieder wird mir schwummrig, sekundenweise knicke ich zusammen, klammere mich an einen harten Strick. Nur nicht umfallen und hier zurückbleiben. Sie würden mich erst beim Halt um Mitternacht vermissen. Und vielleicht zu spät finden ... Bunte Blumen sehe ich jetzt, eine ganze Wiese mit rotem Mohn, der sich sacht im Wind bewegt. Wellenförmig biegen sich die Blüten unter der leichten Brise, rot, ganz rot ...

Als mir besser geworden ist, klettere ich mit letzter Kraft aufs Kamel. Meine körperlichen Reserven waren auf dem Hinweg sehr gut und noch einigermaßen in den Oasen des Kaouar. Nun sind sie offenbar verbraucht. Die Batterie ist leer, und sie wird kaum noch geladen. Das Essen ist zu knapp und zu einseitig. Meine Tonband-Protokolle beschränken sich auf ein paar knappe, mühsam gestammelte Bemerkungen.

Als wir endlich halten, gibt es noch eine gute Überraschung. Arali kommt mit seinem Radio, als ich gerade die letzten drei Dosen Ölsardinen für uns als Vorspeise öffne: »Kannst du dir das mal ansehen? Ich glaube, es ist kaputt.«

Die Batterien sind leer. »Bedaure, Arali ich habe keine passenden dabei. Jetzt mußt du noch ein paar Tage ohne Musik und Nachrichten auskommen.«

Helmut Kohl und Ronald Reagan holen uns jetzt nicht mehr ein. Der letzte Draht zur Außenwelt ist gekappt. Und das ist gut so.

»VIERTER TAG TÉNÉRÉ? WIE LANG IST EIN TAG? KALT. BALD SEHR HEISS. 360 GRAD LEERE. ERKUNDUNG EINES AUTOWRACKS. UNGLÜCK: IBRAHIM MUSS EIN KAMEL ZURÜCKLASSEN.«

Es ist schon spät für einen Karawanentag in der Ténéré: sechs Uhr. Erstes Licht stiehlt sich in den Himmel. Die Kälte macht munter. Zusätzlich schütte ich mir noch ein paar Tropfen Eiswasser ins Gesicht. Die üblichen, routinierten Handgriffe: Matte zusammenrollen, Schlafsack in den Packsack stopfen, die Isolierbox mit den kalten Filmen ins untere Fach des Rucksacks, alles verschnüren. Khada ist erst zufrieden, wenn mein Gepäck bereitsteht. Jetzt schlinge ich zitternd vor Kälte ein paar Bissen *eralé* hinunter, trinke im Stehen lauwarmen Tee, und schon werden die ersten Kamele beladen. Ich genieße die Aktivität, die Unruhe, das Brüllen der Kamele – lebendiger Auftakt eines langen, heißen, monotonen Tages.

Toilettenmorgen. Einer nach dem anderen bleibt zurück. Die Karawane zieht einen langgestreckten Sandbuckel hinauf. Ich hole sie ein ohne zu laufen, gehe zügig über den harten Sand, mehrere Kilometer seitlich von der Karawane entfernt. Ich sehe dort die Kamele wie eine Reihe zusammengebundener Flöhe, wo der Sand sich mit dem Himmel trifft. Jetzt ist es noch angenehm warm, gleich wird es nur heiß sein. Noch hat diese leere Scheibe Farben und Konturen; bald wird der körnige Sand grell und weiß zerfließen. Vergessen ist der gestrige Schwächeanfall, vergessen der Hunger. Das Gehen macht Spaß – nur noch für eine Weile.

Den Ekel vor kaltem Hirsebrei mit Zwiebelsauce am Morgen habe ich ebenso abgelegt wie meine Abscheu vor mittäglicher Hirse-Zementsauce, die Efes herumreicht. Efes geht mit dem berußten Topf jetzt abwechselnd zu seinem Vater, zu Arali und mir. Hier habe ich die faire Chance auf meinen Anteil, verbrenne mir nicht den Mund wie spätabends; häufe soviel wie möglich auf den großen, abgewinkelten Holzlöffel, ziehe den Topf ganz zu mir heran. Mein einst hellblaues Hemdgewand ist rußig, hat Kleckerstreifen von Hirsebrei und Hirsesauce; was soll's. Durchkommen ist gefragt, und wir werden durchkommen.

Kaum hat Efes den ausgekratzten Topf wieder auf dem Kamel festgebunden, entdecken wir halbrechts vor uns ein flimmerndes, kastenförmiges Objekt. Die Luft hat sich wieder aufgeheizt, verzerrt die Konturen. Arali, Bela und Ibrahim eilen im Laufschritt dorthin. »Bring ein paar Flaschen Bier mit!« rufe ich Arali hinterher. Das »Objekt« ist nun etwas genauer zu erkennen: ein hellblaues Autowrack. Nach einer Weile sehe ich wieder die drei als tanzende, kaum erkennbare Punkte in wabernder Luft. Sie haben das Wrack verlassen. Es dauert lange, bis sie unsere stetig weiterziehende Karawane eingeholt haben. »Ein altes rostiges Wrack, noch nicht mal Reifen sind dran«, erzählt Arali atemlos. Also kein Bier. Etwas Milch wäre mir auch lieber. Vielleicht auch Joghurt, oder – diesmal kann ich meine Freßphantasien gerade noch stoppen.

Plötzlich gibt es Unruhe in der Kamelreihe von Ibrahim und Tanko: ein Tier hat wieder seine Ladung abgeworfen. Sie schlagen auf das Kamel ein. Es steht nicht auf. Sie ziehen am Strick, bis das Maul blutig schäumt, dann kommt es unter kläglichem Brüllen hoch, bleibt zitternd stehen. Erneutes Reißen am Maulstrick. Das Kamel bewegt sich nicht.

Khada hielt nur ein paar Minuten. Nun bindet er seinen *tagelmust* höher, treibt das Leittier zum Weitergehen an. Als Ibrahim und Tanko in fliegender Eile die verstreuten Dattelsäcke und Salzpakete auf andere Tiere verteilen, verstehe ich noch immer nichts. Dann gehen wir hastig weiter. Ibrahim läuft noch einmal nach hinten, nimmt dem zurückgelassenen Kamel den Maulstrick ab. Es steht da wie eine Statue. Regungslos schaut das Tier uns nach.

Tanko zeigt mir, was passiert ist: er zieht einen harten *alemos*-Stengel aus dem letzten Ballen, zeigt auf sein Schultergelenk. Dann zerbricht er das Stroh. Es knackt.

Kamele sind zäh. Das »Wüstenschiff« hinter uns wird noch mindestens zehn Tage zu leben haben, und dann qualvoll verdursten. Andere Karawanen werden irgendwann am mumifizierten Kadaver mit dem skurril verdrehten Hals vorbeiziehen, wie wir an anderen vorher. Als ich mich wieder umdrehe, ist hinter uns nur noch ein grauer, verlaufender Punkt zu sehen.

Ich frage Ibrahim, warum er seinem Tier nicht die Kehle durchgeschnitten hat, um langes Leiden zu vermeiden. Er denkt eine Weile nach, sagt dann langsam: »Die Kel Gress machen es so. Aber wir können nicht unsere eigenen Kamele töten.« Das hört sich human an, ist es aber nicht.

Mittagshitze, Mittagsleere, Mittagsschweigen. Flüchtige Gedanken an Orangensaft und Krabbensalat, dann wird alles erschlagen, selbst das Bild des kühlbeschlagenen Glases. Mein Hirn ist wieder ausgebrannt. Ich bin zum gehenden Roboter geworden, Schritt an Schritt setzend bis zum Ende der Welt. Irgendwann kaue ich ein paar trockene Bisquits, eine harte Dattel. Beim Zermahlen dröhnt es schmerzhaft laut in meinem bandagierten Kopf. Dazu Wasser aus meinem Lederbeutel. Fast heißes Wasser, seifig, natronhaltig. Es wird immer schlechter und ekelhafter, an den Ziegenledersäcken *abeyogh* bilden sich weiße Salzkristalle. Arali hat davon wieder Durchfall bekommen, muß sich übergeben. Ich gehe und gehe und ich danke Allah, daß er mich bis jetzt von Krankheit, Durchfall und Blasen verschont hat.

Erste Schatten kriechen wieder zögernd in die Sandmulden. Efes holt Holzkohle, Tee und Zucker heraus; wie nach wochenlanger Erstarrung kommt Leben in unsere Gruppe. *Teatime,* noch ein paar steinharte Datteln dazu, doch ohne KIRR und KRACK vom »Römer«, der seit dem Brunnen von Achégour ruhig geworden ist, müde und ruhig. Wieder bin ich etwas mehr verbrannt, schält sich trotz Vermummung und Sonnencreme die Haut von meiner Nase. Noch zwei Tage bis ins Aïr!

Der Mond ist jetzt da: eine schmale, schiefe Sichel. Auf meinem schaukelnden Hochsitz oben kann ich mich ausruhen. Heute stört keine Holzstange, das Gepäck rutscht nicht. Ich fühle mich federleicht. Entspannt schaukle ich im Schneidersitz, wiege mich im Takt der Kamelbeine. Heute Nacht werde ich keine roten Blumen sehen. Der junge, magere Mond gab nur ein kurzes Gastspiel. Bald sackt er nach unten, verwandelt sich in eine reife Banane, fällt hinter den Rand der Welt. Die Kälte kommt mit den Sternen – millionenfach funkelnde Brillianten auf schwarzem Samt.

Nach dem Ritt gehen auf kaltem Sand. Manchmal barfuß, die ausgelatschten Sandalen und mein letztes Paar der durchlöcherten Socken in der Hand. Es findet sich noch eine harte Dattel. Darüber kann ich mich lange freuen. Die Tubus im Tibesti-Gebirge des Tschad, das sagen selbst die Tuareg von ihnen respektvoll, sind die härtesten Wüstenbewohner überhaupt. Mit einer Dattel, so die Legende, kommen sie eine Woche lang aus: erst essen sie die Haut, am zweiten Tag das Dattelfleisch, dann lutschen sie auf dem Kern.

Spät, sehr spät halten wir. Abladen, Vorbereitungen für morgen, Helfen beim Kochen des Hirsebreis. Routine. Bald ist diese Reise beendet. Was ich mir oft herbeisehnte wird jetzt zur Bedrohung. Wir trinken zusammen heißen Kakao vor dem Schlafengehen. Ich bin zufrieden mit diesem Tag. Ein Tag ohne Krankheit, ohne große Leiden. Aber ein schlechter Tag für Ibrahim, dessen Kamel weit hinter uns sterben wird.

»FÜNFTER TAG DES RÜCKWEGS. IM DUNKELN AUFGESTANDEN. BITTER-KALT. VERIRRTER SCHMETTERLING, SPÄTER HALB VERDURSTETE ENTE. FERNE DÜNEN. BEI SONNENUNTERGANG PASSIEREN WIR INSELBERG ADRAR MADET. VOR UNS DAS AÏR-GEBIRGE. LAGER AM MADET.«

Nur gut, daß es eiskalt ist. Bevor ich wieder ganz in die Träume zurückfalle, Befreiung aus der warmen Daunenhülle. Ich schlafe nochmals kurz ein, dann weckt mich die Kälte. Es gibt heute zusätzlich noch Kaffee, den ich braue. »Mit Kaffee werde ich munterer als mit Tee«, ruft Ibrahim vom Nachbarlager herüber und schielt auf die Kanne. Wir trinken das zuckersüße Gebräu zusammen. Grüße vom Nestlé-Konzern. Es hilft nicht viel gegen die Müdigkeit, aber ist wenigstens heiß.

Beim Beladen der Kamele drohe ich wieder einzuschlafen. Khada gibt mir einen Job, der noch undankbarer ist als Arbeit mit dem Gepäck: sein Leittier am Zügel halten, frierend in der Kälte stillstehen, während die Sonne über den Horizont kriecht. Ich absolviere 20 Kniebeugen.

Vor uns flache Dünen. Aus durchsichtigem Opallicht schält sich der Inselberg, Adrar Madet, das Unterseeboot; kristallklar, nicht mehr weit entfernt. Ich schätze unsere Marschentfernung zum Berg auf fünf Stunden. Khada lacht leise, als er das hört. Mit weit ausladender Handbewegung vollzieht er den Lauf der Sonne quer über den Himmel bis zum anderen Horizont. Wir werden erst ankommen, wenn *tafok* dort vor uns wieder versunken ist – in der Nacht. In zehn Stunden, frühestens.

Am Brunnen von Ajioua sind wir also nicht morgen, sondern übermorgen. Obwohl ich schon bald wieder unter Hitze, Müdigkeit und Monotonie leiden werde, freue ich mich darüber. Langsam bleibe ich zurück, gehe dann weit entfernt neben der Karawane am abgebrochenen Rand fast weißer, flacher Sanddünen. Die Karawane ist zusammengeschrumpft zu einem hellbraunen Strich, die Männer sind nur noch als ameisenkleine Punkte auszumachen. Ich entdecke einen verknitterten Zettel, vor meiner Abreise vollgeschrieben mit Sätzen von Otl Aicher, aus seinem Buch »Gehen in der Wüste«:

»die wüste ist keine wildnis im gegensatz zu den leerzonen des nordens. sie ist rein, groß, unbefleckt. sie hat das hellste licht und den funkelndsten himmel. sie ist ein ort der moral. sie fördert die reflexion und sie zeigt das prinzip: minimierung der ansprüche ist optimierung der freiheit. reduktion ist gewinn. wer alles zurückläßt und nur mitnimmt, was er am leib hat, kommt als er selber zurück«.

Letzte Etappe des Rückwegs. Im Hintergrund der langgestreckte Inselberg Adrar Madet.

Der Himmel ist jetzt von intensiver Bläue, tiefdunkel wie die Indigo-Gewänder der Tuareg. Die Luft besitzt eine solche Klarheit und Transparenz, daß wir schon das Aïr sehen könnten, wenn die Erdkrümmung nicht wäre. Es ist ungefähr acht Uhr. Die satten

Schatten in den Sandrippen dünnen schon langsam aus, die Sonne brennt sich nach oben.

Während ich scheinbar schwerelos über die Sandrippen gehe, laufen einige Bilder und Szenen, Menschen und Ereignisse der letzten Jahre vor mir ab. Es ist ein überwiegend glanzloser Schwarzweißfilm. Bei Freiburg werden sich jetzt an der Merzhauser Straße die Autos stauen und an der Stoßstange des Vordermannes kleben, eine lange Lichterkette in die Stadt hinein; vielleicht fällt gerade grauer Schnee. Sie werden die immer gleichen Nachrichten und die immer gleiche Werbung aus dem Radio hören und lustlos, mit leeren, austauschbaren Gesichtern einen Tag beginnen, der so ist wie alle anderen. Und weil die meisten nicht den Mut zum Ausbrechen haben, flüchten sie sich in enge Beziehungen und noch mehr Besitz.

Ein zitronengelber Schmetterling begleitet die Karawane. Ob er sich seit dem Brunnen von Achégour auf den halbleeren Wassersäcken niedergelassen hat? Jetzt umtanzt er mich, fliegt dann weiter in die grelle Leblosigkeit.

Die Männer deuten nach vorne und ich traue meinen Augen nicht: da watschelt vor uns eine Ente durch den Sand. Sie läßt mich bis auf fünf Meter näherkommen, nimmt dann schwerfällig Anlauf, bringt sich mit müden Flügelschlägen etwas weiter in Sicherheit. Es könnte eine Flugente vom Tschadsee sein. Oder verirrt von ihrem Flug nach Europa. Können Enten überhaupt solche Distanzen zurücklegen? Ich spüre Mitleid mit dem erschöpften Tier, das verloren ist: »Schade, das gäbe einen guten Braten«, meint Arali nach erfolglosen Fangversuchen.

Weiße Dünen zerfließen, der Höhenzug des Adrar Madet ist kaum größer geworden, leuchtet durch die heiße Luft jetzt in fast kitschigem Rosa. Trotz der Distanz kann ich schon jede Einzelheit erkennen: hoch angewehter Sand, einzelne schwarze Felsbrocken.

Ich gehe sechs Stunden bis in den heißen Nachmittag hinein, die Zeit verrinnt heute schneller. Die Sonne sticht nicht so wie in den letzten Tagen, es weht wieder eine leichte Brise. Meine klaren Gedanken von heute morgen sind verschwunden, verdunstet. Ich beschäftige mich lange damit, mein kleines Nebenzimmer in der Merzhauser Wohnung einzurichten – stelle Schrank, Tisch und Bett zusammen, verrücke wieder alles in neue Positionen; hinzu kommen Teppich und Bücherregal. Ich finde keine Patentlösung. Vom Kosmos in den Makrokosmos. Versuche, Enge und Geborgenheit zu schaffen in der absoluten Weite.

Dann summe ich alte Lieder der Beatles vor mich hin, besonders *All my loving* geht mir nicht mehr aus dem Kopf; *Close your eyes and I'll kiss you tomorrow I'll miss you … all my loving, all my loving, tomorrow, miss you, miss you, miss you …* es geht nicht weiter, auch das dreht sich im Kreis, schneidet sich ins Hirn wie eine Platte, die immer die gleiche Stelle abspielt. Doch es hilft, die leeren Stunden zu überbrücken.

Arali bleibt am Nachmittag wieder zurück, sein Durchfall ist stärker geworden, er muß sich vom schlechten Wasser aus Achégour erbrechen. Tatsächlich wird es zunehmend ekelhafter, seifiger, salziger. Als Efes mir etwas davon in die Kalebasse schüttet, ist es braun von der Lederhaut; Ziegenhaare schwimmen in der Brühe. Ich bilde mir intensiv ein, ein gutes, begehrenswertes Wasser zu trinken. Es hilft, den Brechreiz zu überwinden. Was man auch als autogenes Training bezeichnen kann, ist dieses: die Gewalt des Geistes, des Willens über den Körper. Es hat mir geholfen, auch die schwierigen, langen Märsche zu überstehen. Wenn ich schwach wurde und es nur noch mühsam voranging, sagte ich mir, leicht und locker zu laufen. Es funktionierte fast immer. Nur zweimal war die Schwäche stärker als Impulse vom Kopf: zwischen Arrigui und Bilma und vor ein paar Tagen, als ich Blumen vor meinen Augen sah.

Vor ein paar Tagen? Schon lange ist es nur EIN Tag, ein einziger, unwirklich langer Tag, ein Tagtraum. Die wenigen Stunden Schlaf kommen schnell wie eine Ohnmacht, sind wie Minuten. Weil der Blick ins Leere fällt, gibt es auch nichts, woran ich unser Fortkommen festmachen, die Zeit abstecken könnte. Meine sinnlos gewordene Armbanduhr liegt längst unten in der Fototasche.

Schon bei Sonnenuntergang passieren wir den schwarzen Trümmerrücken des Adrar Madet. Dahinter erscheint im letzten

Nachmittags: Endlich werden die Schatten wieder länger

Licht eine blaue, gezackte Linie am Horizont: das Aïr. Die Männer reagieren auf diesen Anblick mit lauten Rufen. Wir sind noch auf hoher See, aber die vorgelagerte Insel des Adrar Madet ist jetzt passiert. Das Ufer kommt in Sicht. Die Tage der absoluten Leere sind vorbei.

Das Gehen erhält neuen Schwung. Wir fühlen, wieder vorwärts zu kommen. Ein Ziel lockt am Horizont. Hinter der nächsten Bodenwelle sehen wir dann den Ostrand des Aïr in weiter Ausdehnung vor uns. Das Gebirge scheint die ganze Seite der westlichen Welt auszufüllen und wirkt so transparent, als könne es gleich wieder verschwinden.

Es ist dunkel, als wir die letzten zwei deponierten Ballen *alemos*-Stroh aufladen. Sie werden heute nacht schon fast draufgehen. Morgen bleiben für die Tiere bestenfalls nur ein paar Reste. Hat sich Khada trotz seiner Erfahrung verkalkuliert? »*Manna*«, sagt er knapp, die Dürre. »Auf dem Hinweg haben wir nicht genügend *alemos* gefunden. Jetzt fehlt uns eine Ration.«

»SONNABEND, 16. NOVEMBER 1985, SECHSTER TAG DES RÜCKWEGS. ETWA 35. TAG SEIT TIMIA. AÏR WIRD GRÖSSER. NACHMITTAGS WEICHER SAND, LETZTE DÜNEN. SEHR MÜDE. HUNGER. WIEDER KURZ VOR ZUSAMMENBRUCH. RAST AN DEN ERSTEN BÄUMEN.«

Ich träume, bei einem Nachbarn in sein großes Haus eingeladen zu sein (obwohl ich dort noch nie war). Teure Teppiche, Versinken in weichen Polstern. Seine Frau bringt duftenden Kaffee und selbstgebackenen Kuchen. Ich will gerade zugreifen, als mich jemand hart an der Schulter rüttelt:

»Aufwachen, es geht los!« Arali weckt mich. Es ist fünf Uhr dreißig, noch stockdunkel. Böiger Wind fegt Kälte heran, die durch alle Knochen dringt. Khada, Arali und Efes sitzen frierend um die karge Glut des heruntergebrannten Feuers. Auch das Holz ist alle.

Wie üblich bin ich der Langschläfer. Arali sagt mir, daß Khada und die Männer der anderen beiden Gruppen auch heute wieder gegen vier aufgestanden sind, um das Essen für den Vormittag zu kochen. Die aufgehende Sonne beleuchtet jetzt wie ein Spotscheinwerfer Sandanschüttungen am Rand des Adrar Madet und kriecht mit ihrem Lichtkegel über den Berg näher an uns heran.

Die Schatten-Beine der Kamele sind wieder mehrere hundert Meter lang, als wir in die Kälte hinausziehen. Wir kreuzen die Spuren einer kleinen Karawane aus Bilma mit nur neun Kamelen und zwei Tuareg. Khada erkennt noch viel mehr: »Sie sind höchstens zwei Tage vor uns. Den meisten Kamelen haben sie zu viel Gewicht aufgeladen. Eines lahmt schon.« Er deutet auf eine der Suppenteller-Spuren, ich nicke scheinbar verstehend. Die Spuren verlieren sich nach rechts, und auch der alte Jakuba – in den letzten Tagen sehr ruhig geworden – schaltet sich ein: »Sie sind verrückt, so allein zu gehen.«

Noch am Vormittag sind die Männer in ihre Decken gewickelt; nur zögernd wird es warm. Ich spüre schon wieder nagenden Hunger, das bißchen Hirsebrei ist beim Gehen im weichen Sand schnell verbrannt. Auch Datteln helfen nicht mehr viel. Das Defizit ist zu groß geworden. Die Farbstoff-Kekse sind längst alle, die letzten Ölsardinen-Dosen habe ich gestern verteilt, weil schon der Gedanke daran Brechreiz erzeugte.

Das Karussell meiner farbigen Träume von gutem Essen dreht sich erneut: Rinderrouladen – Kotelett – Nudelauflauf – Pizza – italienischer Salat; es bohrt sich vom Kopf hinunter bis zum Magen.

Erst ein imponierendes Bild erlöst mich von der Qual: Hinter uns steht der lange Felsrücken von Adrar Madet wie eine blaue Wand im Gegenlicht. Davor die eng zusammengehenden Kamele von Jakuba, Tanko und Bela.

Ich laufe durch den Sand zu meinem Tier, zerre Kamera und Zoom-Objektiv aus der seitlich angebundenen Fototasche und spurte wieder zurück. Vergessen sind Rouladen und Kotelett. Fotografieren, der nur begeisterten Fotografen bekannte Zwang, Faszinierendes und Schönes trotz aller Schwierigkeiten festzuhalten – das gibt mir immer wieder ein paar Funken neuer Energie. Und manchmal lenkt es ab.

Die stahlblaue Berglinie des Aïr ist noch immer weit entfernt. Abweisend und drohend steht sie vor uns. Tagsüber blaß und unwirklich, jetzt bei wegsackender Sonne als fast greifbarer

Scherenschnitt. Wie auf einer Achterbahn ziehen wir über letzte Dünenkämme und durch Mulden mit mehlfeinem Sand.

Der Hunger, die Müdigkeit, Hitze und Kälte. Frierend auf dem Kamel schaukeln, bis die Arterie in meinem linken Oberschenkel wieder von der Sattelstange abgeklemmt wird. Herunterspringen und Umfallen, mühsames Hinterherkeuchen. Bleib liegen, sagt eine leise, aber energische Stimme, bleib doch einfach liegen. Du kannst hier schlafen, schlafen …

Das Gehen ist nicht das Problem. Es zieht mich fast magisch vorwärts. Anhalten, plötzliches Stehenbleiben verursacht Schwindel. Nicht das Laufen ist qualvoll, sondern die Müdigkeit. Es verlangt meine letzte Willenskraft, die Augen offen zu halten. Im Halbschlaf stolpere ich weiter, halte mich wieder öfter an der Kamelladung fest; eine gehende Maschine ohne Gedanken, ausgebrannt und leer.

Ich weiß nicht, wie lange wir in dieser Nacht noch gehen. Ich weiß nur, daß es die längste Nacht dieser Reise ist. Wann werden wir im Aïr ankommen – morgen? Übermorgen? Was hat Khada noch gesagt? Niemand ist zu sehen, auch Jakuba schweigt schon lange. Sie schaukeln frierend auf ihren Kamelen, nicht zu erkennen in dieser mondlosen, kalten Nacht. Haben wir nicht gestern die Berge greifbar vor uns gesehen? Oder täuschte ich mich? War das nicht vorgestern?

Mir wird wieder öfter schwindlig, und ich kralle mich in die festgezurrten Stricke. Laß dich doch fallen, schmeichelt die Stimme. Es schmerzt nichts mehr, es gibt keinen Durst mehr, keinen Hunger und keine Einsamkeit. Endlich kann ich mich ausruhen. Die Blumen sind so schön, wieder rote Blumen. Der Himmel ist übersät mit fallenden goldenen Sternen.

Aus den Blumen werden Bäume. Riesengroß ragen sie vor mir in den Himmel, und ich höre das Rauschen der Blätter. Dann träume ich, daß die Karawane hält.

Sie haben schon mit dem Abladen begonnen, als ich noch immer neben dem Kamel stehe, meine Hände in den Stricken verkrampft. Der kiesige Boden dreht sich jetzt langsamer unter meinen Füßen, bleibt dann ruhig. Und die Bäume sind noch immer da. Ich reibe mir verwundert die Augen. Es ist keine Einbildung, kein Traum gewesen. Hier wachsen ein paar Akazien, und ich kann sie anfassen, spüre die harte Rinde.

Im kalten Sternenlicht sehe ich Trümmerberge. Ohne daß ich es bemerke, ist die Ténéré aus unserem Blickfeld verschwunden. Wir sind wieder im Reich der Steine.

Die Kamele haben kein Futter mehr. Khada ließ von seinem Sohn am Morgen *alemos* aufsammeln, das von einer großen, dort lagernden Karawane noch verstreut herumlag. Ein paar lächerliche Halme für die massigen Tiere, von denen einige schon bis auf die Rippen abgemagert sind … Die Männer schlagen einzelne Zweige von den Akazien, um an etwas frisches Futter zu kommen. Ich höre das Knirschen und Mahlen der hungrigen Kamele, trinke ein paar Schluck des ekelhaften Wassers. Khada gibt mir dazu eine Handvoll Datteln. Sie kochen Weizengrieß mit einem Rest Tomatenmark aus Bilma, als ich schon eingeschlafen bin.

»SONNTAG, 17. NOVEMBER. MITTAGS AM BRUNNEN VON AJIOUA. FREUDE AUF FRISCHES WASSER. ENTTÄUSCHUNG. WEITERZIEHEN ZUM WEIDEPLATZ.«

Schon kurz nach Sonnenaufgang sind die Kamele beladen. Ich fühle mich wieder kräftiger und fähig, ohne Mühe weiterzugehen.

»Gibt es bei euch auch so viel Sand?«, will Khada wissen. Wir stampfen noch immer durch bodenlosen Staub; das Gebirge erschien nur von weitem als senkrechte Wand. In Wirklichkeit beginnt das Aïr zögernd mit einzelnen Schutt- und Trümmerbergen am Rande weiter, sandiger Trockentäler. »Bei uns gibt es keinen Sand«, sage ich, »aber viel Asphalt und viele Menschen.« Ich erzähle ihm noch, daß bei uns gar nicht alle Menschen reich sind, wie sie hier immer annehmen; daß es sogar viele gibt, die nicht wissen, wo sie wohnen können, die auf der Straße sitzen und betteln.

Efes übersetzt staunend, Khada gibt die Informationen an Tanko und Jakuba weiter: Stellt euch vor, es gibt Weiße, *kufar*, die betteln.

»Und die hohen Häuser – haben sie denn keine Angst, hinunterzufallen?«, fragt er ungläubig.

»Sie haben keine Angst, aber es gibt manche, die wollen nicht mehr weiterleben: sie stürzen sich freiwillig herunter, nehmen Tabletten, oder werfen sich vor den Zug.«

Jetzt ist Khada aufgeregt, erbost: »Sie töten sich selbst, warum? Bei Allah, das darf man nicht.« Wieder redet er lebhaft auf seinen schweigsamen Nebenmann Tanko ein. Ich lenke das Gespräch in unverfänglichere Bahnen, berichte von Familien mit zwei oder drei Autos, und daß es für die meisten eine ziemlich unnormale Angelegenheit ist, länger als zehn Minuten zu gehen.

Zunehmend beherrschen Felsen und Steine die wilde Landschaft. Wenige zerzauste Akazien behaupten sich standhaft, symbolisieren nach der Leere hinter uns fast schon den Eintritt zum Garten Eden.

Ich sehne mich nach dem glasklaren Wasser von Ajioua und merke erst bei den Gedanken daran, wie durstig und ausgelaugt ich bin. Wir halten an den geborstenen Felsen, als es heiß geworden ist. Die Sonne steht senkrecht. Alle Tiere werden abgeladen und sofort zum Brunnen geführt.

Ich raste im korngelben Sand unter der gleichen Akazie wie vor drei Wochen.

Tanko und Ibrahim werfen ihren Ledersack in den Brunnen. Es dauert merkwürdig lange, bis er hohl aufklatscht. Dabei stand das Wasser vor unserem Abmarsch kaum zwei Meter unter der Betoneinfassung. Die ersten Kamele drängen sich heran, ziehen gierig das Wasser ein. Zum ersten Mal sehe ich, wie sich die sonst so hochmütig überlegenen Tiere unbeherrscht drängeln – wohl deshalb, weil manche das Natronwasser von Achégour arrogant ablehnten. Nach einer Wüstenwoche ohne Wasser bekommt selbst das zäheste Kamel langsam Durst.

Andere Männer füllen nebenan Wasser in ihre Ziegenlederschläuche. »Das Wasser ist schlecht«, ruft Arali herüber. Was soll das heißen, denke ich, es war das beste Wasser der ganzen Reise. Als ich den schützenden Schatten des Dornstrauches verlasse, fällt mir erst auf, wie lange sie zum Hochziehen des schwarzen Gummisacks brauchen. Was drin ist, läßt sich kaum noch als Wasser bezeichnen. Eine dunkelbraune, schlammige Brühe gießen sie in die *abeyoghs:* unser Wasser für die nächsten zwei, drei Tage, bis wir Timia erreichen.

Viele Karawanen wurden hier nach uns getränkt. Das war es also. Der Brunnen konnte sich nicht regenerieren. Enttäuscht schlurfe ich mit meinem Waschbeutel zurück, verkrieche mich vor der aggressiv hämmernden Sonne unter einem Felsüberhang. Es ist, als ob die letzte Kraft aus mir heraussickert, verdunstet. Trotzdem hasse ich nicht das Karawanenleben. Schon wieder optimistisch, denke ich: dann kannst du dich um so mehr auf das Wasser in Timia freuen.

Die meisten Kamele bieten einen jämmerlichen Anblick: ihre Rippen stechen durch das abgewetzte Fell; bei einigen tummeln sich Fliegen und Maden in tiefen, eitrigen Wunden des geschrumpften Fetthöckers. Uns allen stehen die Strapazen dieser Reise im Gesicht geschrieben. Khadas Falten um Mund und Nasenwurzel sind messerscharf. Die anderen haben rote Augen vom Schlafmangel und der Erschöpfung. Arali ist schmal geworden, durch seine Diarrhöe zusätzlich geschwächt. Nur beim alten Jakuba verdeckt der hochgezogene *tagelmust* Zeichen der Anstrengung. Aber er war in den letzten Tagen sehr ruhig, unser sonst so lebhafter »Römer«. Als ich unter dem Felsen in den Taschenspiegel schaue, blickt mir ein alter Mann entgegen, stoppelbärtig, mit hohlen Wangen, zerknitterter Haut und roter Nase, von der sich die Haut schält. Ich lege den Spiegel schnell wieder weg.

Wir haben uns nicht lange am Brunnen aufgehalten. Es gibt nichts zu essen. Die Kamele wurden getränkt, Lehmbrühe eingefüllt, und weiter geht es durch eine tote, gespenstische Landschaft. Khada hat keine Zeit: »Die Tiere brauchen dringend Futter. Wir müssen heute so lange gehen, bis *alemos* kommt. Noch eine Nacht ohne Gras und die ersten Kamele werden morgen nicht mehr aufstehen.«

Efes kommt mit einer Kalebasse voll Wasser. Seit dem frühen Morgen habe ich nichts mehr getrunken, mein Gaumen scheint wie mit Klebstoff zusammengepappt, die Lippen sind wieder aufgesprungen. Ich blicke in die blasige, braune Flüssigkeit. Es ist gut, sage ich zu mir. Nur etwas erdig, doch das reinigt den Magen … es ist ausgezeichnetes Wasser. Dann setze ich die Kalebasse an und trinke das Zeug mit geschlossenen Augen in einem großen Zug.

Es schmeckt gar nicht so schlecht.

Khada ermahnt uns, sorgsam damit umzugehen: »Hier wachsen zwar Bäume und bald gibt es *alemos* – aber hier ist immer noch *ténéré*, Wüste. Überall, wo es kein Wasser gibt, ist Wüste.«

Zurück im Aïr

Unsere stumme Karawane windet sich nun langgezogen, ein Tier hinter dem anderen auf uralten Pfaden über Geröllhügel. Wir werden heute kein Futtergras mehr finden, denke ich, als sich hinter den Felstrümmern ein weites, sandiges Tal öffnet. Dort stehen Schirmakazien und harte *afaso*-Gräser. Wir biegen dann ab in ein schmales Seitental. Dort wächst *alemos*. Ibrahim läßt wieder einen glockenhellen Freudenschrei los.

Nach mehr als drei Wochen können sich die Kamele nun in dieser Nacht wieder selbst Futter suchen. Sie hüpfen auf ihren eng zusammengebundenen, staksigen Vorderbeinen in die neugewonnene, halbe Freiheit.

Am nächsten Morgen erwache ich nach langer Zeit von allein. Das Stampfen der Hirsemörser in der Dunkelheit reißt mich nicht mehr aus dem Tiefschlaf. Ich räkle und strecke mich noch eine Weile wohlig im Mumienschlafsack.

Die Anspannung der letzten Tage und Wochen ist von uns abgefallen. Khada summt eine langgezogene, monotone Melodie. Jakuba reibt sich nebenan an einem gewaltig lodernden Feuer die Hände. Das *eralé*-Wüstenmüsli wird heute morgen besonders cremig mit Milch verfeinert, obendrein gibt es Pulverkaffee mit viel Zucker. Efes ist noch unterwegs, sucht die verstreut weidenden Kamele.

Das Marschieren gegen die Zeit gehört der Vergangenheit an. Die Reise geht zu Ende, denke ich wieder wehmütig.

Erst am späten Vormittag ziehen wir weiter, an den letzten sandüberschütteten Bergen vorbei. Dann durch eine schwarze, kiesige Ebene, als sei sie mit Kohlestücken überschüttet. Schließlich wieder zartgrün bewachsene Täler: *alemos.* Wir halten an. So kann ich mich nach langer Zeit mit dem Buch zurückziehen. Auf dem Hinweg war ich hier im Aïr noch unruhig, zerrissen. Nun spüre ich eine nie gekannte Ruhe, Zufriedenheit und Glücksgefühl – bin im Gleichklang mit mir und der Natur.

Das Tal wirkt durch die tiefstehende Sonne wie aus gehämmertem Kupfer. Plötzlich steht Arali mit einer Kanne heißem Kaffee und dampfendem Couscous als Geste der Versöhnung vor mir. Auch heute morgen hatte es wieder Streit gegeben, als er ein Gespräch zwischen Khada und Jakuba nicht übersetzen wollte: »Du brauchst nicht alles zu wissen«, war seine mürrische Begründung. Wir stritten uns wieder einmal heftig, und er stand zitternd vor Wut vor mir. Nun lenkt er ein, wir vertragen uns reichlich spät. Immerhin scheint das Kriegsbeil zum Schluß der Reise begraben zu sein.

»Ziehst du mit der Karawane weiter in den Süden?«, will Arali von mir wissen. Ich hatte es noch offengelassen, nochmals 700 Kilometer bis zu den Märkten an der nigerianischen Grenze mitzulaufen. Weil Khada dieses Jahr recht spät losgekommen war, würde er sich jetzt, entgegen seiner sonstigen Gewohnheit, höchstens eine Woche in Timia aufhalten. Weil es in der Sahel-Steppe auf dem Weg über Tanout reichlich Brunnen und Weideland gibt, muten sie den Kamelen keine langen Märsche zu, damit sie sich erholen können. In der Ténéré legten wir die zweimal 500 Wüstenkilometer in jeweils einer Woche zurück. Für den Weg in den Süden werden sie rund einen Monat brauchen – Tagesetappen von höchstens 25 Kilometern.

Jetzt im Dezember beginnt der Harmattan: oft stürmische, tagelang anhaltende Winde aus der Sahara, die den Sahel mit ockerfarbenem, erstickendem Staubnebel überziehen. Es würde eine monotone Reise sein – ohne jene Herausforderung, die mich in den letzten Wochen auf den Beinen hielt. Das Risiko, gerade dort krank zu werden, erscheint mir größer als in der Ténéré. Nach dieser extremen Reise wirkt der Rest gefährlich langweilig.

»Ich werde nicht mitgehen, Arali. Außerdem möchte ich noch etwas länger als eine Woche in Timia bleiben – um mich zu erholen und am Alltag von Taschat, ihrem Bruder Jussufu und der kleinen Geschwister teilzunehmen.«

Während ich von den Kindern und meinen Plänen spreche, wirkt die Aussicht auf einen weiteren Monat mit der Karawane noch unerfreulicher. Ich werde jedoch von Agadez aus mit dem »Buschtaxi« nach Tanout und weiter bis Tessaoua fahren, um einige der Märkte zu sehen, auf denen die Kel Ewey Salz und Datteln verkaufen. Mit viel Glück könnte ich sogar Khada und die anderen treffen.

Die Nacht war kalt und feucht. Zum ersten Mal erwachte ich mehrmals, trotz der doppelten Mumien-Umhüllung. Beim Weitergehen türmen sich vor uns weitere Geröllmassen auf. Rechts von uns liegt die Steinmoschee von Tchirozerène unsichtbar hinter einem Bergrücken – wir durchqueren jenes traditionelle Naturschutzgebiet, in dem es von den *marabuts* seit langem verboten ist, Bäume umzuschlagen oder nur zu beschädigen. Tatsächlich gibt es hier mehr Vegetation als irgendwo anders auf unserem Marsch durch das Aïr.

Khada ruft seinem Sohn ein paar knappe Worte zu. Efes holt zwei Salzbrote und einen kleinen Ledersack mit Datteln von einem der Kamele. Offenbar hat er das schon gestern bereitgelegt. Der schlaksige Ofagym folgt nach Anweisung seines Onkels Jakuba dem gleichen Beispiel. »Sie hinterlegen das für den *marabut,* eine Art von Opfer für die gut überstandene Karawane«, erklärt mir Arali.

Ich schließe mich den beiden an. Wir gehen im Eilmarsch über Geröllfelder, vorbei an prähistorischen Rundgräbern. Die weiterziehenden Kamele sind außerhalb unseres Gesichtsfeldes, als wir einen unscheinbaren, fünf Meter hohen Hügel aus geborstenen Felsen erreichen, oben flach wie ein Tisch. Dort liegen schon Salzbrote von unseren Vorgängern. Aus der Blechtonne holt Efes eine kleine Holzkiste, in der einmal chinesischer Tee bis nach Niger geschickt wurde. Er füllt die Datteln hinein. Wir laufen der Karawane hinterher.

Wir sind wieder im Herzen des Aïr.

Jetzt steht ein magerer Junge am Rand des Kamelpfades, ein Kerlchen von vielleicht fünf Jahren mit zerrissenem Hemd. Khada greift beim Vorbeireiten in den Vorratssack hinter sich, wirft eine Handvoll Datteln in den Sand.

Gegen Mittag halten wir vor einem Felsmassiv. Die Männer laden ihr Gepäck von den geschundenen Kamelen, stapeln die verschnürten Strohmatten mit Salz und Datteln zu kleinen Mauern. »Hier trennen wir uns«, sagt Arali. »Die Häuser von Jakuba, Tanko und Ibrahim sind in der Nähe. In einer Woche treffen sie sich hier wieder. Khada und Efes ziehen mit ihren Kamelen nach Timia. Der Ort liegt dort hinter den Bergen.«

Ich taste mit meinen Augen die zerklüfteten Felswände ab. Sicherlich gibt es auch dort Fußwege, so steil und unnahbar das Ganze auch aussehen mag. Arali errät meine Gedanken.

»Mit den Kamelen müssen wir weit herumlaufen und kommen

erst morgen Abend nach Timia. Der direkte, schwierige Weg über die Felsen dauert ungefähr sechs Stunden.«

Aus Erfahrung traue ich keinen Zeit- und Entfernungsangaben in Afrika. Sechs Stunden können leicht zu sechzehn werden – was macht das schon? Aber Aralis Information dürfte ziemlich genau stimmen. Er ist in solchen Dingen exakt und zuverlässig. Nach fünf Wochen mit der Karawane geht es mir nicht um Zeitersparnis eines lächerlichen Tages: der Weg über das Felsmassiv reizt mich.

Eine Stunde später marschieren wir in Richtung des hoch aufragenden Bergmassivs. Khada zeigte uns noch den besten Einstieg, dann gab es einen knappen, herzlichen Abschied. Er malte mir drei Striche in den Sand: in drei Wochen sei die Karawane in Gam-Gram bei Tanout. Jeden Dienstag ist dort Markt, und sie wollen dort schon Salz verkaufen.

Es würde mich nicht wundern, wenn wir uns dort treffen, denke ich beim Marschieren mit Arali, aber eigentlich gehe ich fest davon aus, ihn wiederzusehen … also morgen in drei Wochen. Wir hätten beide noch das Datum in einen Terminkalender eintragen sollen. Ich werde an dem Dienstag dort sein. Dann vergeht mir das Lachen. Arali wandert – nein, läuft voran. Er wird auch nicht langsamer, als wir ein enges Tal durchquert haben und nun beim Aufstieg entlang schmaler, kaum sichtbarer Pfade sind. Salziger Schweiß läuft mir in die Augen. Mein Atem geht rasselnd.

Bei flüchtigen Blicken nach oben sehe ich immer neue Felswände in den Himmel wachsen. Seit Wochen schlurften wir durch den ebenen Sand, nun geht es stundenlang steil bergauf. Meine Beine schmerzen, die Waden verkrampfen sich. Und endlich ist über uns nur noch Himmel.

Der Blick vom Paß ist grandios. Weit entfernt schwimmt der Adrar Mari vor hellem Sandboden wie ein Pudding in der Sauce. Das Aïr verliert sich am östlichen Horizont in zarten Pastelltönen. Ich krame meinen Fotoapparat aus dem kleinen Tagesrucksack. Das Gepäck wird Efes morgen mit einem der Kamele nach Timia bringen.

Nach dem Abstieg erholen wir uns im Gidé-Tal. »Ich bin so schnell gegangen, damit wir jetzt eine ausgiebige Pause einlegen können«, entschuldigt sich Arali. Aus seinem umgehängten Ledersack kramt er Tee, Zucker und eine kleine blaue Teekanne. Im Schatten ist es angenehm kühl. Ich lehne mich entspannt zurück und schlürfe den süßen Tee. In den Zweigen der Akazie trillert ein Vogel.

Zwei junge Frauen kommen singend in das Tal, bleiben vor dornigen Zweigen stehen. Darunter verbirgt sich ein Brunnen. Sie legen bedächtig die Zweige weg, ziehen das Wasser nach oben. Es ist glasklar.

Timia ist nicht mehr fern

»*Ajuan*« begrüße ich die Mädchen. »*Matolam*« antworten sie mit gesenktem Blick. Ich starre noch immer in den Brunnen. Sie geben mir eine Schüssel mit Wasser. Ich sehe darin kurz mein sonnenverbranntes Gesicht. Dann trinke ich, trinke und trinke. Es könnte kein schöneres Willkommensgeschenk geben.

Das *kori* von Gidé ist eines der schönsten im Aïr: Bäume und Büsche stehen im kühlen, sandigen Schatten des Tals, glattge-schliffene Felsen liegen dort wie überdimensionale Kieselsteine.

Wir kommen zum Weidegebiet von Amerik. Letztes, weiches Licht verwandelt die Berge vor Timia wieder in flüssiges Metall. Der Ort ist zum Greifen nah. Wir begegnen einer Gruppe von Frauen, die sich über mein mageres *tamaschek* amüsieren. Arali weist ihre Fragen barsch ab: »Wenn ich ihnen einen Satz über unsere Reise sage, ist es heute Abend schon eine ganze Geschichte. Und nichts davon wird stimmen.«

Arali wartet auf den Einbruch der Nacht, weigert sich wie alle Karawaniers, bei Tageslicht nach Timia zu kommen: um Mißgunst und Neid vorzubeugen, sind die Karawanen von jeher nachts in den Ort eingezogen. Für einen einzelnen »Sendboten« wie Arali, ohne Gepäck und Kamele, empfinde ich das als ziemlich übertrieben. Doch er zitiert gutgelaunt ein Sprichwort, das von den Hausa erzählt wird: »*La nuit est le pantalon de l'homme!*« – die Nacht ist die Hose des Mannes ...

Ich entschließe mich dagegen lieber halbnackt, aber noch tagsüber in den Ort zu kommen und erreiche ihn kurz vor Sonnenuntergang; gehe an der alten Moschee vorbei, die schon der legendäre Tuaregführer Kaocen benutzte, komme dann zur Post- und Funkstation – neben Schule und *dispensaire* eines der drei »modernen«, weißgetünchten Gebäude von Timia. Ein paar Kel Ewey stehen dort schwatzend vor dem Tor; der Postler, auch Idrisa und der Gärtner. Ich grüße freundlich. Sie erkennen mich nicht mehr.

»Wir sind aus Bilma zurück. Es geht allen gut«, sage ich ruhig. Sie stutzen eine Weile. Dann umringen sie mich, schütteln mir die Hand. Jemand umarmt mich. Nach dem Geschenk der beiden Mädchen am Brunnen werde ich nun in Timia begrüßt, spüre ehrliche Freude, menschliche Wärme, Natürlichkeit.

Zum Haus von Pit sind es noch 40 Minuten Fußweg – was ist das schon nach 1000 Kilometern? Ich freue mich auf das Wiedersehen und darauf, in meiner Sprache reden zu können, mich mitzuteilen.

Pit hat Besuch – ein TOYOTA-Geländewagen mit Tübinger Kennzeichen steht vor seinem Haus. Touristen, die glauben, daß ein Besuch von Landsleuten den isolierten Entwicklungshelfer unbedingt freuen muß. Dafür kann man ruhig dessen Bier trinken und seine knappen Vorräte angreifen. Nur – es kommen zu viel von dieser Sorte.

Pit lächelt gequält, als ich in seine »gute Stube« trete – den einfachen Raum mit Kamin und ein paar Wandbrettern, die sich unter der Last von Büchern und Radio-Kassetten biegen. Auf ebenfalls selbstkonstruierten Ledersesseln sitzt das blasse Pärchen aus Tübingen. »Do bischt endlich«, sagt Pit. Schwaben machen da nie große Worte. Stattdessen geht er raus und erscheint mit einem Bier: »Veschper kommt gleich«, murmelt Pit in seinen Bart.

»Du bist das also mit den Kamelen«, sagt das blonde Mädchen und, ohne auf meine Antwort zu warten: »Echt stark, das werd' ich auch mal machen.«

»Würde oder werde?«, frage ich mit versuchter Ironie. Nach dem ersten Schluck Bier dreht sich schon das Bücherbrett vor mir an der Wand.

Sie bemerkt nicht meinen Tonfall, säuselt ungerührt weiter: »Diese TUAREGS sind eh schöne Menschen. Vor allem die Männer – haste mal deren Augen gesehen?«, fragt sie ihren Freund.

»Tuareg«, sage ich, »Tuareg. Genauer: Kel Ewey.«

»Kel Ewey? Nie gehört.«

»So heißen die Menschen hier«, erkläre ich müde. Der Freund hat andere Interessen: »Sag mal, in Bilma – gibt's da auch Bier?«

Ich stehe auf und gehe nach draußen. Zwischen Haus und Küche funkelt ein Ausschnitt des grandiosen Sternenhimmels. Davor steht die gezackte Felskulisse der nahen Berge.

Pit ist in der Küche und schneidet gerade Zwiebeln. »Mist«, sage ich. »Mischt«, sagt Pit. »Ich glaube, man gibt meine Adresse weiter.«

Eine Stunde später sind die beiden gegangen. Ich erzähle Pit beim Whiskey von der Karawane, doch alles erscheint mir schon jetzt seltsam fern, unwirklich. Pit war in den letzten Wochen hier manchmal einsam, möchte auch von sich erzählen. Das kriege ich nicht mehr mit.

Noch in der Nacht bekomme ich Durchfall – zum ersten Mal seit meinem Aufbruch vor fünf Wochen. Vorher durfte ich keinen

Durchfall bekommen. Schweißgebadet erwache ich im Morgengrauen. Es scheint mir, als gibt es in dem kleinen Gästezimmer keine Luft zum Atmen. Der Himmel ist nicht mehr zu sehen.

EIN BRIEF AUS TIMIA

Timia, den 5.12.85

Lieber Michael,
nun bin ich schon seit fast zwei Wochen von der Salzkarawane zurück. Ich weiß, Du denkst jetzt berufsbedingt gleich an Krankheiten. Also: alles gut überstanden. Erinnerst Du Dich noch? Blasen und Durchfall, das waren meine großen Sorgen. Erzählte ich Dir das nicht in Bühlertal bei Kartoffelpuffern mit frischen Pfifferlingen in Rahmsauce? Krank an Leib und Seele wurde ich NACH der Karawane …

Von den tausend Kilometern nach Bilma und zurück ging ich über zwei Drittel zu Fuß; es ging mich von allein. 9 Männer, 49 Kamele. Es waren traumhafte, unwirkliche Tage in der Ténéré-Wüste, jeweils eine Woche im absoluten Nichts. Eine vollkommen leere Welt, die man nach Belieben mit Menschen, Geistern, Gedanken ausfüllen kann – zumindest bis zum späten Vormittag. Dann wird die Sonne zum Feind.

Von morgens um 7 bis mindestens 23 Uhr Gehen, manchmal Reiten ohne Pause. Gegessen (morgens kalter Hirsebrei, mittags Hirsesauce, dann nichts bis Mitternacht) im Gehen. Sie kochten selbst den Tee im Gehen. Eiskalte Nächte unter der Milchstraße und verglühenden Sternen. Du begreifst die Vergeblichkeit allen Tuns (Seins?) und gehst doch immer weiter. Du erkennst, daß Ankommen eigentlich gar nicht so wichtig ist, sondern die Richtung, der Weg zum Ziel. Wenn du angekommen bist, gibt es keine Herausforderung mehr.

Das ist wohl der Grund für meine Müdigkeit in den letzten Tagen. Ich fühle mich wie zerschlagen. Und glaube nicht, ich würde mich als erfolgreichen Wüstenbezwinger, abgehärteten

Abenteurer oder gar Held fühlen! Im Gegenteil, ziemlich jämmerlich. Schon in der ersten Nacht mußte ich kotzen, dann folgte eine Woche lang schlimmer Durchfall – trotz Diät und Kamillentee.

Jetzt höre ich Dich sagen: die meisten Medikamente könnte man sparen, würden grundlegend seelische Ursachen kuriert, ich weiß, ich weiß. Während der Karawane wurde ich nie krank (obwohl selbst einige Tuareg Durchfall bekamen), weil ich felsenfest davon überzeugt war, es zu schaffen, und gar nicht krank werden DURFTE. Zurück in Timia, konnte ich natürlich krank, schwach, müde sein.

Meine Depressionen ließen sich in den ersten Tagen nicht »abstellen«. Es war geschafft, und jetzt? Wem konnte ich davon erzählen? Selbst der sonst so nette Entwicklungshelfer Pit hörte kaum hin. Und dann, die nächste Reise – weiter, extremer? Wieder allein?

Aber jetzt geht's mir schon wieder ganz gut. Komme nur kaum zum Arbeiten (ein bißchen Schreiben im sandigen Hof auf Spittlers Campingtisch) – immer erscheint neuer Besuch. Hier wärst Du richtig, könntest Dich wohl über Zulauf kaum beklagen: die meisten Leute wollen ärztlichen Rat und Medikamente. Es gibt doch eine Krankenstation hier, sage ich. Nein, meine Medizin sei besser, die deutschen Tabletten sind plus efficace.

Ich bin viel mit den Kindern zusammen und esse oft drüben: Weizenfladen (sehr lecker, in Öl knusprig gebraten), Couscous oder geriebene – wie soll ich sagen – Knubbel, auch aus Weizengrieß, Pit nennt das »Sahara-Spätzle«.

Zum Jahresanfang bin ich wohl zurück. Dann sehen wir uns hoffentlich bald. Ich denke noch an Dein Tennis-Match und meine Fahrradtour. Diese Tage durch die Weinberge damals, im September.

PS. Zwei Tage später. Es gibt viel mehr von hier zu berichten, als Du vielleicht glaubst. Sie feierten drei Tage und Nächte lang mouloud, den Geburtstag des Propheten. Das Fest warf einen hellen Schein auf Timia. Selbst die Luft schien klarer, silbrig. Kamelreiter veranstalteten Wettrennen, alle mit ihren schönsten

Brunnen von Timia

dunkelblauen Indigo-Gewändern und -Turbanen, das Schwert an der Seite. Es erinnerte an alte Zeiten, als die Tuareg noch gefürchtete »Ritter der Wüste« waren.

Nun sind Festkleidung, Silberschmuck und verzierte Leder-taschen in den Blechtruhen der einfachen Lehmhäuser ver-schlossen. Der Alltag ist eingekehrt. Die Kinder sind wieder dreckig und rotznäsig. Erst jetzt fällt mir auf, wie viele husten, unter Erkältung leiden. »Im Winter sterbe die Leut'«, sagt Pit.

Morgen fahre ich nach Agadez, und dann weiter in den Süden. Will sehen, wo sie Salz und Datteln verkaufen.

WEITERZIEHEN:
ZWISCHEN NORDEN UND SÜDEN

Gen Süden, bevor ich bald weit nach Norden fliege. Sechs Stunden in Pits Geländewagen für 220 Kilometer durchs Aïr nach Agadez – sechs holprige Stunden ohne Pause, über Geröll und Felstrümmer, in denen ich für dieses Mal Abschied nehme von der zerborstenen Zitadelle.

Nach den letzten zweieinhalb Monaten erscheint mir Agadez wie eine glitzernde Metropole. Wieder ins Hotel de l'Aïr. Es ist fast wie ein Nachhausekommen. Das Mädchen an der Rezeption begrüßt mich als alten Bekannten: »Bonsoir, Monsieur Gartung, wieder Zimmer drei?«

Ich sitze im hohen Speisesaal des Lehmhotels, bewundere das schöne Kreuzrippengewölbe. Dies war 1916 Audienzsaal von Kaocen, dem Anführer der Tuareg-Aufständischen; hier ließ er gelegentlich Franzosen aufhängen. Hier wurde der Kampf gegen die französische Kolonialmacht organisiert. Aber Kanonen und Gewehre waren stärker als Schwerter und Steinschloßflinten.

Nun esse ich im gleichen Saal ein zähes Pfeffersteak, das mir der Ober in seiner gestärkten weißen Jacke bringt. Im Fernsehen, neuerdings in Farbe, flimmert gerade Seyni Kountché über die Mattscheibe, wie immer todernst. Der asketische Präsident erläutert die guten Ernteergebnisse des Jahres: »*Très satisfaisante, une bonne récolte après la dernière sécheresse …*«

Ich freue mich darüber und trinke noch ein Bier, auf die gute Hirse-Ernte.

Ob es mir nichts ausmachen würde, ganz hinten zu sitzen, fragte mich der Fahrkartenverkäufer und fügte bedauernd hinzu: »Alle Plätze im Bus nach Tanout sind schon ausverkauft.«

Der nächste geht erst übermorgen – zu spät, wenn Khada mit seinen Leuten tatsächlich morgen zum Dienstags-Markt in Gam-Gram bei Tanout kommen sollte. Morgen, das war Khadas dritter Strich im Sand. Vor drei Wochen sind sie von Timia gen Süden aufgebrochen.

Der kleine Bus ist ein besseres »Buschtaxi«, gehört der staatlichen Transportgesellschaft SNTN. Sie unterhält regelmäßige und einigermaßen pünktliche Verbindungen zwischen Nigers größeren Städten. Diese hier ist am qualvollsten: 287 Kilometer bis Tanout, von dort nochmals 160 Kilometer zur alten Sultansstadt Zinder – und kein Asphalt.

Unterwegs nach Tanout

Schmale Sanddünen wachsen aus der Ebene über die Piste; lustiges Schaukeln hinten im Bus. Doch bald weiß ich, was der Mann mit »schlechtem Platz« meinte. Das betagte Fahrzeug fällt in Schlaglöcher, wir werden mit dem Kopf nach oben katapultiert, krachen dann zurück auf verschlissene Kunststoffpolster. Es ist trotz allem erheiternd. Die beiden jungen Nigrer neben mir lachen bei jedem Schlag in die Nierengegend. Dann kommt ein Stoß, bei dem Polster und Rückenlehnen sich lösen und wir im Rohrgestell hängen.

Wir lachen, bis uns die Tränen kommen, arbeiten uns wieder hoch, krallen uns am Haltegriff fest, um mit den Knien die nächsten Stöße abzufangen.

Irgendwann ein kurzer Halt: Aderbissinat. Brunnenplatz für durchziehende Nomaden, wenige Lehmhäuser. Kalter Wind bläst uns Sand ins Gesicht, Staub hängt wie Nebel in der Luft. Ein schneller Kaffee, der Mann mit Wollmütze am Stand benutzt Tee, in den er dann Kaffeepulver schüttet. Es schmeckt scheußlich, ist aber warm. Überall wird hier von Frauen und Kindern Käse angeboten – viereckige, harte Ziegel in allen Größen, meist versandet, oft hart und rissig wie Sperrholz. Ich erwischte noch ein weiches Produkt.

Der Fahrer scheint jetzt den Etappenrekord der Rallye Paris-Dakar brechen zu wollen, rast wie ein Geisteskranker. Die Piste ist besser geworden, glattgeschoben. Doch bei Löchern knallen wir hinten mit doppelter Wucht an Eisenträger, Dach und Vorderlehne, kugeln durcheinander. Das Lachen ist den sechs Fahrgästen auf der zu Bruch gegangenen Rückbank längst vergangen.

Kurz vor Tanout eine Pinkelpause, dann beten die meisten – einzeln, jeder mit seinem kleinen Wasserkessel aus Plastik zur symbolischen Reinigung von Gesicht und Händen. Es dämmert. Der Himmel ist nicht mehr gelb, sondern dunkelbraun. Die mannshohen abgeernteten Hirsestengel bewegen sich knarrend im Wind. Hier ist die Grenze des Hirseanbaus – durch wachsenden Bevölkerungsdruck wird sie immer weiter nach Norden verschoben. Das karge Land ist ausgelaugt, überweidet, anfällig für Erosion und Verwüstung; schließlich verwüstet.

Ich verbringe eine unruhige Nacht in der lokalen »Pension« – ein Lehmzimmer mit Strohmatratze, umgerechnet 3,50 DM; das Frühstück aus wohlschmeckenden, gebackenen Reisfladen am nächsten Tag kostet extra. Vom Jungen lasse ich mir noch etwas Zucker zum Draufstreuen holen. Es ist ein kalter, grauer und ungemütlicher Tag. Ich will nach Gam-Gram, warte frierend am »Taxiplatz« vor den Händlern mit ihren wackligen Kaffee-Tischen und Stangenweißbrot nach französischer Art.

Meine Knochen schmerzen noch von der gestrigen Horror-Fahrt, ganz zu schweigen von unzähligen blauen Flecken. Mühsam klettere ich auf die Ladefläche eines uralten Lastwagens, der

Marktbesucher und deren Bündel, Ballen, Töpfe, Kalebassen und Ziegen nach Gam-Gram bringt. Wir schwanken und holpern über eine verwehte Piste. Gam-Gram: ein halb im Sand ersticktes Dorf, noch verlassene Marktstände.

Erst am späten Vormittag bevölkert sich langsam der Platz. Der Himmel ist noch immer verschleiert und trotzdem schmerzhaft hell. Eine kleine Karawanengruppe kommt heran – Khada mit seiner Gruppe? Es sind vier Kel Ewey von den Bagzan-Bergen, noch jüngere Tuareg. Sie freuen sich über meine paar Brocken *tamaschek*. Khada kennen sie nicht.

Zusammen gehen wir zum Rand des Marktplatzes, laden das Gepäck von ihren wenigen Kamelen. Bald schon sitzen sie dort, vor sich Salzkegel *kantu* und runde Salzbrote *fotchi* aufgebaut, gestoßenes, helles *kow*-Salz, zu Bündeln verschnürte Fasern der Dumpalme, aus denen die Frauen schöne Matten flechten. Datteln entdecke ich nicht.

Der Markt liegt an der unsichtbaren Nahtstelle zwischen Seßhaften und Nomaden, im Schnittpunkt verschiedener Händler- und Karawanenrouten: Kel Gress aus dem Westen kommen vorbei und vor allem Kel Ewey; sie beginnen hier mit dem Verkauf von Salz und Datteln, Fasern, Stricken, Matten, getrockneten Tomaten aus ihrer Heimat; dann ziehen sie weiter nach Süden, zu anderen Märkten und besseren Weiden.

Es ist ein armer Markt. Nur wenige Ziegen und Hammel werden zum Verkauf angeboten. Bauern der Region bringen vor allem Maiskolben und Erdnüsse, die in kleinen Häufchen und winzigen Mengen – *pour dix Francs* – ausgelegt werden. Knorrige, im Viereck eingesteckte Äste markieren einzelne Stände; als Sonnenschutz darübergelegte Strohmatten bringt sich jeder selbst mit. Fertigprodukte gibt es kaum, wer hat hier schon Geld übrig? Blaues »Omo«-Waschpulver wird ebenso *en detail* in Plastikbeuteln angeboten wie einzelne Zigaretten und Bonbons. Ein paar Taschenlampen-Batterien, Streichhölzer, grellbunte Kämme aus Plastik und chinesischer »Tiger«-Mentholbalsam in winzigen Dosen runden das Angebot ab.

Zwei Schüler zeigen mir Gam-Gram. Es wirkt in weiten Teilen

wie ein sterbender Ort. Zäune aus Hirsestengeln wurden vom herandrängenden Sand umgedrückt. Hohe Dünen dort, wo einmal die Hauptstraße gewesen sein muß. Dünen auch vor einigen Häusern. Der ehemalige Dorfbrunnen: leer, versandet. »Die Frauen müssen nun sehr weit laufen«, erklärt mir einer der Jungen. Er zeigt nach vorn in den Staubdunst, wo ich nichts weiter sehe als abgeerntete Hirsefelder, Sand und tote Bäume.

Nochmals eine Nacht im privaten Lehm-Hotel von Tanout. Das Zimmer scheint einem Schüler zu gehören, Illustrierten-Bilder sind mit Heftzwecken an die Wände gepinnt: Fußballfotos, Schauspielerinnen, Schlagersänger und Zigaretten-Reklame – Motive der so begehrten reichen Welt. Eine Welt der Weißen, die ausnahmslos glänzende Autos fahren, gut gekleidet sind und mit blonden, schönen Frauen Whiskey trinken. Ich werfe meinen geschrumpften, staubigen Rucksack auf die Strohmatratze des kargen Zimmers und gehe auf ein Bier in den Ort.

Neonlampen flammen auf. Der Staub wirkt nun wie dichter Novembernebel. »Den Strom haben wir erst seit letztem Jahr«, sagt mir der *brochettes*-Verkäufer mit einem Anflug lokalen Stolzes, als ob sich dadurch hier viel ändern würde. Seine rot gepfefferten Fleischspieße hat er kreisförmig um die Holzkohlenglut in den Sand gesteckt, schneidet von einer Hammelkeule Stücke für neue Spieße ab. Er wickelt mir die Brocken in fettiges Packpapier. Das Fleisch ist so scharf gewürzt, daß es mir Tränen in die Augen treibt.

Die Bar heißt SAHARA und ist noch trostloser als die ganze Umgebung hier: ein kahler Lehmraum mit langen harten Bänken. In der Ecke hockt ein schmächtiger Betrunkener, laut und wirr vor sich hinbrabbelnd. Drei Männer und eine ältere, rauchende Prostituierte sitzen vorn, alle ihre Flasche »Bière Niger« in der Hand. Der Besoffene beginnt bald, die anderen lallend zu beleidigen, erkennt mich plötzlich, torkelt näher, die Hand ausgestreckt: »Freundschaft ... *nous sommes des amis ... les noirs et les blancs.*« Hinter der roh zusammengezimmerten Theke taucht ein vierschrötiger Jüngling auf, setzt den Betrunkenen erstaunlich sanft wieder auf seinen Platz.

»Sie haben auch Wein«, sagt mir einer der drei Männer, als ich suchend das kahle Wandbrett abtaste, »sauer, und noch teurer als Bier. Cognac ist am besten, aber wer kann den bezahlen? Ein kleines Glas 300 Francs …« Er spricht traurig, redet monoton weiter; nicht, um eingeladen zu werden – nur gegen die Einsamkeit. »Ich bin hier der Krankenpfleger, komme aus dem Süden, aus Maradi. In Dakar absolvierte ich einen Teil meiner Ausbildung. Sie kennen Dakar? Eine Weltstadt. Fast wie Paris. Und hier? Jeden Abend in die Bar – was soll ich sonst machen? Alles ist teuer. Auch die Frauen sind teuer. Mein Geld für Frauen reicht bis Mitte des Monats. Nichts bleibt übrig, nur *la tristesse* …«

Wie recht er hat. Am nächsten Morgen fahre ich im neuen Geländewagen des Roten Kreuzes die nächsten 160 Kilometer nach Süden, bis Zinder. Der holländische »Experte« sitzt zigarrerauchend im Fond, manchmal den Fahrer kritisierend: »Links um diese Sandverwehung, Jean. Jetzt endlich in den vierten, Jean. Schließe das Fenster, Jean.« Dem Fahrer ist nichts anzumerken. Er wird den rotgebrannten, dicken Europäer auflaufen, seelisch aushungern lassen. Strategie der Passivität. Und wo Projekte von den Bauern als sinnlos angesehen werden, verweigern sie sich – immer freundlich lächelnd. Eine wirksame Waffe. »Die Schwarzen wollen nichts lernen. Sie sind faul, dumm und ignorant«, höre ich den Holländer nach seiner Rückkehr sagen.

Sie laden mich auf dem Autoplatz von Zinder ab. Lärm, Hitze und Gestank schlagen mir beim Verlassen des klimatisierten Wagens entgegen. Halbstarke stehen vor einer Bude mit Musik-Kassetten; aus den Lautsprechern dröhnt es schmerzhaft laut. Ich will erschöpft etwas trinken, suche einen Jungen mit dem Holzwägelchen voll gekühlter Getränke. Bettler auf Krücken versperren mir den Weg, ich umgehe übelriechende, schillernde Pfützen. Eine Münze für die blinde, vom mageren Mädchen geführte Frau. Ich erwehre mich anderer Bettler und lästigen Händlern, finde schließlich schweißüberströmt einen Kleinbus nach Tessaoua.

Über tausend Asphalt-Kilometer sind es von hier bis zur Hauptstadt Niamey. Eine Fußballmannschaft kommt uns auf offenen

Wagen entgegen, dazu Schlachtenbummler mit rot-weiß geschneidertem Dreß, Schirmmützen und Papptafeln – bereit zum siegreichen Einzug nach Zinder. Dann wieder endloser, jetzt zur Trockenzeit verbrannter Busch. Dösen im vollgestopften Bus. Vor Tessaoua ein langer Halt, Kontrolle der Polizei. Wer keinen Paß hat, muß ausstei-

Kel Ewey-Karawanenleute begrüßen einen Hausa-Bauern bei Tessaoua

gen. Nach drei Stunden haben wir die 110 Kilometer geschafft.

Wieder werde ich bedrängt, dieses Mal von Mädchen mit Sesam-Plätzchen – wächst hier nichts als Sesam? Zwei Halbwüchsige schlagen sich darum, wer mein Gepäck trägt; ich gebe dem einen die Fototasche, dem anderen den Rucksack. So verdienen beide eine Kleinigkeit. Es gibt ein »Campement-Hotel« aus der Kolonialzeit, also gehen wir die Asphaltstraße entlang, vorbei an einer überdimensionalen, neuerbauten Moschee. Auf der anderen Seite sehe ich zwei Tuareg. Wie groß ist meine Freude, den alten Ahmadou aus Timia zu erkennen! Nur flüchtig traf ich ihn vor meinem Abmarsch aus Timia im Oktober, doch sein markantes Gesicht hat sich eingeprägt: eisgrauer Oberlippen- und Kinnbart, tiefe Falten in sonnengegerbter Haut, trotz seiner ungefähr 70 Jahre noch stechende, energische Augen unter dem schwarzen *tagelmust*. Seit mindestens 40 Jahren ist Ahmadou jahraus, jahrein zu den Salinen von Bilma und hinunter ins Hausa-Land gezogen – der älteste *madugu*, auf dessen Rat alle hören.

Wir reiben die Handflächen aneinander, und ich bedaute meine geringen *tamaschek*-Kenntnisse. Khada, Efes, Jakuba, Ibrahim? Natürlich kennt er alle, doch sie sind noch nicht angekommen. Gemeinsam erreichen wir ein altes, ehemals weiß gestrichenes

Gebäude. Ahmadou klagt über Kopfschmerzen, ich suche ein paar Tabletten. Wir sitzen auf der Erde vor dem armseligen Hotel, sind gleich umringt von lachenden, lauten Händlern, die mit den Resten europäischen Freizeit-Looks bekleidet sind. Einer übersetzt mehr scherzhaft als ernst – von oben herab. »Du sprichst ja Bororo, die Sprache der Peulh«, meint jemand zu mir, deutet abfällig auf die Tuareg; »oder wie heißen diese Leute da?«

Wir sitzen nicht mehr im Sand der Ténéré, sondern sind im Süden. Es könnte kein ferneres Land geben. Die beiden Kel Ewey mit ihren vertrauten Gesten wirken hier wie nutzlose Statisten eines längst abgedrehten Films. Morgen, bedeute ich Ahmadou, morgen treffen wir uns auf dem Markt.

Tofat, bestätigt er, faßt sich beim Aufstehen an den Kopf. Sie campieren draußen im Busch, schlafen vor ihren aufgestapelten Salz- und Dattelballen, leben wie sonst, gehen so selten wie nötig in den Ort. »Im Süden sind wir Fremde«, sagte mir schon Khada, »Fremde im eigenen Land. Immer mußt du auf der Hut sein.«

Im verwilderten Hof des »Campements« stehen alte, verbogene Blechsessel und Holztische – der Biergarten. Laute, geifernde »Mammies« schreien hinter großen Kochtöpfen. Zur Kolonialzeit wurde hier noch in den 50er Jahren Justiz von den Franzosen geübt, dann verwandelte man dieses *»Palais de justice«* in eine trostlose Herberge.

Die Eingangstür ist längst zerbrochen, öffnet sich zur Bar: Ein düsterer Raum mit Spinnweben. Der junge Mann gibt mir wichtigtuerisch ein Formular zum Ausfüllen – in jener routiniert-unverbindlichen Art, die sonst in besseren Häusern anzutreffen ist. »Wie lange gedenken Sie zu bleiben?«, fragt er mich souverän. »Eine Nacht.«

Das Zimmer ist hoch und stinkt nach Urin. Als eine nackte Glühbirne ihr trübes Licht verbreitet, huschen Kakerlaken zurück in Mauerritzen. Wenigstens hat der »Empfangschef« ein neues Bettlaken dabei. Im ausgeleierten Drahtgeflecht des Bettes liege ich wie in einer Hängematte. Es ist nicht das erste Zimmer dieser Art auf meinen Reisen. Die notwendigen Veränderungen gehen mir geübt von der Hand: Matratze vom Bett nehmen und auf den Boden legen; mein Moskitonetz drüberspannen; den Eingang zur Kakerlaken-Dusche mit der Isoliermatte absperren, damit nicht noch mehr dieser possierlichen Käfer in meinen Schlafraum kommen. Und dann Bier trinken, viel Bier.

Es wäre ungerecht, Tessaoua mit dem Dreckloch des »Campements« vergleichen zu wollen. Am nächsten Vormittag erkunde ich ein Labyrinth eng zusammengebauter, sauberer Lehmhäuser. Ochsengespanne transportieren Feuerholz, Wasserträger eilen zu den Häusern. Das bedrückende Graubraun ist gewichen, es gibt wieder Farben, Lachen, blauen Himmel. Von allen Seiten kommt ein freundliches *sanu*. Dennoch beeile ich mich, weiterzukommen. Die Reise ist beendet, und seit Tanout fühle ich mich allein. Mein Besuch auf dem lärmenden Markt von Tessaoua ist nur kurz. Ich treffe Ahmadou wieder, und noch eine Gruppe von mindestens acht Kel Ewey. Sie sitzen dort in einer langen Reihe vor ihrem Salz und

Auf dem Markt von Tessaoua

den Datteln in kleinen und kleinsten Mengen. Ob nur einer der Hausa-Kunden in ihren wallenden *boubous* und den bunt bestickten Kappen ahnt, wie lang und beschwerlich der Weg gewesen ist?

Noch am gleichen Abend finde ich einen Platz im Bus nach Niamey. Das Jahr geht zu Ende, Weihnachten ist schon vorbei. Irgendwann in den nächsten Tagen werde ich nach Deutschland fliegen.

Ich habe Heimweh.

Heimweh nach der Wüste.

ANHANG

NIGER AUF EINEN BLICK

Größe   1.267.000 qkm

Einwohnerzahl   (1999, Schätzung) 10, 5 Millionen

Bevölkerung   53% Hausa
21% Djerma/Sonrai
je 10% Tuareg und Peulh (Fulbe)
4% Kanouri (am Tschadsee und
Ténéré-Oase Fachi)
0,4% Tubu (im Nordosten/Djado)
0,3% Araber
ca. 6000 Europäer (meist Franzosen)

Sprachen   Amtssprache Französisch (ge-
sprochen von 15%),
Hausa (70%), außerdem Djerma,
Tamaschek (Tuareg), Fulbe (Peulh)

Staatsname   République du Niger

Staatsform   Präsidialrepublik

Wirtschaft   Pro-Kopf-Einkommen: etwa 200 US-Dollar/
Jahr. Extreme Abhängigkeit von Auslands-
hilfe: 90% der Investitionsausgaben und
50–60% der laufenden Ausgaben (z.B.
Löhne) werden vom Ausland finanziert (u.a.
Frankreich, Deutschland, EG, Weltbank).

Landwirtschaft   Knappheit an Nahrungsmitteln (Defizit:
1997 152.000 t) durch hohes Bevölkerungs-
wachstum und Verwüstung (Desertifikation).
Angebaut werden vor allem Hirse, Sorghum
und (am Nigerfluß) Reis. Fleisch, Häute und

Erdüsse (Jahresproduktion etwa 80.000 t) sind die wichtigsten agraischen Exportprodukte (insgesamt 40% des BSP).

Bodenschätze

Mit 280.000 t Uranreserven steht Niger weltweit auf Platz 3. Gefördert werden aber jährlich, aufgrund geringer Nachfrage, nur rund 3000 t (ca. 8% des Bruttosozialprodukts). Ebenso bei Arlit (200 km nordwestlich von Agadez) wird Steinkohle gefördert (1994: 174.000 t). Damit kann der Strom von Arlit und Agadez produziert werden. In Westniger wurde durch die kanadische Firma Etruscan mit der Goldförderung begonnen. Der Abbau von Kupfer, Mangan und Lithium soll aufgenommen werden. Große Erwartungen sind mit der Erdölförderung verbunden. Seit 1995 wird in der Djado-Region (Nordosten) und bei Agadem (zwischen Bilma und Tschadsee) prospektiert. Später suchten Geologen in der Ténéré und östlich von Bilma nach Erdöl.

AUF DEN ZWEITEN BLICK:
ZAHLEN, DIE TRAGÖDIEN VERBERGEN

Bevölkerungswachstum	3,3%
Kindersterblichkeit	11%
Bevölkerungsstruktur	1–14 Jahre: 48%, 15–64 Jahre: 50% über 65 Jahre: 2%
Bevölkerungsverteilung	zwischen 0,3 Einwohner pro qkm im Norden und 70 Einwohner/qkm im Süden
Einwohnerzahl pro Arzt	ca. 40.000
Wüstenanteil	60%
Ackerland	3%
Permanente Weiden	7%
Analphabeten	93% der Frauen, 82% der Männer

In den Statistiken der absoluten Habenichtse, der LLDC (List of Least Developed Countries), rangiert der dürregeplagte Binnenstaat Niger seit Jahren unter den ersten: ärmer noch als Äthiopien oder Somalia. Über 60% der Menschen müssen mit weniger als umgerechnet einem Euro am Tag auskommen. Aber Statistiken verschleiern. Was nützt es z.B. den Menschen des Kongo, daß ihr Land durch potentielle Bodenschätze »reicher« ist? In Niger gibt es keine Kämpfe um Bodenschätze, die Arme der Gewalt und Willkür von Rebellen und der Armee ausliefern.

ZEITTAFEL UND POLITIK

Bis zum Ende des Neolithikums (Jungsteinzeit, ca. 7000 bis 2000 v.Chr.) waren die heutige Ténéré-Wüste, das östlich angrenzende Djado-Massiv und Teile des Aïr-Berglandes bedeutende Siedlungszentren von Jägern, Sammlern und späteren Hirtenkulturen. Davon künden bedeutende Felsgravuren. Ab etwa dem 8. Jahrhundert zogen Transsahara-Karawanen durch das heutige Staatsgebiet (Handel, u.a. mit Sklaven, Gold, Elfenbein, ab dem 12. Jahrhundert auch mit Salz).

ab 8. Jh. Im Südwesten Teil des Songhai-Reiches der Djerma, im Osten von Kanem-Bornu der Kanouri (mit dem Machtzentrum am Tschadsee).

ab 9. Jh. Gründung der Stadt Assodé im Aïr-Bergland durch Berber (wahrscheinlich Tuareg).

10. Jh. Bildung von Hausa-Stadtstaaten auf beiden Seiten der heutigen Grenze zwischen Niger und Nigeria; Beginn der Islamisierung.

11. Jh. Besetzung des Aïr-Massivs durch Tuareg. In den folgenden Jahrhunderten interne Kämpfe um die Ausdehnung ihres Herrschaftsbereichs.

15. Jh. Die untereinander zerstrittenen Tuareg wählen 1405 eine neutrale Oberhoheit, wahrscheinlich einen Hausa. Anderen Berichten nach soll der Sultan sogar aus Konstantinopel gekommen sein. Kurz darauf beginnt man mit dem Bau der Moschee von Agadez, dessen Lehm-Minarett noch heute die Stadt dominiert. Blüte der im 14. Jh. gegründeten Stadt als Zentrum des Gold- und Karawanenhandels.

1515 Vertreibung der Tuareg aus Agadez und dem südlichen Aïr durch Askia Mohamed, dessen Sonrai-Reich in Gao am Niger-Fluß (heute Mali) zu großer Blüte gelangt. Noch heute wird z.B. in In Gall Sonrai gesprochen. Agadez wird tributpflichtig.

18.–19. Jh. Ausdehnung des Tuareg-Einflusses auf weite Teile von Niger (zersplitterte, unstete Herrschaft, Überfälle in Gebieten der Hausa).

19. Jh. Forschungsreisen, u.a. von Mungo Park (1805/ 1806 – Nigerfluß), Heinrich Barth (1850–55 – Tschadsee, Agadez, Aïr, weiter nach Timbuktu), Gustav Nachtigal (Tibesti, Tschadsee, Süden des heutigen Niger).

1891–1911 Gewaltsame Kolonisierung durch Frankreich gegen teilweise erbitterten Widerstand.
1899 wurden die Tuareg des Aïr von den Franzosen durch Überlegenheit ihrer Waffen vernichtend geschlagen, 1902 die Hoggar-Tuareg.

1900–1922 Französische Militärherrschaft, bis 1910 als »Territoire Militaire de Zinder«, ab 1910 als »Territoire Militaire du Niger« im Rahmen der Kolonialföderation Französisch-Westafrika (1895–1958). Die Bilma-Karawanen werden zusammengefaßt und stehen unter französischem Schutz, um die Türken an der Besetzung von Bilma und der Kaouar-Region zu hindern. 1913 zogen rund 25.000 Kamele in einer Karawane nach Bilma.

1906 Endgültige Festlegung der Niger-Außengrenzen. Eine französische Militärgarnison entsteht in Agadez.

1916–1918 Ermordung des Ordensgründers Charles de Foucauld (1.12.1916) vor seinem Wohn-Fort in Tamanrasset/Südalgerien durch Senussi; im Oktober kehrt der Tuareg-Rebell *Kaocen ag Gedda* heimlich in das Aïr zurück und besetzt am 13.12. 1916 die Stadt Agadez. Im März 1917 beenden französische Soldaten die Belagerung. Ein Jahr später muß Kaocen mit seinen letzten Getreuen auch aus dem Aïr flüchten; der letzte große Tuareg-Widerstand in der Kolonialzeit und der Traum eines eigenen Territoriums ist damit zerbrochen.

Kaocen flüchtet in die libysche Wüste und fällt seinen ehemaligen ottomanischen Beschützern in die Hände. Die Türken fühlen sich verraten und hängten ihn.

1922 Umwandlung in eine französische Kolonie mit der Hauptstadt Zinder.

1926 Ernennung von Niamey zur Hauptstadt von Niger.

1946 Konföderation zwischen Frankreich und seinen französischen Kolonien (Französisch-Westafrika und -Äquatorialafrika). Gründung der antikolonialen PPN (Parti Progressiste Nigérien) in Niamey, Beteiligung am multinationalen Rassemblement Démocratique Africaine (RDA).

1951 Spaltung der antikolonialen Bewegung in einen radikalen Flügel unter Djibo Bakary und einen gemäßigten Flügel unter Hamani Diori.

1958 Putsch in Algier, Sturz der IV. Französischen Republik und Machtübernahme von General Charles de Gaulle. Er gründet die Französische Gemeinschaft als Nachfolge-Organisation der Französischen Union.

Den Kolonien wird Selbstverwaltung zugestanden. Deklarierung der »Autonomen Republik Niger«.

1960 Am 3. August Unabhängigkeit; erster Präsident wird Hamani Diori (gest. 1989). Verbot der Freiheitspartei Sawaba von Bakary, Einparteienregime der PPN-RDA.

1971 Beginn der Uranförderung in Arlit.

1970–1974 Dürre und schwere Hungerkatastrophe 1973/74. Die meisten Hilfsgelder und Nahrungsmittel werden von der korrupten Regierung für sich verwendet. Die Tuareg der Azaouak-Ebene westlich von Agadez nennen 1974 »Jahr der kleinen Tassen« – in Anlehnung an winzige Gefäße, aus denen Getreide an Hungernde verteilt wurde. In Niamey entsteht derweil »*Les Villas de la Sécheresse*« – Villen, die aus Hilfsgeldern finanziert werden.

1974   Militärputsch (15. April) durch Seyni Kountché. Der »Preuße Afrikas« ist selbst unbestechlich, bekämpft Mißwirtschaft. Er errichtet jedoch eine Diktatur und läßt erklären, daß es keine Nomaden und Tuareg mehr gäbe, sondern nur Nigrer.

1984–85   Eine weitere Dürreperiode fordert viele Opfer und treibt weitere Tuareg in den Süden, wo sie z.B. in Lagos/Nigeria als Nachtwächter arbeiten.

1987   Ende der 13jährigen Militärherrschaft durch den Krebstod von Seyni Kountché am 10. November; Machtübernahme durch Oberst Ali Saibou, einem Alkoholiker.

1988   Gründung der Einheitspartei »Mouvement National pour la Société de Dévéloppement« am 2. August.

1989   Zementierung des Einparteienstaates durch die neue Verfassung vom September. Am 10. Dezember wird Saibou auf weitere 7 Jahre gewählt. Es kommt zu Studentenprotesten, die gewaltsam niedergeschlagen werden.

1990   Am 7. Mai versucht eine Gruppe unbewaffneter Tuareg den Polizeiposten des Lagers bei Tchin-Tabaraden (zwischen Agadez und Tahoua) zu besetzen, um gegen die Inhaftierung von Freunden und gegen die Verweigerung von Hilfe zu protestieren. Ein Tuareg tötet einen Polizisten in Notwehr mit dessen eigener Waffe.

Es beginnt ein Rachefeldzug des Militärs gegen Tuareg. Das Lager wird zerstört, Tuareg werden auch in anderen Landesteilen zu Tode gefoltert, gehenkt, verbrannt und verschleppt. In der Nationalversammlung erklärt das Parteimitglied Ibra Galadima, daß man die Tuareg ausrotten müsse. Niemand widerspricht, auch nicht Präsident Ali Saibou.

Mit dem 7. Mai beginnt auch der fünfjährige, bewaffnete Aufstand der Tuareg in Niger und parallel in der Mali.

1991 Politische Wende durch Einführung eines Mehrparteiensystems durch Verfassungsänderung im April; Einsetzung einer Übergangsregierung.

1992 Februar: Meuterei von Soldaten wegen ausstehender Soldzahlungen und gegen den politischen Wandel; Generalstreik durch Parteien und Gewerkschaften als Protest gegen die Militärs. Im Zuge der »Säuberungen« Festnahme und teilweise Folterung von mehreren hundert Tuareg. Ende Dezember wird die neue Verfassung angenommen (Mehrparteiensystem, Direktwahl des Präsidenten für 5 Jahre)

1993 Landung einer Transportmaschine mitten in der Ténéré, organisiert vom Rebellenführer Mano Dayak und dem französischen Geheimdienst. Treffen mit den Leitern der drei Tuareg-Organisationen Aïr, Azawagh und Ténéré. Dayaks Vorschlag eines gemeinsamen Führungsstabes wird abgelehnt. Freilassung von 22 Gefangenen der Rebellen; im Gegenzug läßt aber die Regierung nicht alle Gefangenen frei.

Am 27. März siegt Mahamane Ousmane mit seiner AFC (*Alliance des Forces du Changement*) über Ali Saibou. Ousmanes Gegenkandidat Tanja unterliegt im zweiten Wahlgang.

2. Juni: Erstes Waffenstillstandsabkommen zwischen der Regierung und der FLAA der Tuareg-Rebellen (Front de Libération de l'Aïr et de l'Azouad). Mano Dayak hat endlich internen Erfolg – im Oktober schließen sich die drei Rebellen-Fraktionen unter seiner Leitung zur CRA zusammen (»*Coordination de la Résistance Armée*«). Alle akzeptieren nun einen Waffenstillstand.

1994   Verhandlungen mit der Regierung im Februar (Ouagadougou/Burkina Faso) und im Juni (Paris). Ablehnung der Maximalforderungen der Tuareg durch die Regierung. Im Sommer Angriffe auf strategische Ziele durch die CRA und im September ein weiteres Treffen in Burkina Faso. Dort wird am 9. Oktober unter Beisein des Präsidenten von Burkina Faso, Blaise Compaoré, und der CRA ein Friedensabkommen unterzeichnet.

Abwertung des CFA-Francs (gekoppelt an den französischen Franc) um 100%, zwischen Januar und April gewaltsame Proteste gegen die sozialen Härten um die zusätzliche Strukturanpassungspolitik des IWF (Internationaler Währungsfonds).

1995   Offizielle Unterzeichnung des Vertrages zwischen den Tuareg und der Regierung in Niger am 24. April. Die Regierung hält sich jedoch nicht an die Zusagen des Vertrages (z.B. Integration von ehemaligen Tuareg-Rebellen in die Armee und Verwaltung). Am 15. Dezember soll daher ein Treffen zwischen Mano Dayak und dem Premierminister des Niger stattfinden. Das Kleinflugzeug gewinnt nicht an Höhe, zerschellt auf dem Bagzan-Berg und explodiert.

Mano Dayak ist in seinem Heimatort Tidène am Westrand des Aïr begraben.

1996   Am 27. Januar Militärputsch durch Ibrahim M. Barré. Suspendierung der Verfassung, Auflösung des Parlaments.

12. Mai Referendum über neue Verfassung, die 10 Tage später in Kraft gesetzt wird. Zusammenschluß von 8 Oppositionsparteien zur FRDD (*Front de Restoration du Défense et Démocratie*) im September.

1997   Demonstrationen in den wichtigsten Städten gegen die Regierung am 8. Juli. 60 Personen werden festgenommen, darunter die drei wichtigsten Oppositionellen: Mahamane Ousmane, Mahamadou Issoufou, Mamadou Tanja (der am 24.11.99 zum Präsidenten gewählt wird).

Vertrag über die Integration von Ex-Rebellen der Tuareg in die nigrische Armee am 5. September. Um dies zu erreichen, verbünden sich die Organisationen der Tuareg (UFRA) und der Tubu (FARS).

Am 28.11. Friedensabkommen mit ehemaligen Tuareg- und Tubu-Rebellen in Algier.

1998   Militärmeutereien und Studentenproteste (Febr./ März) in mehreren Städten.

1999   9. April: Ermordung des Präsidenten Ibrahim M. Barré durch Mitglieder seiner Leibgarde unter Daouda M. Wanké. Dieser kündigt Neuwahlen und seinen Rücktritt für Ende 1999 an.

Am 18.07. Referendum über erneute Verfassungsänderung (vom Mai 96): Teilung der exekutiven Gewalt zwischen Präsident und Premierminister; die legislative Gewalt wird u.a. weiterhin von einem Einkammerparlament (*Assemblé Nationale*) ausgeübt. Neu ins Leben gerufen wird u.a. ein Verfassungsgericht. Das Referendum war ein bedeutender Schritt der Rückkehr zur versprochenen Zivilordnung.

Wahl von Mamadou Tandja mit 59,9% der Stimmen am 24.11. Er wird am 23.12.1999 als Präsident vereidigt. Seinen Wahlsieg verdankt er einer Allianz mit Ex-Präsident Ousmane.

Zuvor wurde eines der offenen Versprechen der Regierung eingelöst, das nur mit französischer Finanzhilfe realisiert werden konnte: Beschäftigung und damit Gehalt für ehemalige Tuareg-Rebellen. 1500 Tuareg werden in der Unité de Securité Saharienne (ISS) integriert, die zum Teil mit Kamelen die meist schnurgeraden Sahara-Grenzen nach Mali, Algerien, Libyen und Tschad kontrollieren. Dadurch wurde neuen Konflikten zwischen Tuareg und Regierung der Boden entzogen.

2000   Ein weiterer, später Erfolg der Tuareg-Rebellion: im Mai wird Alitane Mohammed Bürgermeisterin von Agadez. Die Targia aus In Gall ist zudem die einzige Bürgermeisterin in Niger.

2002   Im Februar beschließen Niger, Mali und Burkina Faso, eine gemeiname Sicherheitsbrigade zum Schutz der gemeinsamen Grenzen zu bilden.

2003   Vor dem Krieg gegen Irak erklärt US-Präsident Bush am 10.01., Irak wollte in Niger »bedeutende Mengen« atomwaffenfähiges Uran kaufen. Die Intern. Atomenergiebehörde (IAEA) erklärte Anfang März, die Mitteilung sei falsch und beruhe auf gefälschten Dokumenten. Erst am 9. Juli gaben die USA die Täuschung offen zu.

MANO DAYAK:
SEINEM VOLK EINE STIMME GEBEN

»Geboren mit Sand in den Augen« wurde Mano Dayak im Jahre 1950 – und so heißt auch der Titel seiner Autobiographie (s. Literaturverzeichnis). Das Buch entstand nach alter Tuareg-Tradition: oral, in langen Gesprächen mit dem deutschen, in Paris lebenden Journalisten Michael Stührenberg, der das Buch dann schrieb.

Dayak war das letzte von 7 Kindern einer Nomadenfamilie aus Tidène, einem Wadi am Westrand des Aïr. Als Siebenjähriger wurde Mano von französischen Kolonialbeamten wie andere Kinder gewaltsam in die Schule »entführt« – ein Ereignis, das ihn für immer prägen sollte. Lange schwankte er zwischen totaler Verweigerung und seinem Wissensdurst. Er war bald der Klassenbeste, wollte die Welt kennenlernen.

Als 21jähriger trampte er durch die Sahara, nahm ein Schiff von Oran nach Alicante, schlug sich durch nach Paris, flog bald darauf nach New York. Dort lernte er weiter wie ein Besessener: er holte das Abitur nach, jobbte unter anderem als Kellner in der Wall Street. Zwei Jahre später, 1973: zurück nach Paris, Beginn des Ethnologie-Studiums. Es war die Zeit der großen Dürre. »Noch nie habe ich solches Heimweh, solches Schuldgefühl gehabt.«

Mano schmerzte jedes Mal der Abschied von seiner Familie, von Mattenzelten im Tal, den langen Gesprächen am Feuer. Aber er war auf den Champs-Elysées und in den Salons der feinen Pariser Gesellschaft ebenso zu Hause: ein Wanderer zwischen den Welten, ein Zerrissener, Suchender.

Neben seiner wachen, geradlinigen Intelligenz war geradezu umwerfender Charme seine zweite, kennzeichnende Eigenschaft. Nicht nur, daß er die Frauen liebte, und die Frauen ihn. Selbst der mächtige Boss des französischen Geheimdienstes, Claude Silberzahn, erlag Manos Magie und schickte 1993 ein Transportflugzeug, beladen mit zwei Geländewagen, zu Geheimverhandlungen in die Ténéré – und ging damit ein großes persönliches Risiko ein. Das war im dritten Jahr der Rebellion. Mano hatte sein florierendes Reiseunternehmen Temet Voyages im Jahr zuvor aufgeben müssen und fuhr auch keine Rallyes mehr. Aus dem innerlich zerrissenen Lebemann und Abenteurer war ein glühender Vertreter der »Sache« geworden, dem Kampf gegen den Untergang seines Volkes. Mit seinem *tagelmust* in militärischer Khakifarbe und der Kalaschnikow wirkte Mano wie in einer schlecht gespielten Filmrolle – er verabscheute jede Gewalt und war ein friedliebender Mensch, der niemandem etwas zuleide tun konnte.

Und nicht durch Gewalt hat Mano Dayak die Tuareg-Bewegung zum Erfolg geführt, sondern durch Verhandlungen mit untereinander zerstrittenen Rebellenchefs – eine interne Zersplitterung hätte den Gegnern nur genutzt. »Unser größter Feind sind wir selbst«, zitierte er oft den von ihm bewunderten letzten großen Tuareg-Rebellen Kaocen. Kaocen und seine Leute konnten 1916 kurzfristig die französische Garnison in Agadez stürmen. Dieser letzte große Widerstand der Tuareg in Niger war damit endgültig gebrochen. Die Rebellion stagnierte oft durch knappe Geldmittel und durch viele Tuareg, von denen viele vorher in Gaddafis islamischer Legion im Tschad oder Libanon kämpften und sich nun um die letzte Illusion betrogen fühlten: die Schaffung einer Tuareg-Republik. »Aber sie hatten die Hoffnung, daß Mano ihnen zumindest ihren Platz in der vertrockneten Welt des Aïr zurückgeben würde. Sie vertrauten ihm blind. Das führte zu einem weiteren Problem. Was Mano nicht selbst machte, wurde meist überhaupt nicht gemacht.« [1]

Mano Dayak hat seinem Volk eine Stimme gegeben, eine breite Öffentlichkeit unverblümt mit der Tuareg-Tragödie konfrontiert, Hilfe organisiert. Das konnte niemand anders als er, dieser polyglotte und charismatische Wanderer zwischen den Welten. Er vermittelte zwischen den Tuareg, stärkte sie und verhandelte mit der gegnerischen Seite. Fairness und Diplomatie beeindruckten auch seine Widersacher, und Verhandlungen führten schließlich nicht nur zum Frieden, sondern zu einer neuen sozialen Basis für die Tuareg. Am 14. Dezember 1994 verbrannte Mano Dayak im Alter von 45 Jahren in den Trümmern eines gecharterten Kleinflugzeugs, das ihn zu Nachverhandlungen mit der Regierung nach Niamey bringen sollte: ein Ende wie in der antiken Tragödie.

[1] *Michael Stührenberg, Die Tuareg-Tragödie*

VON DER DEMOKRATIE ZU
MEHR GERECHTIGKEIT FÜR DIE TUAREG?

In den 39 Jahren seiner formellen Unabhängigkeit genoß Niger nur während 8 Jahren annähernd demokratische Verhältnisse. Als Reaktion auf die immer rigidere Linie des 1999 ermordeten Präsidenten Ibrahim Baré Mainassara (»IBM«) wurde seit 1998 fast die gesamte Entwicklungshilfe durch ausländische Geberländer eingefroren.

Der nigrische Schriftsteller Adamou Ide ist davon überzeugt, daß sich das bankrotte Binnenland endlich stabilisieren wird: die Wahlen vom 24. November 1999 verliefen fair und friedlich. Zur Unterstützung der neuen Regierung unter Premierminister Hama Amadou und Präsident Mamadou Tandja bezahlten westliche Länder Gehälter für wichtige Staatsdiener: die Lehrer zum Beispiel hatten seit einem halben Jahr keinen Lohn mehr bekommen. Dennoch müsse man die Mentalität ändern, hieß es: »Wir sollten endlich lernen, nicht immer nur die Hand aufzuhalten. Hilfe von internationalen Organisationen ist wichtig, doch der Aufbau des Landes ist unsere Sache.«

Präsident Tandja, bei seinem Amtsantritt 61 Jahre alt, bewarb sich schon 1993 erfolglos um das höchste Amt im Armenhaus Niger. Er steht nicht gerade in demokratischer Tradition: Zwischen 1974 und 1987 diente er dem Diktator Seyni Kountché auch als Minister. Wie einst der hagere Asket Kountché steht Tandja im Ruf persönlicher Unbestechlichkeit und wird als »kleiner Kountché« gefeiert: als erstes stoppte er den Einzug von Gebühren an den vielen Straßen-Kontrollposten – »besseres Raubrittertum«. Als Tandja Präfekt von Tahoua war, erinnert sich ein dortiger Kaufmann, »gab man ihm Geld für 10 Häuser und er ließ 20 bauen.«

An die biblischen Wunder der Brotverteilung und vor allem an Gerechtigkeit für ihre Sache mögen vor allem die Tuareg nicht glauben: das Massaker an den Tuareg im Jahre 1990 fiel in Tandjas damalige Verantwortung als Innenminister.

DIE TUAREG

HERKUNFT UND ZAHL: MENSCHEN DES WINDES

Brustbeutel

Unter allen Völkern der Sahara sind die Tuareg am bekanntesten – wenngleich sich die Bekanntheit größtenteils auf Klischees beschränkt (das Image von den »Rittern der Sahara« mit ihren adligen Männern auf weißen Kamelen hat sich bis heute hartnäckig gehalten). Aber woher kommen die Tuareg? Vor dem 11. Jahrhundert verliert man sich in Spekulationen. »Wir sind mit dem Wind vom Norden gekommen«, sagen einige Tuareg. Mehr wissen sie selbst nicht.

Wer viel mehr zu wissen glaubt, laviert oft bei Spekulationen an der Grenze zum unfreiwilligen Humor: so und vor allem mit der Theorie, die Tuareg seien Bewohner der sagenhaften Insel Atlantis gewesen. Dabei ist unbekannt, wo überhaupt Atlantis gelegen haben soll – die Vermutungen reichen von der Nordsee bis zum Südatlantik. Sicher ist: die »Ur-Tuareg« waren hellhäutige Berber, und sie sind aus dem Norden eingewandert. Ob aus dem indogermanischen oder dem nordafrikanischen Raum ist ebenfalls unklar. Sogar die Etrusker als Tuareg-Urväter fließen in Überlegungen ein. Etwa 1200 v.Chr. hat sich ein Teil von ihrem Stammvolk gelöst und ist südwärts gezogen. Waren kriegerische Ereignisse ausschlaggebend, Dürren oder eine andere Katastrophe? Niemand weiß es.

Es ist wahrscheinlich, daß die nördlichen Tuareg (in Algerien) aus den ebenso sagenumwobenen Garamanten hervorgingen, deren Hauptstadtreste von Germa im heutigen Südlibyen (westlich von Sebha) zu sehen sind.

Sie zählten zu den Libyern, deren Heimat der griechische »Vater der Geschichtsschreibung«, Herodot, schon fünf Jahrhunderte vor Christus als *eremos* bezeichnete – eine »unwirtliche Öde, bevölkert von Garamanten, Atlanten, Nasamonen, Lothophagen«. Dies waren allesamt Berber. Die Garamanten wurden 21 v.Chr. vom römischen Prokonsul Balbus bekämpft. Basis war deren Hauptort der Provinz Africa, Leptis Magna, östlich von Tripolis. Laufende Querelen mit den Römern drängten vermutlich schon ab dem 2. Jahrhundert Garamanten zum südalgerischen Hoggar-Bergland und weiter nach Süden. Die Wanderungen wurden in größerem Maße erst ab dem 3. Jahrhundert möglich: das einhöckrige Dromedar (wahrscheinlich eingeführt aus Vorderasien) eroberte seit jener Zeit schnell die endlosen Weiten, die sich durch Klimaänderungen bereits seit Jahrhunderten von grüner Savanne in dürre Steppe und Wüste verwandelt hatten.

In Abalessa bei Tamanrasset fand man 1933 die mit Goldreifen geschmückten Skelette zweier Frauen, von denen eine vermutlich die legendäre Tuareg-Königin *Tin Hinan* war. Römische Münzen aus der Zeit von Konstantin dem Großen stammten von etwa 340. Der Legende nach kam Tin Hinan mit ihrer Dienerin Takamat aus Marokko und herrschte als Königin im Hoggar. Sicher ist: durch die arabische Expansion im 7. Jh. wurden die Ur-Tuareg nach Norden und vor allem nach Süden abgedrängt. Bedeutende Tuareg-Gruppen wanderten in der Folge in zwei Wellen (8. Jh.) in das Aïr-Bergland, das sie *Asben* nennen. In dieses Jahrhundert fällt auch die Gründung der Asben-Hauptstadt Assodé (rund 50 km nördlich der Oase Timia). Noch heute beten dort gelegentlich Tuareg in der kleinen, halbverfallenen Moschee.

Bis zur Mitte des 17. Jahrhunderts bildeten die Tuareg des Hoggar (heute Südalgerien) und des Aïr (Niger) eine Einheit, geführt von der religiösen Elite bei und in Ghat (im Südwesten Libyens). Nach einem »Putsch« um 1660 spalteten sich beide

Tuareg-Gruppen und bekämpften sich. Zwei Jahrhunderte später war die Macht der Aïr-Tuareg gleich Null, weshalb sie den Franzosen nur wenig Widerstand entgegensetzen konnten.

Eine getrennte Entwicklung nahmen die Kel Iforas im ebenfalls vulkanischen Trümmerbergland des Adrar (Bergland) des Iforas nördlich von Gao (heute Mali). Das mächtige Sonrai-Reich unterwarf die Kel Iforas schon ab dem 12. Jahrhundert. Erst vier Jahrhunderte später wurden sie durch die marokkanische Expansion (und deren kurze Herrschaft über die Salzminen von Terhaza) von der Sonrai-Abhängigkeit befreit. Andere Völker und zum Teil arabische Gruppen (wie die Vorfahren der Kel Ansar) verbanden sich zu Beginn des 17. Jahrhunderts unter dem *amenokal Alad* zu den Kel Adrar. Ein Jahrhundert später erhob sich einer der Schwiegersöhne von Alad zu dessen Nachfolger, aber aufgrund seines unklaren Stammbaums verweigerten ihm einige Gruppen ihre Gefolgschaft. *Ur-Ilemed* war sein Beiname: »Den man nicht versteht«. Daraus entwickelten sich die *Ouillimiden*. Noch heute bilden sie eine wichtige Konföderation in den Ebenen um Tahoua/Niger mit dem Zentrum von Tchin Tabaraden – eben dort, wo durch die Ermordung eines Polizisten im Mai 1990 das jüngste Drama der Tuareg und ihre Revolte begann.

»WIR SIND ALLE TUAREG«

»*Wa isawalen tamaschek imda imuhar*« – »wer Tamaschek spricht, ist Tuareg«. Deshalb heißt es korrekt nicht »die Tuareg«, sondern *Kel Tamaschek* (oder *Kel Tamâshak*) – »die Leute, die *Tamaschek* sprechen«. Und die Einzahl von Tuareg ist *Targia* (für die Frau) und *Targi* (für den Mann). Viele Tuareg nennen sich auch die *Imhohar* (in Algerien) bzw. die *Imajeren*, was »Freie« bedeutet, sprechen aber von sich und vor allem Europäern gegenüber immer von Tuareg.

»Tuareg« stammt von den Arabern und basiert wahrscheinlich auf *Taga*, dem Berbernamen des Fezzan in Südlibyen, aus der einige Tuareg-Gruppen stammen oder zumindest nach ihrer Wanderung aus dem Norden »hängengeblieben« sind.

Nicht jeder, der *tamaschek* spricht, ist wirklich ein Tuareg. Eine »Tuareg-Volkszählung« wurde nie durchgeführt; die Schätzungen bewegen sich zwischen 350.000 und 1,3 Millionen. Wobei sich die erste Zahl sicherlich nicht auf alle Tuareg nach ihrer eigenen Definition bezieht, sondern auf die Kaste der »Freien«, ohne die Majorität der (ehemaligen) Vasallen und Sklaven einzubeziehen. Mit etwa 800.000 Menschen leben die meisten Tuareg in Niger; sie bestehen aus drei großen Gruppen: den *Kel Aïr* mit dem Zentrum Agadez, den stark negroiden *Kel Gress* mit ihrem Lebensraum bis nach Nordnigeria und die schon erwähnten *Ouillimiden*. Diese bilden zwei große Fraktionen: die *Kel Dinnik* auf der Niger-Seite und nördlich in Mali (Zentrum: Ménaka) die *Kel Ataram* mit einem Lebensraum bis zum Nigerfluß. Weiterhin leben in Mali (zwischen Gao und Timbuktu) die *Kel Tademaket* und nördlich von Gao die ebenfalls schon angeführten *Kel Iforas* oder auch *Kel Adrar* (abgeleitet vom Adrar der Iforas).

Lederkissen

SPRACHE, ABERGLAUBEN, POESIE:
MACHT DER FRAUEN

Bei so geheimnisvoller Herkunft wie die der Tuareg ist es nicht verwunderlich, daß es auch im Bereich der Sprache und dem, was man als »Sitten und Gebräuche« bezeichnet, zu manchmal gewagten Rückschlüssen kommt. Ist das bis heute vorherrschende »Rittertum« der Tuareg wirklich orientalischen Ursprungs? *Tarrab* bedeutet im Arabischen singen, musizieren, daraus leitet sich der Troubadour ab.[1] Der arabische Minnedienst erhob die Frau auf den Thronsessel; aus dieser Achtung den Frauen gegenüber (als früharabischen Einflusses) könnte sich das Matriarchat bei den Tuareg entwickelt haben. Wer solche Analogien bemüht, kann aber schnell im Treibsand der Spekulationen steckenbleiben.

Dies gilt auch für das Tuaregkreuz (mit seinen 21 Schmuckvariationen in Niger) und dem kreuzförmigen Sattel – ein christliches Symbol oder sogar Hinweis auf das Atlantiskreuz? Weniger spektakulär, doch wahrscheinlicher ist die künstlerische Ableitung aus dem Dreieck (das auch immer wieder vorkommt), der klassisch-berberischen Form des Ornaments. *Mesi* (Gott) basiert auf Messias, *andschelus* (Engel) stammt von lateinischen *angelus*. Waren einige Tuareg-Gruppen früher christlich? Die Ruinenstadt Djado in Niger, wohl im 12. Jahrhundert von Tuareg gegründet, barg auch eine frühchristliche Basilika.[2]

Die Tuareg-Schrift *tifinagh* ohne Vokale ist klar berberischen Ursprungs und besteht je nach Region aus 21 bis 27 streng geometrischen Zeichen. Im Norden sind diese Zeichen eckig, im Süden geschwungener. Im Gegensatz zum Arabischen kann man von rechts nach links oder auch umgekehrt schreiben: für den Leser ist dies oft ein Ratespiel. Frauen waren nicht nur Hüterinnen von Dichtung und Musik (auf der einsaitigen *imsad*-Laute), sondern auch der Schrift; Zeichen im Sand ersetzten Lehrbücher.

Weder das Tifinagh noch die Tamaschek-Sprache wird in den Schulen von Niger, Algerien oder Mali unterrichtet, sondern Arabisch und/oder Französisch. Dahinter steckt Methode: es ist zu befürchten, daß die Tifinagh-Schrift in einer Generation aussterben wird – und damit wohl auch die Kultur der Tuareg. Das darf nie geschehen.

TIFINAGH-ALPHABET

•	A	÷	E	Σ	I	Ⴀ	M	Ⲉ	Q	Ⴕ	U	Ⴖ	Y
Φ	B	ЖꞮ	F	Ⴔ	J	|	N	O	R	Δ	V	Ӿ	Z
Ɛ	C	Ӿ	G	Ꝛ	K	:	O	⊙	S	Ⴑ	W		
Λ	D	Ⴠ	H	||	L	ꝫ	P	+	T	Ӿ	X		

Die Sprache *tamahâk* (in Algerien) oder *tamâschak* bzw. *tamaschek* (im Süden) fußt auf altlibysch-berberischen Wurzeln und hat sich im Laufe der turbulenten Jahrhunderte mit großen Wanderungen, Eroberungen und Vermischungen – römisch, punisch, arabisch – fast ursprünglich erhalten. Linguisten unterscheiden 5 bedeutende Regionaldialekte:

Tahaggart	Kel Ahaggar und Kel Ajjer	Algerien
Tamastairt	Kel Aïr	Niger
Tamesgeres	Kel Gress	Niger
Ta-ullimit	Ouillimiden	Niger/Mali
Tafarist	Kel Iforas	Mali

Wenn sich Sprache und (bis in jüngste Zeit) Traditionen so gut erhalten haben, so ist es bei den individuellen und stolzen Tuareg eigentlich nicht verwunderlich, daß sie sich bis heute nicht dem relativ strengen Korsett des Islam unterwerfen. Jungfräulichkeit der Braut ist kein Kriterium für die Ehe, im Gegenteil: hat ein Mädchen längere Zeit den gleichen Liebhaber, heißt es oft, sie sei nicht normal veranlagt. Zu solch freiem Verhalten paßt auch keine Verschleierung. Man betet überwiegend nur selten (das

Glaubensbekenntnis wird in Arabisch gesprochen), den strengen Regeln des Fastenmonat Ramadan folgen die meisten Tuareg nur lax, wenn überhaupt. Der sonst bei Arabern oft um den Preis hoher Verschuldung begehrte Titel des Mekka-Pilgers *hadsch* ist entbehrlich. Nur wenige Tuareg waren in Mekka oder träumen von einer Reise dorthin – selbst dann nicht, wenn sie das Geld für das teure Flugticket hätten. Ausnahme dieser geschilderten Religionsauslegung bildet freilich die (kleine) Gruppe der Schriftgelehrten und Geistlichen, *Ineslemen;* der Begriff kommt vom Wort »*Islam*« = Hingabe an Gott. Zusammen mit den Imajeren (den Noblen) waren sie die »*High Society*« im traditionellen Kastensystem der Tuareggesellschaft (s.a. nächstes Kapitel).

Stattdessen haben sich noch viele animistische, teilweise christliche Glaubensvorstellungen gehalten. Die Welt der Tuareg ist bis heute von Geistern (*Kel Essuf*), Hexen, guten Feen, wundertätigen Gnomen und sprechenden Tieren bewohnt – kein Wunder bei den bizarren Erosionsformen der Wüste. Am Feuer erzählt man sich seit Generationen die gleichen, immer wieder neu abgewandelten Geschichten, auch mit Geistern der Elemente des Feuers, des Windes und der Erde. Ausgewählte Frauen schlafen als Medium zum Verstorbenen auf Gräbern. Schmiede sind gefürchtete Außenseiter der Gesellschaft, weil sie mit den übernatürlichen Kräften des Feuers in Kontakt stehen.

Tuareg-Frauen sind weniger dominant, sondern gleichgestellt. »In allen wichtigen Angelegenheiten ist ihre Stimme gefragt … Wer einmal erlebt hat, mit welcher Angst ein erwachsener Mann seine nach unseren Vorstellungen ohnehin schon korrekte Kleidung beim Herannahen seiner Schwiegermutter sorgfältigst bis in die letzten Fältchen ordnet, dem wird klar, wie sehr das Urteil der Frauen in der Tuareggesellschaft gewürdigt und gefürchtet wird.« [3]. Daß die Targia unverschleiert ist, der Targi aber Gesicht und Mund verhüllt, ist allerdings kein Beweis für die starke Stellung der Frau: Die Verschleierung durch den *tagelmust* geht auf die langen *rezzus,* die Raubzüge zurück und auf den Schutz gegen Sand, Wind und Sonne. Waren Tagelmust und Kleidung traditionell aus dunkelblau gefärbtem Indigo-Stoff (daher der Mythos der »Blauen Männer«), so sind gerade bei städtischen Targis die Gesichtsschleier in allen möglichen Farben und bei denen, die es nötig haben, 10 Meter lang und breit wie ein Wagenrad gebunden; Tuareg-Frauen greifen zunehmend gern zum bunten *haik*, einem leichten Tuch in knallgelb, giftgrün oder orange als Übergewand und folgen damit dem mauretanischen Beispiel.

[1] *Müller, Gert, Dichtung der Tuareg, S. 19*
[2] *George, Uwe, GEO Nr. 9/1992, Die Zitadelle der vergessenen Christen*
[3] *Göttler, Gerhard, Die Tuareg, S. 73*

SOZIALSTRUKTUR:
VOM IMAJAREN ZUM ISHOMAR

»Seit langem schon ist die Wüste meine Freundin.
Ich treibe Schabernack mit ihr, sie ist meine Cousine.
Am Fuß des Berges Aieloum hat sie mir ins Ohr geflüstert:
Ich werde meinen Freund nie und nimmer verschlingen.«

Was die Wüste nie schaffte, das haben künstliche Grenzen, Dürren und Rache – »Politik« von schwarzen Regierungen bewirkt: Die Tuareg sind heute in ihrer kulturellen und physischen Existenz bedroht.

Auch das traditionelle Kastensystem ist zusammengebrochen. Es basierte auf einem parasitären System: Ganz oben an der Sozialpyramide waren die meist hellhäutigen Adligen oder Freien angesiedelt, die *imajeren,* sowie die erwähnten Schriftgelehrten, die *ineslemen.* Die Adligen unternahmen Raubzüge *(rezzus),* züchteten edle Kamele, organisierten Karawanen und schützten – »Mafiosi« der Sahara – die von ihnen abhängigen Vasallengruppen *(imrad),* die für ihre Sicherheit Abgaben zahlten. Es waren Oasenbauern und Hirten, die sich um Kamele, Schafe und Ziegen der Adligen kümmerten – deshalb heißen sie heute noch oft *Kel Ulli,* »Stamm der Ziegen«. Ganz unten in der Hierarchie standen die negroiden Sklaven *(iklan).* Ihre Vorfahren wurden auf Eroberungszügen unterworfen; die Nachkommen blieben immer Sklaven und hatten keine Möglichkeit, frei zu werden. Sie wurden von den hellhäutigen Tuareg verachtet, aber als »treue« und fleißige Arbeitskräfte geschätzt.

Eine Sonderstellung bilden heute noch die ebenfalls verachteten, aber durch den Umgang mit Feuer und Metall gleichzeitig gefürchteten Schmiede *(enaden).* Als Außenseiter hatten und haben sie eine Freiheit, die oft von höhergestellten Tuareg genutzt wird: Als neutrale Übermittler von Heiratsanträgen oder zum Aushorchen einer anderen Partei. In Verbindung mit ihren »magischen« Fähigkeiten und einer oft benutzten Tamaschek-»Geheimsprache« sowie Heiraten nur in ihrer eigenen Gruppe wurde dadurch ein selbstbewußtes Auftreten ermöglicht – war doch jeder Tuareg auf ihre Schmiedekunst und andere Dienste angewiesen.

Auch in neueren, vor allem nicht wissenschaftlichen und auf das Tuareg-Klischee abzielenden Berichten wird das Klassensystem noch immer so beschrieben, als habe sich nichts geändert. Dabei begannen zum Teil schon früh einschneidende Änderungen: die Kel Aïr und Sahel-Tuareg in Niger haben nach dem Aufstand von 1916 (s. Geschichtstafel) ihre Sklaven verloren, zuletzt wurde 1962 Sklavenhaltung in Algerien verboten. Sklaven, die bei ihren alten Herren bleiben wollten, erhielten den Status von »entfernten Verwandten«.

Aus Sklavensiedlungen entstanden oft selbständige soziale Einheiten. Sie vermischten sich in Niger mit den Hausa (und werden als *Bouzou* bezeichnet) oder mit den Sonrai – die *Bella,* deren Frauen und Mädchen sich oft mit Münzen die Haare schmücken und vor allem auf dem Sonntagsmarkt von Ayourou am Niger-Fluß zu bewundern sind.

In den 60er Jahren begann in Algerien und Libyen durch Erdölfunde und Schaffung neuer Arbeitsplätze die »Götterdämmerung«: ehemalige Sklaven und Vasallen suchten sich Lohnarbeit. Dies spielte der Politik beider Länder eine Seßhaftmachung und Kontrolle über Nomaden in die Hände. Tuareg aus ganz anderen Regionen führen zu einer Vermischung und weiteren Verwässerung der alten Traditionen. Der Druck auf die fragile Umwelt nahm zu. »In Verbindung mit einer Vielzahl anderer Faktoren führte dies bisherige Nomaden geradezu zwanghaft zur Lohnarbeit. Wiederkehrende Dürrekatastrophen taten ein Weiteres«. [1]

In Niger setzten diese Veränderungen durch das Fehlen von Erdöl erst später ein (mit der Uranförderung wurde 1971 begonnen). Am wenigsten wurde Mali vom »neuen Sektor« betroffen. Andererseits verdingten sich Tuareg aus Mali und Niger massiv seit 1972/73 (Höhepunkt der Dürrekatastrophe) als Gastarbeiter in westafrikanischen Küstenländern – der freie Fall vom Nomaden zum Nachtwächter.

[1] *Göttler, S. 189*

NIGER: IM LAND DER TUAREG

KARAWANIERS UND OASENBAUERN: DIE KEL EWEY

Auch die Kel Aïr bilden mehrere Untergruppen, von denen die Kel Ewey mit etwa 20.000 Menschen die größte ist. Ihr Hauptort ist die Oase Timia im zentralen Aïr-Bergland, wegen der vielen Palmen und üppiger Gärten an zwei wichtigen *koris* (Wadis) schön gelegen auch als »Perle des Aïr« gerühmt.

Nach internen Machtkämpfen wurden zuletzt die Kel Gress von den Kel Ewey im 18. Jahrhundert nach Süden verdrängt, wo sie noch heute leben und seither durch Vermischung mit den Hausa ein negroides Erscheinungsbild haben. Die Kel Gress sind ebenfalls eifrige Karawaniers und haben sich, im Gegensatz zu den Kel Ewey, auf die Südroute durch die Ténéré und Salzkauf in der Oase Fachi spezialisiert, weniger als halb so weit entfernt wie Bilma.

Wie die anderen Tuareg folgten die Kel Ewey der sozialen, hier-archischen Ordnung, aber es fehlten bei ihnen die Vasallen *(imrad)*. Alle bezeichnen sich als *imajeren* (die Edlen oder Freien), was von anderen Tuareggruppen als Anmaßung empfunden wird. Die Kel Ewey sind (mit Ausnahme der Kel Gress) wesentlich dunk-ler als andere und werden auch deshalb von den meisten nicht als gleichwertig angesehen. Aber ihre wirtschaftliche Stärke durch Gartenbau und Karawanenhandel verleiht den Kel Ewey ein aus-geprägtes Selbstbewußtsein. Das zeigt sich auch darin, daß sie das Ideal der hellen Haut nicht im geringsten berührt: Oft müssen sich hellhäutigere Kel Ewey noch Spott gefallen lassen: »Deine Vor-fahren waren wohl zu arm, um eine Sklavin zu kaufen.« Um die Tradition zu umgehen, von der Schwiegermutter kontrolliert zu werden, heirateten die meisten Kel Ewey bis zum Ende der Sklave-rei (1917) eine schwarze *iklan*.

Trotz des jährlichen Salz- und Weide-Zyklus von mindestens 2500 Kilometern sind die Kel Ewey keine Nomaden, sondern Karawanenhändler mit festem Wohnsitz in Timia. Andere Kel Ewey haben sich ganz auf den Gartenbau spezialisiert; nach Projekten für den Uferschutz (gegen Wegspülen von Ackerland durch ein fließendes *kori*) hat sich die Anzahl der Gärten seit Ende der 70er Jahre um mindestens 30 auf 120 erhöht. Dattelernte ist im Juli/August; zweimal jährlich (Juni und September) kann in guten Jahren Mais und Hirse geerntet werden, die aber gerade nur gut 10% des Eigenbedarfs decken. Im Dezember/Januar ernten die Kel Ewey herrliche Früchte, die mit den beiden Lkw der Kooperative vor allem nach Agadez und Arlit zum Verkauf gebracht werden: Orangen, Pampelmusen, Granatäpfel, Trauben und Feigen. April ist die Erntezeit für Weizen, Hafer, Tomaten und Zwiebeln.

Frauen der Kel Ewey sind mit kleinen Kindern und Ziegen oft wochenlang im Aïr unterwegs; der Ziegenkäse *takomar* ist ebenso wie das Fleisch ein wichtiges Handelsgut und überbrückt Engpässe während Dürrezeiten.

KARAWANENHANDEL:
STRAPAZEN FÜR EINE MARK AM TAG

Die großen, transsaharischen Karawanen begründeten den Reichtum schwarzer Königreiche wie Mali und Städten wie Timbuktu; eine der wichtigsten Routen führte von Sijilmasa (Südost-Marokko) über die Salzminen von Terhaza (später Taoudeni) bis Timbuktu. Nach Norden gelangten Sklaven, Gold, Elfenbein und Straußenfedern; in den Süden brachte man Stoffe, Zucker und andere Handelswaren. Ein Netz solcher Karawanen-»Straßen« durchzog die gesamte Sahara vom Atlantik bis zum Nil. Durch die Erschließung des Seeweges nach Westafrika und europäischer Faktoreien und Forts an der »Sklavenküste« (heute Ghana) haben die meisten Fernwege schon seit dem 16. Jahrhundert ihre Bedeutung verloren, die mächtigen Reiche verfielen.

Grenzüberschreitender Fernhandel wurde durch die Kolonisierung und moderne Grenzen vernichtet; zum Schluß in den 60er Jahren die jährliche Karawane der Hoggar-Tuareg in Südalgerien von den Salzminen in Amadror über Agadez nach Südniger. Nur noch zwei traditionelle Karawanen existieren: der Salzhandel vom Niger-Fluß nach Taoudeni in Mali und die Karawanen zu den Salinen in Fachi und Bilma, Niger. Durch bessere Verkaufsmöglichkeiten als in Mali sind die jährlichen Salzkarawanen in Niger am vitalsten.

Das ist nicht selbstverständlich: wiederkehrende Dürren, »Entwicklungshilfe« für die Oasen in Form von kostenlosem Getreide (das die Karawaniers traditionell gegen Salz eingetauscht haben), Lastwagen, Rebellion – jeder einzelne dieser zusammengenommen doch vernichtenden Faktoren hat dem Karawanenhandel wenig anhaben können.

Er ist bis heute kein romantischer Anachronismus einiger Alter und ewig Gestriger, sondern er erneuerte sich trotz aller Probleme immer wieder. Denn Karawanen sind gegenüber Lastwagen konkurrenzlos. »Es geht hier nicht um das Prinzip ›Zeit ist Geld‹, sondern ›Zeit bringt Gewinn‹«, schrieb der Arzt und Ethnologe Hans Ritter.

Waren früher die Insel-Oasen im Sandmeer der Ténéré auf Gedeih und Verderb auf die Hirselieferungen der Tuareg angewiesen, so zeigte man ihnen schon 1985 (als der erste Teil dieses Buches entstand) meist die kalte Schulter: »Weizen haben wir gerade aus den USA bekommen, kostenlos. Wir wollen Geld für unser Salz. Habt ihr kein Parfum für unsere Frauen dabei?« Die Karawaniers reagierten flexibel.

»Einige Karawanen ähneln halben Warenhäusern«, fand schon der Ethnologe Peter Fuchs vor 20 Jahren, der mehrere Jahre in Fachi lebte. So brachten sie eben das verlangte Duftwasser, aber auch Batterien, komplette Radios, Stoffe und Zuckerhüte, die schon früher als Tausch gegen die Salzkegel *kantu* dienten – beide in der gleichen Form. Oft erhalten die Tuareg die Waren auf Kommission von den Hausa-Händlern im Süden; meist fehlt das Geld, um alles zu bezahlen. Der Händler bekommt sein Geld oft erst ein Jahr später. Das funktioniert nur, weil sich oft seit Generationen Handelskontakte zwischen den gleichen Familien der Tuareg und der Hausa im Süden des Landes etabliert haben.

Wurden früher eine oder zwei Ziegen (wie bei unserer Karawane 1985) mitgenommen, so treiben Karawanenhändler mittlerweile Herden bedauernswerter Hammel 500 km durch die Ténéré. Der Vorteil: es sind meist eigene Tiere, und sie bringen in den Oasen mindestens dreimal so viel ein wie in der Heimat.

Dennoch haben die Kooperativen und zunehmende Autarkie der einst vollkommen isolierten Oasen den Karawanenhandel erschwert – vor allem die 1995 gegründete Genossenschaft in Bilma und dortige Eingriffe durch ein holländisches Projekt. Ein weiteres Problem war die Abwertung des CFA-Franc im Jahre 1994: das Geld war nur noch die Hälfte wert, vor allem die Gewinnspanne für Datteln sank von 100 auf 20, maximal 30 Prozent.

Die Salz-»Brote« *fotchi* kosten im Winter 1999/2000 im Einkauf 40 CFA (weniger als 15 Pfennig) und können für das Zehnfache im Süden verkauft werden, aber der Absatzmarkt ist geringer. Deshalb transportieren die meisten Karawanen die schweren Salzkegel *kantu* – mit geringerer Gewinnspanne und zusätzlicher Bruchgefahr. Im Januar 2000 wurde ein *kantu* für 400 CFA verkauft; im Süden bekommt der Tuareg dafür 2000 CFA, also umgerechnet 20 französische Francs.

Besitzt ein Kel Ewey zum Beispiel fünf eigene Kamele (mehr sind es meistens nicht), so ergibt sich folgende Rechnung:

Ein Kamel trägt 6 *kantu*. Gewinn eines *kantu:*
1.600 CFA = 9.600 CFA pro Kamel.
Bei fünf Kamelen sind das 48.000 CFA Gewinn.
25 Kilo Datteln bringen nochmals 5.000 CFA;
Nebenverkäufe wie Batterien, Stoffe usw. etwa 10.000 CFA.
Der Karawanier kommt somit auf rund 50.000 CFA Gewinn,
das entspricht etwa 75 €.

75 € für drei Monate und mindestens 2500 Kilometer Strecke, das meiste zu Fuß! Nur wer noch weitere Waren und vor allem Ziegen oder Hammel verkaufen kann, »macht« mehr Gewinn. Aber selbst diese eher wohlhabenden Karawanenleute kommen auf kaum mehr als umgerechnet 100 DM im Monat. Auch dieses Beispiel zeigt: unsere Kosten-Nutzen-Rechnungen greifen hier nicht. Die Tuareg haben andere Begriffe von Zeit und auch Raum: die Zeit existiert nicht, und der Raum ist unendlich.

Von den etwa 400 jährlichen Bilma-Karawanen haben die Kel Ewey aus Timia allein einen Anteil von 150 bis 200; im Schnitt sind es pro Karawane 4 bis 5 Männer und 20 bis 30 Kamele. Die Kel Ewey züchten für die anstrengenden Karawanen eine bestimmte Kamelart: stämmig, oft taub, aber stark und anspruchslos. Sie nennen diese gescheckten Tiere mit oft verschiedenfarbigen Augen *aseghaf*.

Im Oktober ziehen die ersten Kel Ewey nach Osten. Sie schneiden das Futtergras *alemos* in den Tälern des Aïr und wählen wie seit Jahrhunderten die nördliche Route über den Inselberg Adrar Madet und den einzigen Brunnen der Route, Achegour. In Arrigui kaufen sie meist Datteln, vor allem aber Salz in Bilma. Von dort steht ihnen der strapaziöse Rückweg bevor, 500 Kilometer durch das gelbe Nichts, in Eilmärschen von 5 bis 7 Tagen und mit schwer beladenen Kamelen. Nicht Wassermangel bestimmt die Eile, sondern die täglich schwächer werdenden Tiere. Jedes hundertste Tier überlebt die Reise nicht. Wer von den Männern unterwegs schwer krank wird und stirbt, bekommt noch nicht einmal ein Grab, wird eilig im Sand verscharrt. Es bleibt nur die Erinnerung.

Nach kurzer Erholung im Aïr ziehen die müden Männer mit ihren dürren Tieren weitere 700 bis 1000 Kilometer nach Süden: nicht nur um Salz und Datteln zu verkaufen, sondern von jeher aus anderen vitalen Gründen: Es muß Hirse für die Familie besorgt werden, die Kamele brauchen Erholung – die kärgste Weide auf einem abgeernteten Hirsefeld im Süden ist meist noch immer besser als eines der Täler im Aïr.

So bleiben die Kel Ewey meist bei »ihrer« Hausa-Familie im Süden und lassen ihre Tiere auf deren Feldern weiden, die dann gleich gedüngt werden. Als »Gegenleistung« erhalten die Karawaniers oft einfache Mahlzeiten. Salz und Datteln werden in kleinen Mengen auf den Märkten im Land der Hausa angeboten – man sollte nie den ganzen Warenbestand zeigen.

Den Hausa sind die asketischen, schweifenden Tuareg nicht ganz geheuer; sie wiederum bezeichnen die Seßhaften gern als unbewegliche »Hirsefresser« – hinter vorgehaltener Hand, natürlich. Dennoch sind die ungleichen Handelspartner fast symbiotisch miteinander verbunden: Ebenso wie die Tuareg eine Kamelweide und Absatzmärkte brauchen, so benötigen die Rinderzüchter im Süden das Salz. Durch die Verknüpfung von Handel und Winterweide sind die Transportkosten niedriger als bei einer reinen Handelskarawane – ein Grund mehr, weshalb wohl noch lange Karawanen durch die Ténéré ziehen.

DER NATIONALPARK AÏR/TÉNÉRÉ:
IST NATURSCHUTZ MENSCHENFEINDLICH?

Fast noch mehr als mit Naturschutz beschäftigten sich Experten in Niger mit alten Knochen. Natürlich nicht irgendwelche Knochen. Der Ort: Gadafaoua, rund 250 staubige und rüttelnde Wüstenkilometer südöstlich von Agadez. Hier existiert der größte, uns bekannte Dinosaurier-Friedhof der Welt. Hier lebten die gigantischen Carcharodonto-Saurier bis zum großen Saurier-Sterben vor 65 Millionen Jahren. Durch nachfolgende Feucht- und Trockenperioden versteinert liegen hier ganze Skelette im Wüstensand – besser, lagen. Touristen ließen schon mal einen kiloschweren Dino-Rückenwirbel mitgehen, und Forscher der Expedition von National Geographic räumten Mitte der 90er Jahre gründlich und wissenschaftlich ab. Die Beute lagert in den USA, das Landesmuseum in Niamey erhielt ein paar Reste. Die Gegend ist nun nicht mehr touristisches Sperrgebiet. Aber noch immer lassen sich komplette, 20 Meter lange Rückenwirbel im Sand bewundern.

Als Heinrich Barth als erster Europäer 1850 in Agadez und im Aïr war, gab es noch Giraffen, Löwen und Hyänen. Elefanten waren auch hier schon seit mindestens 8000 Jahren verschwunden und sind nur noch auf Felsbildern zu bewundern. Der letzte Leopard muß wohl zur Jahrhundertwende getötet worden sein, aber das Fleisch der Gazellen und Strauße boten den Tuareg bis vor 20 Jahren eine Aufwertung des sonst kargen Hirsebreis.

Als Strauße im Aïr schon vor dem Aussterben bedroht waren, begann der WWF (World Wide Found for Nature) mit den Vorbereitungen für ein Schutzgebiet. 1988 entstand dann der größte Nationalpark des afrikanischen Kontinents: vom Zentrum des Aïr hinaus bis in die Ténéré. 70.000 Quadratkilometer Vulkangestein, Wadis und am Ostrand des Aïr spektakuläre Touristen-Attraktionen: die fast 200 m hohen Temet-Dünen am fast 2000 m hohen Mt. Greboun, dem höchsten Berg des Niger; Arakao, die »Krabbenschere« – ein fast geschlossenes Halbrund von zwei Felsbarrieren, mit Dünen gefüllt, der schwarze, kreisrunde Basalt-»Pudding« von Chiriet im wogenden Sandmeer. In dieser Wüsten-Einsamkeit mit ihren oft metallisch glänzenden Trümmerbergen leben immerhin 40 Säugetier- und 160 Vogelarten; 350 verschiedene Pflanzen sind vor allen den Tuareg bekannt. Innerhalb dieses Areals von zweifacher Größe der Schweiz befindet sich die »Réserve intégrale« von 10.000 Quadratkilometern, bis Izouzaouène, den »Blauen Bergen« vor dem messerscharfen Horizont der Ténéré. Dieser Teil wurde zum »Addax-Sanktuarium«, zum Schutzareal der letzten großen, grauweißen Antilopen mit prächtigem, gedrehtem Gehörn. Bis 1990 wurden drei Millionen Mark in das Projekt gesteckt.

»Im Projektgebiet leben 2500 Menschen, davon sind 1500 seßhaft«, heißt es lapidar im WWF-Bericht. Sie durften nicht mehr jagen und auch kein Holz mehr schlagen. Nach massiven Protesten der betroffenen Tuareg wurden 1988 auch die Menschen mit einbezogen: bedrohte Tiere waren nicht zu retten, ohne die Lebensbedingungen der Tuareg zu verbessern. WWF-Mitarbeiter lehrten Bewässerungstechnik, die Herstellung von Lehmhäusern und medizinisches Grundwissen. Aber bald zeigten sich andere Schwachstellen des Projektes: in der »Réserve intégrale« war sogar Ziegenhirtinnen der Zutritt verboten. Freunde des Präfekten und Militärs aber schossen unbehelligt Gazellen und Strauße für ihre Tiefkühltruhen. Wildhüter waren meist Hausa oder Djerma, die »sich aufführten wie eine Besatzungsmacht«, schreibt der Tuareg Mohamed Aouchiki [1] und resümiert: »Dieser Naturschutz kam für die letzten Nomaden einem Todesurteil gleich«.

1991 wurde das Gebiet von der UN-Weltkulturorganisation UNESCO in das Weltnaturerbe der Menschheit aufgenommen, ein Jahr später in das »bedrohte Weltkulturerbe«. Kein Wunder, die Tuareg-Rebellion hatte begonnen. Aber im Gegensatz zur Wilderei von Rebellen in Schwarzafrika respektierten die Tuareg das Schutzgebiet. Und der WWF hat aus Fehlern gelernt und läßt zum Beispiel Nomaden frei herumziehen. Wer in der überirdisch schönen Landschaft zwischen Fels und Sand am Aïr-Ostrand unterwegs ist, sieht immer wieder Strauße, kleine Herden zierlicher Dorkas-Antilopen und mit Glück Addax-Antilopen. Und weiß: diese Tiere werden hier in absehbarer Zeit nicht verschwinden.

[1] *GEO Special, Sahara, 1992*

BESUCH IN TIMIA:
RÜCKKEHR NACH 15 JAHREN

Trotz des Aufenthaltes im Süden des Niger noch immer um 10 Kilo leichter, flog ich Anfang 1986 nach der Karawane nach Deutschland zurück, in die Kälte. Vier Jahre später war ich wieder da; eine »Ein-Mann-Expedition« führte mich in den Tschad. In meinem gut ausgerüsteten Landrover (mit Kühlschrank und Handdusche) fuhr ich in zwei Etappen über Spanien und Marokko durch die algerische Sahara nach Agadez und weiter nach Tanout und Zinder. Hier im Hausa-Land traf ich einige alte Bekannte; Kel Ewey, die bereits im Dezember hier angelangt waren, um Salz und Datteln zu verkaufen.

Der Besuch in Niger weckte alte Erinnerungen, aber war doch nur ein Transit auf dem Weg nach Tschad; hinter dem letzten größeren Ort in Niger, N'Guigmi, versank mein Geländewagen oft in bodenlosem Sand, wo einmal der größere Tschadsee gewesen war. Die Reise in das weltenferne Tibesti-Bergland war erfolgreich – bis auf die Tatsache, daß der Landrover dort mit einer Panne stehenblieb und ich zum Schluß für 400 Kilometer Kamele »chartern« mußte. [1]

Nach dieser Stippvisite 1989 vergingen neun lange Jahre bis zu meiner nächsten Tour nach Niger: als Reiseleiter einer meiner Gruppen war ich mit 8 sympathischen Zeitgenossen zwei Wochen in Niger, davon fast eine Woche mit Kamelen in Oasen des Aïr. Am Brunnen von Tézirzik begann unser Kamelritt. Welch ein Unterschied zur Salzkarawane! Wir ritten auf prächtigen weißen *meharis,* der kleine schwarze Koch Gambo stapfte meist zu Fuß nebenher, weil seine Füße nicht bis zum Hals des Kamels reichten. Wir wanderten und ritten nie länger als zweimal drei Stunden am Tag, und abends gab es ein Drei-Gänge-Menü mit Pfirsichen aus der Dose zum Nachtisch.

Die blauen Marmorberge von Tchirozirène waren ebenso Neuland für mich wie die Riesendünen von Temet. Über die Oase Iférouane fuhren wir zurück nach Agadez und wieder 980 Kilometer nach Niamey.

Zum zweiten Mal war ich in diesem Winter 1998/99 nach der Karawane 1985 in Niger und in Agadez. Aber zum Besuch in Timia fehlte wieder die Zeit. Was war aus dem Karawanenführer Khada geworden, was aus Arali, dessen häufige Streiterei mit ihm ich nun im Nachhinein als angenehme Kurzweil empfand? Wie ging es den Kindern Taschat, Fidschia und den anderen? Sicher waren sie schon verheiratet. [2]

Ein Jahr später, 1999/2000: die westliche Welt im Millenniums-Fieber. Wieder war ich in Niger und begleitete eine Gruppe von 15 Reisenden quer durch die Ténéré. Wir fuhren in fünf Geländewagen durch die südliche Ténéré nach Fachi, wo uns aggressives *»cadeau«*-Geschrei der Kinder bald wieder vertrieb.

Die Begleitung einer Salzkarawane war Teil des Programms; vorgesehen war ein Tag. »Es wird der längste, aber nachhaltigste Tag in Ihrem Leben werden«, schrieb ich in einer Ankündigung. Wir trafen eine Karawane der Kel Gress hinter dem *Arbre du Ténéré,* am Westrand dieser Riesenwüste: 52 lagernde Kamele, einige Männer, drei Kinder zwischen 12 und 14 als Lehrlinge, *der madugu,* ein alter Mann von fast 70 Jahren: Kel Gress auf dem Rückweg mit ihren Salzlasten.

Allein schon das Flair der lagernden Kamele, der verstreuten Lasten nahm alle in der Reisegruppe gefangen. Wir hatten Glück: normalerweise ist die Karawane um 10 Uhr schon längst wieder unterwegs – aber sie seien bis morgens um zwei in der letzten Nacht gelaufen, erzählte der Alte gleichgültig. Wir durften ihn begleiten, Gottseidank nur für einige Stunden. Das war für die meisten von uns schon fast zu viel. Wie in einem Zeitraffer war sie wieder da, »meine« Karawane vor 15 Jahren: das Scheuern der Stricke, das Gluckern in den Bälgen aus Ziegenleder, die federnden, tellergroßen Füße der Kamele mit ihren gleichgültigen Blicken, die hohen Juchzer der jungen Leute. Die Sonne, die sich in den Himmel brennt. Die große Leere.

Bei Tanout lebt er, sagte der *madugu,* zieht seinen Tagelmust herunter, zeigt lachend auf seinen schlohweißen Kinnbart im tiefschwarzen Gesicht: »*tauscher*«, alt sei er nun, und müsse noch immer nach Bilma laufen. Erst sei seine Frau gestorben, dann seine zwei erwachsenen Söhne im letzten Jahr an einer Krankheit, die sie ganz dünn gemacht habe. Aids? denke ich. Nun lehrt er die Kinder seines Nachbarn das Karawanenleben, damit es weitergehe, wenn er bald zu Allah gerufen werde. Das berichtet er mir alles freundlich, emotionslos; als Schilderung des unabänderlichen Schicksals, das Allah ihm auferlegt hat.

Ich denke an unsere Sicherheiten, unser Leben im Luxus, als der erste Gast mit seiner Videokamera mich fragt, wie lange die Schinderei noch weitergehe. Wir sind seit drei Stunden unterwegs, die Kel Gress seit 3 Wochen. Ich zeige wortlos auf unseren roten Geländewagen, der weit vor uns mit den anderen Fahrzeugen im flachen Dünenmeer auf uns wartet: mit dem Mittagessen und künstlichem Orangensaft.

31. Dezember: ein Hammelbraten, guter, aber zwangsläufig zu kalter Rotwein in Blechtassen, ein paar abgebrannte Wunderkerzen – die meisten der Gruppe lagen schon vor dem »Jahrtausendwechsel« im Schlafsack.

Auch in Bilma mußten wir uns der Kinder erwehren, fuhren zur Ruinenstadt Djado und durch die nördliche Ténéré zurück: ein Tag für 400 Kilometer, das sind 6 endlose Tage mit Gewaltmärschen für die Karawanen. Ich muß nach dieser Reise endlich nach Timia. Und wenn es nur für einen Tag ist.

Die Reisegruppe zeigte Verständnis, als ich sie am frühen Morgen des 10. Januar 2000 in Agadez verabschiedete und sie allein zurück nach Niamey fuhren.

Ellen und Günter hatten noch etwas Zeit und begleiteten mich nach Timia: 220 Kilometer Piste, jeweils ein Tag nur für die An- und Abreise.

Am Brunnen von El Meki sehen wir Tuareg-Frauen am neuen Brunnen mit großem Drehrad. Bunte Blusen und Buchstaben aus Plastik im Haar kontrastieren mit dem Postgelb der Metallkonstruktion. Ich sehe keine Frau mehr am Brunnen im traditionellen dunkelblauen Gewand; auch die »modernen« Frisuren wurden von den Hausa übernommen.

»Uns Männern gefallen die Farben besser als das ewige dunkelblau, außerdem sind die Stoffe viel billiger«, erläutert unser beleibter Tuareg-Fahrer Mohamed – vom *tagelmust* bis zu den Ledersandalen aber selbst traditionell gekleidet.

Oftmals quälen wir uns im Schrittempo über steinige Pisten, vorbei an Bergen wie Kohlehalden, entlang des breiten *kori* von Agandouène und später dem gewaltigen, metallisch glänzenden Tamgak-Massiv. Rast in einem *kori*, noch 70 Kilometer bis Timia. Einziges Grün sind giftige, große Wolfsmilchgewächse, deren bittere Blätter nur Ziegen in Notzeiten fressen. Eine schüchterne *Targia* mit einem Kleinkind verkauft uns handgeschnitzte Holzlöffel für umgerechnet zwei Mark das Stück. Dem Kind sitzen Fliegen auf den tränenden Augen; ein jämmerlich dürrer Hund nähert sich mit eingezogenem Schwanz.

Dies ist eine der vielen Frauen der Kel Ewey, die wochenlang mit ihren Ziegen durch abgelegene Täler ziehen und den Käse *takomar* produziert. Sie lebt mit ihren Kindern von der Milch, dem Käse und etwas Hirse. Wir geben ihr Brot, Zucker und Tee, bereiten uns ein einfaches Essen – einfach für uns: Brot aus Agadez, ein paar Tomaten, zwei Dosen Thunfisch.

Einige Tomaten haben die Pisten-Tortur nicht überstanden, sind weich und zerplatzt; sie landen unter einem Busch. Während wir essen, nähern sich zwei etwa fünfjährige Jungen und klauben die Tomaten aus dem Sand.

Vor Timia öffnet sich eine Basaltschlucht, die »Cascade« sprudelt: eine Quelle, deren Wasser sich über Felsbecken in einen kleinen See ergießt – ein Wunder in dieser Mondlandschaft und eine Attraktion für die wenigen Touristen, die sich hierher verirren.

Vor genau 15 Jahren war ich zum letzten Mal hier und im drei Kilometer entfernten Timia. Sechs junge Händler und Silberschmiede sitzen in wallenden blauen Boubous aufgereiht vor dem See und haben ihre Waren vor sich ausgebreitet. Sie sind so ruhig und freundlich, daß wir am liebsten jedem etwas abkaufen würden.

Ich frage nach Arali. Ja, der sei da und hätte schon die Nachricht meiner Ankunft erhalten, die ich vor zwei Tagen einem anderen Fahrer übermittelte. Der Händler Umba mit einem großen, schneeweißen Tagelmust, der mit seinem kornblumenblauen Gewand kontrastiert, informiert mich weiter: Arali wüßte schon Bescheid; eigentlich das halbe Dorf, man erwarte mich.

Ich zeige den jungen Leuten mein Kinderbuch, das auch vor 15 Jahren entstand [2]. Umba deutet zunächst auf ein großes Bild des Dorfschmiedes – das war sein Vater. Er starb letztes Jahr. Und die Kinder auf dem Titelbild – was ist zum Beispiel mit Taschat, die damals 12 war – wie viele Kinder hat sie? Alle kennen Taschat, aber schauen betreten zu Boden.

Direkter, längerer Blickkontakt gilt bei den Tuareg ohnehin als unhöflich, aber dahinter steckt nun etwas anderes. Sie sei im Busch, sagt schließlich einer. Mit ihren Kindern? Sie sei nicht verheiratet und habe keine Kinder. Sie ist nun 27 und hat keine Kinder? Sie sei etwas komisch im Kopf, sagt einer. Insistieren wäre noch unhöflicher als direkte Blicke.

Umba packt seine Silberschätze in einen kleinen Rucksack, klemmt sich zwischen den Fahrer und mich, weist den Weg. Die ersten Palmen stehen am Kori, hinter den Hecken aus Dorngestrüpp leuchten frische Orangen. Ein schwarzweißer Vogel, *moula moula*, begleitet eine Zeitlang unseren Weg.

Bald stehen die Palmen geballt und manchmal traubenförmig am Kori. Frauen in dunkelblauen Gewändern lachen am Brunnen. Es ist nicht mehr der alte Brunnen, in dessen dicken Querbalken das Heraufziehen der Stricke tiefe Rillen eingeschliffen hat, sondern ein Geschenk der Entwicklungshilfe mit einem langen Hebelarm. Ist die Mechanik defekt, gibt es dann kein Wasser: das nennen einige Fortschritt.

Die Frauen haben ihre schwarzen glänzenden Haare sorgsam zu Zöpfen geflochten, von denen einer im Halbkreis über die Stirn fällt. Sie tragen zum Teil verblichene Gewänder in Indigoblau, ebenso wie zwei Mädchen von etwa zehn Jahren: es hat sich nichts an ihrer Kleidung verändert.

Meine Spannung steigt, als wir langsam durch den Ort mit seinen einfachen Lehmhäusern fahren. Ich sehe nichts vom befürchteten Zivilisationsmüll, keine Wellblechdächer. Wir halten vor einem Haus, das mir vertraut ist. Als ich mich aus dem Geländewagen zwänge, steht schon Arali in der Tür.

Ein herzlicher Händedruck, nicht die traditionelle Begrüßungslitanei, bei der nach jeder Frage erneut die Fingerkuppen an der Handinnenseite des Ankommenden entlang gestrichen werden. Arali ist nun 42, er hat sich in den 15 Jahren kaum verändert. Die gleichen wachen, schräggestellten Augen, mir vertraute Handbewegungen. Im Innenhof ein halb verfallenes Mattenzelt, *ehan,* in dem ich damals wohnte. Seine erste Frau Emmaté – klein, hübsch, oft lächelnd –, begrüßt mich ebenso verlegen wie erfreut.

Wir streichen die Hände aneinander: *Aljeras? Matolam* ... es geht gut. Immer wieder klatscht sie in die Hände, zupft mir am Hemd, fährt mit dem Finger auf ihre Oberlippe, deutet auf mich: »Sie fragt, wo dein Schnurrbart geblieben ist«, lächelt Arali. Bald darauf kommen Nachbarinnen, deren Gesichter ich vergaß und die mir plötzlich wieder vertraut sind. Auch sie bemerken meine neue Bartlosigkeit. *Tauscher* – alt, sage ich und zeige auf mich.

Immerhin war ich damals 35, jetzt sind meine Haare grau meliert und ich bin 50. Ich sehe aus wie damals, schmeichelt Arali.

Sicherlich hat sich äußerlich in Timia nichts verändert. Emmaté zerstößt Hirse im gleichen hölzernen Mörser an der gleichen Stelle im zweiten Hof wie damals, an der Akazie hinter dem Gehöft ist eine trächtige Ziege angeflockt.

Mädchen führen mit leisem Schnalzen eine kleine Ziegenherde zurück ins Dorf. Es sind kaum Menschen in den sandigen Gassen. Es ist windig und kalt, die kurze Dämmerung fällt über den Ort wie ein Stoff aus Indigo. Wir trinken Tee im einfachen Ein-Zimmer-Haus von Gerd Spittler, des »Docteur«, der von 1976 bis 1985 oftmals ein ganzes Jahr hier lebte und dessen verstaubter Koffer noch immer hier steht; durch abgeschlossene Forschungen und die Rebellion war er auch seit 15 Jahren nicht mehr in Timia. Arali besuchte ihn zweimal in Bayreuth und Berlin. Wann? 1990 und 1993. Zuletzt war Arali 1994 in Tegernsee für Arbeiten über einen Tuareg-Film.

Immer reise er in Tuareg-Kleidung, erzählt er uns, »ich würde nie diese bunten *boubous* der Hausa tragen, einen grünen oder gelben *Tagelmust,* wie es sich auch hier in Timia immer mehr verbreitet.« Arali, noch nicht alt aber ein Tuareg des alten Schlages, nicht zu korrumpieren oder beeinflussen durch Dinge, die er nicht braucht – nicht durch Geld und auch nicht durch europäischen Luxus.

Wir sitzen im Dunkel des Lehmzimmers im Schneidersitz auf einer Matte; das kleine Haus ist mit körnigem Sand aufgefüllt. Ruhig perlen die Worte, wir haben scheinbar alle Zeit der Welt. Auf Ellen und Günter überträgt sich die Ruhe, sie spüren die Bedeutung dieses Besuches für mich.

Die Tür aus dem Blech einer Öltonne öffnet sich quietschend. In der Tür steht niemand anders als Khada, unser *madugu* vor 15 Jahren.

Er trägt einen schwarzen alten Tagelmust, ein schwarzes, rockähnliches Übergewand, ein weißes Tuch über der Schulter. Tuareg zeigen keine Regungen. Aber ich spüre, wie auch ihn unser Wiedersehen berührt.

Khada ist alt geworden. Damals war er 52, jetzt ist er 67. Als sein Tagelmust einmal herunterrutscht, sehe ich nur noch einige Zahnstümpfe in seinem Mund; hastig vermummt er sich wieder.

Khada redet oft lange, Arali übersetzt wie damals, wenn er gerade Lust dazu hat. Manchmal spricht niemand, und nur unser Schlürfen des heißen, starken Tees steht in der Stille des Abends.

Erst im letzten Jahr hörte Khada auf, mit der *tarhalamt* nach Bilma zu ziehen. Als 15jähriger hat er angefangen: »40 mal ging ich nach Bilma, nur während zwei Jahren konnten wir nicht gehen, weil es kaum *alemos* für die Tiere gab.«

»Das eine Mal war 1984«, erinnere ich mich, »da wollte ich schon mit euch ziehen, aber es ging nicht.«

»Es war eines unserer schlimmsten Jahre«, erinnert sich Khada. »Da half uns der Docteur. Er organisierte einen Salztransport mit Lastwagen«, fügt Arali hinzu.

»Wir brachten dann das Salz in den Süden, weil die Tiere sonst hier verhungert wären. Diese Hilfe war für viele von uns eine Entehrung, aber was sollten wir tun?« fragt Khada.

»Und wann ist noch die *tarhalamt* ausgefallen?« frage ich Khada.

»Nach der großen Dürre, die davor das Land peinigte. Es muß 1974 gewesen sein. Selbst die meisten Ziegen starben, und vor ihnen schon Kinder.«

Arali bringt die traditionellen Holzlöffel, *tchokal,* und eine große, mit Metallstreifen reparierte Holzschüssel mit Hirsebrei *eshink* und einer Gemüsesauce. Mit dem arabischen Segensspruch *bismillah* eröffnet Khada das gemeinsame Essen. »Wißt ihr noch, wie ich nie mit dem Tempo eures Essens mithalten konnte, weil ich nur einen kleinen Metallöffel der *kufar* (Europäer) hatte? Efes war immer der schnellste beim Essen.«

Khada schmunzelt in seinen *tagelmust* hinein: »Und sonst der langsamste. Bei Allah, ich wußte schon damals, er wird nie ein *madugu.* Er lebt nun in Tin Tellust und betreibt eine Getreidemühle. Fast so seßhaft wie ein Hausa.« Khada hat seinen alten Humor nicht verloren.

Während wir dann schweigend essen, rechne ich überschlägig Khadas Karawanen-Kilometer zusammen: ein Zyklus der *tarhalamt* umfaßt etwa 2500 Kilometer. Mal 40 macht 100.000 Kilometer, das meist zu Fuß ... für ihn wie für viele andere ein ganz normales Leben.

Arali holt mein abgegriffenes Karawanenbuch aus einem Ledersack. Khada zeigt auf ein Bild unserer Karawane: »Alle Kamele sind tot«. Kein Wunder: Einige der Tiere waren damals schon über 10 Jahre alt. Ein Karawanenkamel überdauert kaum 20 Jahre. »Auch er ist tot«. Er zeigt auf den bärtigen Freund Jakuba, den ich als »Römer« bezeichnete.

Was ist mit den Kindern aus meinem anderen Buch? »Verheiratet, Fidschia hat zwei Kinder«. Sie war damals drei Jahre alt. »Und Taschat?«

»Sie hat keine Kinder«, sagt Arali.

»Sie ist nicht ganz in Ordnung«, ergänzt Khada.

Wir trinken wieder Tee. Es wäre unhöflich, mehr zu fragen.

Der nächste Tag ist schon unser letzter in Timia. Arali zeigt mir mit Stolz seine beiden Töchter. Fatimata kannte ich noch als krabbelndes Kleinkind, sie ist nun eine hübsche 17jährige und trägt zu Aralis Mißfallen bunte Hausa-Stoffe. Essalama ist zehn und das gemeinsame Kind mit seiner zweiten, jüngeren Frau, die ich schon damals nie zu Gesicht bekam.

Wir streichen an diesem Tag viele Hände, gehen auf das Fort; General Massu ließ es 1952 überwiegend von zwangsverpflichteten Tuareg erbauen; es hatte nie eine strategische Bedeutung, war Mittel zur Beschäftigung.

Es wurde 1999 vom gleichen General und seinem nostalgischen Hilfsverein »Amis du Timia« mit umgerechnet 10.000 DM wieder restauriert. Wieder waren Arbeiter Kel Ewey aus Timia, Arali leitete die Arbeiten. Wieder einmal kam ihm sein Ruf als »Außenminister« von Timia und seine Erfahrung beim Uferschutzprojekt von 1975 bis 1979 zugute.

Dieses Mal aber arbeiteten die Kel Ewey freiwillig und entdeckten eine neue Einkommensquelle: den Tourismus. An manchen Tagen passieren über 10 Fahrzeuge das Dorf mit seinen 5000 Einwohnern am Schnittpunkt zweier großer Koris. Einige Wochen vor uns war gerade der junge österreichische Ethnologe Harald Friedel in Timia – im Rahmen seiner Dissertationsarbeit über Tourismusentwicklung in der Region. Er regte an, das Fort als einfache Herberge aufzurüsten und schreibt:

Wiedersehen nach 15 Jahren im Januar 2000:
Khada (links), Übersetzer Arali und Werner Gartung

»Die Modernisierung hat auch vor den Kel Timia nicht haltgemacht. Geldwirtschaft, ein westliches Schulsystem, marktorientierte Landwirtschaft und die Versorgung mit Medikamenten zeugen gleichermaßen davon wie auch Arbeitslosigkeit, Landflucht oder die Auflösung traditioneller Herrschaftsstrukturen. Ein konsequenter Weg erscheint somit der Schritt nach vorn. Da die Folgen des zukünftigen Besucherstroms alle zu tragen haben, sollen auch alle darüber entscheiden und von den Früchten gemeinsam profitieren.«

Viele alte Bekannte winken mir am nächsten Morgen noch lange nach. Die Bäumchen vor der damals neuen Schule, von den Kindern 1985 gepflanzt, sind groß geworden.

---

[1] Gartung, Werner: Yallah Tibesti, Braunschweig 1992

[2] Gartung, Werner: Komm mit nach Timia. Unser Leben im Sahel (Kinderbuch)

Beide Bücher sind nicht mehr im Handel und nur noch über Bibliotheken auszuleihen.

GLOSSAR

Bei der Schreibweise von Eigennamen wurde die umgangssprachliche, phonetische Wiedergabe gewählt, also z.B. für die Tuaregsprache *tamaschek* anstelle von *tamahâk* oder *tamâschak*.

Ahal Salopp übersetzt: »Wüsten-Disco« – abendliche Treffen meist unverheirateter Frauen und Männer mit der Tee-Zeremonie und (früher noch häufiger) Lautenmusik auf der → *Imsad*. Gutes Benehmen ist eine Grundvoraussetzung, nach außen hin dürfen die Frauen keinen Mann bevorzugen. Mit gesungenen Gedichten werden Neigungen angedeutet und mittels einer Fingersprache ein »*date*« für den Rest der Nacht vereinbart.

Adrar Tamaschek-Wort für Bergland. Beispiel: Adrar des Iforas = Iforas-Bergland (Heimat der → *Kel Iforas,* nördlich von Gao, Mali).

Alemos Futtergras; nördlichstes Vorkommen in den Tälern des Aïr, lat. Aristida obtusa. Das Alemos wird von den → *Kel Ewey* vor der Karawane geschnitten und in großen Ballen als Futter für die Kamele auf der Karawane mitgeführt.

Amenokal Tamaschek; wörtlich »Besitzer des Landes«, traditionelles Oberhaupt einer Tuareg-Föderation und von dieser gewählt.

Ashak Ehrenkodex, der je nach Gesellschaftsschicht ein entsprechendes moralisches Verhalten vorschreibt.

Bilma

Wichtigste Oase im Süden des → *Kaouar* und neben → *Fachi* bedeutendste Salzoase der mittleren Sahara; in den Salinen von → *Kalala* werden jährlich ca. 2500t Salz produziert. Die Oase ist überwiegend von negroiden → *Kanouri* bewohnt. Bis heute ziehen zwischen Oktober und Januar 400 bis 500 Karawanen, überwiegend der → *Kel Ewey*, nach Bilma – das bedeutet Salzlasten für 13.000 bis 16.000 Kamele.

Boubou

Weites, meist (bei den Hausa) besticktes Gewand, oft in Blau; von den Tuareg meist *gandurah* (arab.) genannt.

CFA-Franc

(*Communauté Financière Africaine*) Währung in 12 Ländern West- und Zentralafrikas von Senegal bis Gabun, bis zur Einführung des Euro gekoppelt an den französischen Franc. Die Abwertung von 1994 um 100% ließ auch Niger noch mehr verarmen. Ein Euro entspricht 652 CFA-Franc.

Cram-Cram

Samenkapseln einer Sahel- und Wüstenpflanze (Cenchrus biflorus roxbi), die oft wie Kletten an der Kleidung hängen und deren feine Stacheln in die Haut eindringen. Tuareg führen deshalb immer Pinzetten mit sich. Andere Namen sind *dschir-dschir* oder *had*.

Ehan

Zelt aus Leder (früher Mufflonleder, in Algerien und Mali) oder aus fein geflochtenen Matten (im Aïr, Niger). Die → *Targia* bringt das *ehan* mit in die Ehe und behält es im Scheidungsfall. Sie ist »Hüterin der Zelte«

und hat dort absolute Verfügungsgewalt (s.a. → *Matrilokalität*).

Eralé »Wüsten-Müsli« aus zerstoßenem Ziegenkäse, → *takomar* und Datteln. Wird mit Wasser bzw. Milch und Hirse versetzt und von den Karawanenleuten als Kraftnahrung mitgeführt.

Fachi Nach → *Bilma* die zweitgrößte Salzoase, gelegen in der zentralen Ténéré. Die jährliche Salzproduktion beträgt rund 1000 t. Etwa 1800 Einwohner, meist → Kanouri. Durch starke weibliche Positionen wird Fachi auch »Oase der Frauen« genannt. Trotz der isolierten Lage ist die Einwohnerzahl nicht rückläufig und ungeachtet mittlerweile zweier Transport-Lkw einer 1983 gegründeten Kooperative kommen jährlich etwa 200 Karawanen mit rund 8000 Kamelen nach Fachi.

Fotchi Salzbarren aus → *Bilma* und → *Fachi* in der Form eines runden Puddings, geformt und gestürzt mit Metallschüsseln; Gewicht etwa 2,5 kg.

Gris-Gris Amulett gegen böse Geister (→ *Kel Essuf*).

Hausa (oder Haussa) »Staatsvolk« von Niger mit rund 53 % oder 1,5 Millionen Menschen, die vor allem im Süden siedeln und deren größter Teil im benachbarten Nigeria lebt. Die Hausa sind vor allem Hirsebauern und auch Handelspartner der Tuareg beim Salzverkauf.

Iklan Ehemalige Sklaven der Tuareg.

Imajeren »Die Freien« mit der höchsten sozialen Stellung. Zu ihnen gehören die Adligen und die → *Ineslemen*. Sie vertreten die Werte der Tuareg, weshalb sich auch Angehörige niederer Schichten Imajeren nennen. Die → *Kel Ewey* jedoch legen darauf keinen Wert.

Imrad Gruppe der meist negroiden Vasallen, die den → *Imajeren* als Kamelzüchter, Viehhirten oder Oasenbauern tributpflichtig waren.

Imsad Einsaitige Laute (Saite aus Pferdehaar) der Tuareg, ähnlich einer Violine. Die Imsad wird ausschließlich von einer → *Targia* gespielt. Ebenso wie die Schrift, das → *Tifinagh* und die Poesie gerät die Kunst des Musizierens durch Modernisierung und Entwurzelung zunehmend in Vergessenheit.

Inaden Kaste der ebenso verachteten wie gefürchteten Schmiede, zu denen auch die Kunsthandwerker zählen.

Ineslemen Gruppe der Geistlichen (Schriftgelehrten) der Tuareg, die zur höchsten Kaste der → *Imajeren* gehören.

Indigo Blauer Farbstoff aus der Indigo-Pflanze, der in den Stoff gewalkt und gehämmert wird; erzeugt metallisch glänzendes Dunkelblau, das auf die Haut abfärbt (deshalb auch die Bezeichnung »Blaue Männer« für die Tuareg). Zentrum der Indigoherstellung ist seit altersher Kano in Nordnigeria. Ein → *Tagelmust* aus Indigo wird heute meist nur zu Festen getragen.

Ishomar
Entwurzelte Tuareg, die meist durch eine Dürre im Ausland arbeiten. Das Wort setzt sich zusammen aus → *Imajaren* und dem französischen *chômeur* = Arbeitsloser.

Kalala
Bezeichnung der Salinen von → *Bilma*. Durch eine geologische Bruchverwerfung aufsteigende Salzlauge verdunstet in den Salinen. Die »Salzernte« beginnt im April und erreicht ihren Höhepunkt zur heißen Zeit im Sommer. Das Oberflächensalz *beza* ist gutes Speisesalz. Die große Menge des minderwertigen Salzes wird als Viehsalz zu → *Kantus* oder → *Fotchis* verarbeitet und von Karawanen abgeholt. Seit dem Mittelalter wird in Bilma Salz produziert; in den letzten Jahrzehnten jährlich etwa 2500 t.

Kalebasse
Vorrats- und Trinkgefäße aus getrockneten halben Kürbissen; im ganzen → *Sahel* verbreitet. Halbierte, kleine Flaschenkürbisse werden zu Schöpflöffeln. Besonders die → *Hausa* und → *Peulh* sind Meister der Verzierung von Kalebassen.

Kanouri
Negroide Ackerbauern mit dem Zentrum von Maiduguri/Nigeria, westlich des Tschadsees. Seit der Deportierung durch König Idris Alaoma (Reich von Kanem-Bornu) im 16. Jahrhundert leben Kanouri quasi als »Inselbewohner« in den Ténéré-Oasen → *Bilma* und → *Fachi*.

Kantu
Viehsalz aus ›Bilma und ›Fachi in Form eines großen Zuckerhuts, etwa 20–25 kg schwer. Die Form wird durch einen ausgehöhlten

Palmstamm erzielt. Eine weitere Form bilden die »Salzkuchen« → *Fotchi*.

Kaouar   Oasenkette im Osten der Ténéré zwischen → *Bilma* im Süden und Séguidine im Norden an einer nord-südlich verlaufenden geologischen Bruchwerfung mit Salzquellen (Bilma, Arrigui) und gutem Süßwasser. Überwiegend besiedelt von negroiden → *Kanouri*. Aus Mischehen mit den aus Osten eingewanderten → *Tubu* entstanden die Gruppen der Gezebida.

Kel   Tamaschek; »die Leute von …«, z.B. Kel Aïr.

Kel Ewey   Tuareg-Gruppe mit dem Zentrum in der Oase Timia, Aïr-Bergland, etwa 20.000 Menschen. Negroider Einschlag durch frühere Heiraten mit schwarzen Sklavinnen, um die Gebote der → *Matrilokalität* zu umgehen; s.a. S. 264.

Kel Essuf   Geister, gegen die man sich vor allem mittels

ledernen Amuletten wehrt; auch Kamele tragen oft solche → *Gris-Gris* um den Hals. Diese Talismane enthalten meist Koran-Zitate, die von → *Marabuts* angefertigt werden. Eisen (Armreifen) vertreibt nach Auffassung der Tuareg Geister; noch heute legen viele Mütter ihrem Neugeborenen deshalb ein Messer unter den Kopf. Die Naturgeister können Menschen- oder Tiergestalt annehmen. Es gibt auch gute Kel Essuf, die zum Beispiel einen Weg zum Brunnen zeigen. Arabischer Name: *djenoun* (Plural *djinn*).

Kori
Tamaschek-Wort, arab. → *Wadi;* trockenes Flußbett. Nach Regenfällen können sich *Koris* in reißende Flüsse verwandeln und so zur tödlichen Falle für dort lagernde Reisende werden.

Madugu
Das Hausa-Wort bedeutet »Führer« und wird von den Kel Ewey für den Karawanenführer benutzt.

Marabut
(oder: Marabout)
Arabisch; islamischer Schriftgelehrter und/oder Einsiedler, der sich durch besondere Kenntnis des Koran hervorgetan hat oder durch besondere Taten und »Wunder« als Heiliger verehrt wird; auch ihre Grabmäler werden Marabut genannt.

Matrilokalität
Ableitung von Matriarchat = Mutterherrschaft. Nach der Heirat zieht das junge Paar in diesem Fall zur Mutter der Ehefrau (s.a. Informationen über die Kel Ewey, Seite 242). Die M. ist mit einer weiblichen Erbfolge für bestimmte Güter verknüpft.

Mehari
Reitkamel der Tuareg. Die weißen Tiere sind am edelsten.

Moula Moula
Typischer Vogel der zentralen Sahara; lebt nur in felsiger Umgebung. Deutsche Bezeichnung: Weißbürzelsteinschmelzer. Etwa so groß wie eine Drossel, fällt er durch einen weißen Fleck auf dem Kopf und weiße Hinterfedern auf. Er ist neugierig und kommt näher. Gilt bei den Tuareg als Glücksbringer.

Mouloud

Geburtstag des Propheten Mohamed; wird auch von den nicht sehr strenggläubigen Tuareg mit geschmückten Kamelen und Reiterspielen gefeiert.

Peulh
(oder Peul, Fulbe)

Die rund sechs Millionen Peulh sind meist grazil und nichtnegroider Herkunft. Möglicherweise schufen ihre Vorfahren Bilder der »Rinderperiode« vor rund 7000 Jahren in der Sahara. Sie wanderten nach Westafrika und leben vor allem in Äquatorial-Guinea und Kamerun. Die nomadischen Fulbe (in Niger) heißen *Bororo,* eine Untergruppe sind die *Woodabe.* Sie züchten vor allem Zebu-Rinder und sind immer weiter nach Norden in den Lebensraum der Tuareg vorgedrungen. Häufig tragen sie Kleidung der Tuareg und sogar die →Takuba. Der Ethnologe Peter Fuchs in seinem Buch »Menschen der Wüste«: »Bei ihren bühnenreifen Auftritten auf den Märkten übertreffen sich Bororo und Tuareg gegenseitig.«

Sahel

Das Wort stammt aus dem Arabischen und bedeutet das südliche »Ufer« der als »Sandmeer« empfundenen Sahara. Es ist eine ökologisch anfällige Steppenzone mit Niederschlägen von 250–400 mm im Jahr, die vor allem zwischen Juni und September fallen. Durch Überweidung und ausbleibende Regenfälle ist es in der Sahelzone (vor allem in Mali und Niger) immer wieder zu Dürreperioden gekommen.

Tagelmust

Das arabische Wort dafür ist *chech:* ein vier bis sechs Meter langes Tuch, das nur von

Männern getragen und kunstvoll um den Kopf geschlungen wird; Nase und vor allem der Mund sind dadurch verhüllt.

Takomar
Ziegenkäse, flach, mißt etwa 12 cm im Quadrat. Seine Qualität wurde schon von Heinrich Barth 1850 hervorgehoben. Spezialität der Frauen der → *Kel Ewey*. In getrocknetem Zustand monatelang haltbar und Bestandteil der Kraftnahrung → *Eralé*.

Takuba
Traditionelles Tuaregschwert. Bis in die 30er Jahre wurden die besten Takubas aus importiertem Solinger Stahl geschmiedet, seit Jahrzehnten zunehmend aus Blattfedern von Schrottautos. Die *takuba* in der roten und kunstvoll verzierten Lederscheide hat nur noch symbolische Bedeutung, wird aber noch von vielen Tuareg und vor allem an Festen getragen.

Tamaschek
Gemeinsame Sprache aller Tuareg (bei den algerischen Tuareg *tamahak* genannt). Entsprechend der regionalen Verteilung existieren fünf Regionaldialekte (s.a. Seite 235). Viele Tuareg nennen sich ebenso − also »jene, die Tamaschek sprechen«.

Targi, Targia
Singular/maskulin für Tuareg-Mann bzw. Femininum für Tuareg-Frau, basierend auf dem arabischen Wort Tuareg.

Tarhalamt
Tamaschek-Wort: Salzkarawane der Tuareg nach → *Fachi* und → *Bilma*.

Tifinagh   Tuareg-Schrift bzw. Tuareg-Schriftzeichen (s.o.); Ursprung berberisch.

Tubu   Alt-negritisches Volk aus dem heutigen Tschad. Die etwa 9000 Tubu im Tibesti nennen sich *Teda;* die südlichen, im Sahel nomadisierenden etwa 140.000 Tubu heißen *Daza.* *Tubua-Teda* kommen aus dem Tibesti jährlich zur Dattelernte nach Djado; kleine Gruppen haben sich im gesamten → *Kaouar* niedergelassen und sich zum Teil mit → *Kanouri* vermischt.

Wadi   Arab.; auf → *tamaschek* → *Kori:* trockenes Flußbett. Nach Regenfällen können sich Wadis in reißende Flüsse verwandeln und so zur tödlichen Falle für dort lagernde Reisende werden.

LITERATUR

Diese Auswahl ist nicht vollständig und eine Empfehlung des Autors. Preisangaben bedeuten, daß dieses Buch noch im Handel ist (Stand bei Drucklegung im August 2003). Antiquarische Titel lassen sich am besten über das Internet suchen und beziehen (z.B. www.abebooks.de oder www.kelkoo.de)

REISEFÜHRER

BAUR, Thomas, u.a.:
Westafrika: Sahelländer
Bielefeld 2003, 25 €
Endlich eine aktuelle Neuauflage des sehr mittelmäßigen Vorgänger-Bandes, über Niger und andere Sahel-Länder bis Senegal.

BOILEAU JOULIA, Celine: **Niger**
Edition Petit Futé, Paris, 2003
Ständig aktualisierter Reiseführer im Taschenbuch-Format, 15 € (www.petitfute. com, s. dort in »Boutique«)

DECOUDRAS, Pierre-Marie:
Le Sahara du Niger
Créations du Pélican, Lyon (1994)
Band mit vielen Fotos und Karten vor allem über das Air und die Ténéré.

GÖTTLER, Gerhard (Hrsg.)
Die Sahara – Mensch und Natur in der größten Wüste der Erde
Köln 1992
DuMont-Landschaftsführer über den Großraum Sahara mit Beiträgen auch über Nomaden, Karawanen in Niger, den Sahel (mit Niger). Der neue Sahara-Band des Autors (2002, 22,50 €) führt dagegen nur einige »Touristen-Autorouten« in Sahara-Ländern auf; der allgemeine Teil ist eher dürftig.

KRINGS, Thomas: **Sahel**
Köln 1990; DuMont-Kultur-Reiseführer über Sahel-Länder mit vielen interessanten Beiträgen.

SACHBÜCHER

DAYAK, Mano:
Geboren mit Sand in den Augen
Zürich 1998, 8,90 €
Die Autobiographie des Führers der Tuareg-Rebellen in Niger, packend aufgeschrieben vom GEO-Journalisten Michael Stührenberg.

DAYAK, Mano: **Die Tuareg-Tragödie**
Bad Honnef 1998, 12,30 €
Dokumente und Berichte über die Tuareg und ihren Befreiungskampf in den 90er Jahren. Nachwort von Michael Stührenberg.

FUCHS, Peter:
Menschen der Wüste
Braunschweig 1991
Der Göttinger Ethnologe schreibt über den Mythos der Sahara, Nomaden- und Oasenkulturen zwischen Atlantik und Nil - auch über die Tuareg und Oasen der Ténéré.

FUCHS, Peter:
Das Brot der Wüste – Sozio-Ökonomie der Sahara-Kanouri von Fachi
Wiesbaden 1993
Der Autor lebte während mehrerer Jahre in der isolierten Oase Fachi, mitten in der Ténéré.

GÖTTLER, Gerhard:
Die Tuareg – Kulturelle Einheit und regionale Vielfalt eines Hirtenvolkes
Köln 1989
Profunde Darstellung über den Lebensraum der Tuareg (Sahel, Sahara), Ökonomie, Kultur und Geschichte.

RITTER, Hans:
Ténéré
Durch die südliche Sahara
München 1996
Der Titel täuscht: professionelle Fotos
(von Maximilien Bruggmann) und Texte
informieren über Landschaften und
Menschen in der zentralen Sahara, auch
im Nord-Tschad. Dies ist eine gute
Einführung in die Sahara (von Niger).

RITTER, Hans:
Salzkarawanen in der Sahara
Zürich 1980
Enfühlsame, glänzend geschriebene
Texte und Fotos über Karawanen in
Mauretanien, Mali, Algerien - und vor
allem in Niger; das Kapitel »Menschen
und Märkte« rundet den Band ab.

SPITTLER, Gerd:
Handeln in einer Hungerkrise
Tuaregnomaden und die große Dürre
von 1984
Opladen 1989
Der Soziologe und Ethnloge lebte jahre-
lang in der Oase Timia/Air und berichtet
von Solidarität und Strategien in
Notzeiten bei den Kel Ewey und ande-
ren Tuareggruppen.

SPRACHFÜHRER

DONATH, Frank:
Tamaschek
Bielefeld 2003, 7,90 €
Endlich eine »Anleitung« der Tuareg-
Sprache in der handlichen »Kauder-
welsch«-Reihne des Peter Rump-Ver-
lages/Reise Know-How.

VÖGELE, Hannelore:
Hausa
Bielefeld 2002, 7,90 €
Wem Tamaschek zu schwer ist, sollte es
mit Hausa probieren - und kommt damit
in Niger fast überall durch, auch bei den
meisten Tuareg.

REISEBERICHTE

BARTH, Heinrich:
Die Große Reise
Forschungen und Abenteuer in Nord-
und Zentralafrika 1849 - 1885
Stuttgart 1986
Der Hamburger Barth lieferte die ersten
ausführlichen Berichte u.a. über Agadez
und das Air-Bergland.

GARDI, René:
Ténéré CH-Bern, 1978
Ein schönes Reisebuch von der Ténéré,
auch der Fahrt vom Tschadsee auf der
»Bornu-Route« nach Bilma: ebenso sen-
sibel geschrieben wie fotografiert.

RITTER, Hans:
Sahel – Land der Nomaden
München 1986
Reisebericht des Autors (Mediziner und
Ethnologe, s.o.), aus Marokko, Maure-
tanien, Mali und Niger. Wer das liest,
reist mit und versteht mehr über den
Sahel.

SOMMER, Heike Miete:
Tuareg Poesie
Stuttgart 1994, 15,20 €
Poesie der Tuareg vor allem aus Süd-
Algerien. Schön gestalteter, kleiner Band
(Leinenumschlag) im Selbstverlag.

KINDERBUCH

GARTUNG, Werner:
Komm mit nach Timia
Unser Leben im Sahel
Wuppertal 1986
Auf A 4-Format berichten Taschat und
ihre Geschwister in Bild und Text über
ihr Leben im Air: Holz sammeln, Ziegen
und Kamele hüten, Spielzeug selbst
basteln. Fazit: Zusammenhalt ist am
wichtigsten - und Regen. Das könnte
verwöhnte Kids hierzulande auch mal
zum Nachdenken bringen.

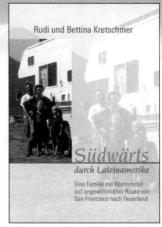